有轨电车轨道工程设计

徐正良 著

同济大学出版社
TONGJI UNIVERSITY PRESS

内 容 提 要

本书在介绍了国内外有轨电车的发展概况及轨道结构特点的基础上，系统地论述了有轨电车轨道结构和部件、轨道结构力学分析、道岔、无缝线路、轨道减振降噪、轨道施工和养护维修等方面的技术，并对有轨电车轨道工程新技术进行了展望。

本书内容丰富、图文并茂、数据详实，可作为有轨电车轨道工程技术人员的参考书，也可作为有轨电车轨道方向从业人员的学习培训参考资料。

图书在版编目(CIP)数据

有轨电车轨道工程设计 / 徐正良著. —上海：同济大学出版社，2021.1
 ISBN 978-7-5608-9555-0

Ⅰ.①有… Ⅱ.①徐… Ⅲ.①有轨电车－轨道(铁路)－工程设计 Ⅳ.①U482.1

中国版本图书馆 CIP 数据核字(2020)第 205239 号

有轨电车轨道工程设计
徐正良 著

责任编辑 陆克丽霞　　**责任校对** 徐春莲　　**封面设计** 陈益平

出版发行	同济大学出版社　　www.tongjipress.com.cn	
	(地址：上海市四平路1239号　邮编：200092　电话：021-65985622)	
经　销	全国各地新华书店	
排　版	南京文脉图文设计制作有限公司	
印　刷	常熟市华顺印刷有限公司	
开　本	787 mm×1092 mm　1/16	
印　张	13.5	
字　数	337 000	
版　次	2021年1月第1版　2021年1月第1次印刷	
书　号	ISBN 978-7-5608-9555-0	
定　价	80.00元	

本书若有印装质量问题，请向本社发行部调换　　版权所有　侵权必究

序

  随着我国经济和城市化的发展,近三十年来北京、上海、广州、深圳等三十多个城市逐步建成了世界上最大规模的大运量城市轨道交通线路,轨道交通已成为大城市和特大城市的骨干交通,其运量逐年不断提高,在城市交通中的作用和地位日益突显。但是,许多城市的公共交通在整个城市交通出行中的比例并未随着轨道交通运量的增加而有明显上升。究其原因,主要是目前我国城市公共交通体系的层次、结构及其相互间的衔接不够合理,影响了其整体效益的发挥。在已建设运营大运量轨道交通系统的大城市如何与低运量地面公交之间构建一个合理的中运量公共交通,以及在不适合建设大运量轨道交通的中小城市选择何种适合的骨干公共交通制式,已渐成为我国城市公共交通界的重要关注课题。

  三十多年前,有轨电车复兴并再次回归城市交通以及保留有传统有轨电车的多个欧美城市通过对车辆和路权的改造升级,使新型有轨电车成为了城市的骨干交通。这是一种介于轨道交通与常规地面公交之间的中低运量公共交通,兼具轨道交通快速准点、安全可靠、舒适绿色和地面公交网络化灵活运营、成本低廉的特点,主要应用于大城市大运量轨道交通的延伸加密、中小城市骨干公共交通、旅游景区专用交通及园区内部交通。近年来,新型有轨电车在我国得到了快速发展,北京、上海、武汉、成都、长春、淮安等近二十个不同规模的城市已开通运营有轨电车四百多公里。目前,在建有轨电车线路超过五百公里,规划建设线路超过一万公里,新型有轨电车已成为我国城市中低运量公共交通的重要发展方向。《有轨电车轨道工程设计》正是为适应这种发展趋势而撰写的。

  本书结合有轨电车主要敷设于地面、与城市其他交通共享路权的特点,阐述了有轨电车轨道工程在设计时,轨道结构除了要考虑钢轮钢轨制式轨道交通起支承车辆运行、导向等作用外,还要考虑与道路交通的协调、城市环境、排水等特殊需要。本书对有轨电车轨道工程的轨道结构、道岔、无缝线路设计进行了系统的论述，分析介绍了轨道减振降噪、施工与养护维修技术及相关案例，对有轨电车轨道工程设计具有很好的指导借鉴价值。

本书作者长期从事轨道交通和有轨电车建设工作，对有轨电车工程相关技术有深入的研究，主持过多座城市的有轨电车项目的设计工作，积累了丰富的经验。本书是作者对有轨电车轨道工程设计多年探索实践及研究成果的系统思考和总结，相信书中分享的有轨电车轨道工程的新理念、新技术将有利于促进我国有轨电车技术的发展，为有轨电车从业人员提供诸多有益的启发。

2020年12月28日

前　言

　　自19世纪80年代世界上首条有轨电车线路诞生至今,随着城市化、工业化和交通技术的不断发展,有轨电车经历了发展繁荣、衰落再复兴的起起落落过程,在最初的四五十年时间里,有轨电车迅速发展成为当时世界上最为广泛使用的城市公共交通工具,其后由于受到汽车工业发展的冲击而逐渐衰落。随后小汽车的大规模使用又引发了能源、环境污染及交通拥堵等方面的问题。于是,20世纪80年代通过技术革新的新型有轨电车(亦称"现代有轨电车")重新回归城市公共交通,在全世界许多城市再次快速兴起。

　　与传统有轨电车相比,由于新型有轨电车系统采用快速大容量低地板车辆、专用路权、道路交叉口信号优先等技术,极大地提高了系统的运输能力、运营安全可靠性和乘坐舒适性,并具有环保节能、景观优美等特点。新型有轨电车在线路设施方面具有与轨道交通相近的固定轨道,在交通组织方面具有道路交通网络化灵活运行的特点,目前已在我国北京、上海、广州、深圳等一线城市和苏州、南京、沈阳、成都、武汉、淮安、珠海等二三线城市得到了应用,建成运营线路超过四百公里,近百个城市规划建设有轨电车的规模超过一万公里。因此,新型有轨电车是我国轨道交通未来发展的重要方向。

　　有轨电车轨道由于主要沿道路敷设,在交叉口又需要与其他交通方式共享路权,因而与铁路、城市轨道交通等封闭线路上的轨道结构只需考虑列车运行要求之间存在很大差别,在有轨电车轨道工程设计时还需考虑与城市环境融合协调、道路交通车辆通行等方面的要求。笔者结合有轨电车轨道工程的研究和多个有轨电车项目的设计实践撰写了本书,书中介绍了有轨电车轨道工程的相关设计理论、方法及技术,以期对有轨电车轨道工程专业的技术人员有所启发与借鉴。

　　全书共八章,第一章绪论,介绍了国内外有轨电车的发展和轨道结构特点;第二章有轨电车轨道结构，介绍了有轨电车轨道结构组成和部件；第三章轨道结构力学分析，介绍了有轨电车轨道结构计算分析方法；第四章道岔，介绍了有轨电车道岔的类型、特点、参数等内容；第五章无缝线路，介绍了有轨电车无缝线路的原理、设计等内容；第六章轨道减振降噪，介绍了有轨电车轨道减振降噪设计；第七章轨道施工与养护维修，介绍了有轨电车轨道主要施工工艺和养护维修；第八章新技术展望，介绍了有轨电车轨道工程的一些新技术和发展前景。

  在本书的撰写过程中，得到了上海市城市建设设计研究院（集团）有限公司和同济大学的大力支持，上海市城市建设设计研究院（集团）有限公司的苗彩霞、程樱、刘士煜、崔逸鹏、刘静之、孟铎及同济大学的周宇、李骏鹏、孙鼎人、卢哲超、王钲等进行了文献整理和组稿工作，在此一并表示衷心的感谢。

2020 年 11 月

目 录

序
前言

第1章 绪论 ··· 001
  1.1 国内外有轨电车发展概况 ·· 001
    1.1.1 国外有轨电车发展概况 ··· 001
    1.1.2 国内有轨电车发展概况 ··· 002
  1.2 钢轮钢轨有轨电车的轨道结构特点 ··· 003
  1.3 胶轮导轨有轨电车的轨道结构特点 ··· 005
  1.4 国内有轨电车设计案例 ··· 007
    1.4.1 苏州高新有轨电车1号线 ·· 007
    1.4.2 珠海现代有轨电车1号线 ·· 010
    1.4.3 武汉东湖有轨电车T1线 ··· 012
    1.4.4 成都有轨电车蓉2号线 ·· 014
    1.4.5 上海松江有轨电车T1线 ··· 016
    1.4.6 东莞华为松山湖终端总部有轨电车 ······································· 018
    1.4.7 上海张江有轨电车 ··· 019

第2章 有轨电车轨道结构 ·· 022
  2.1 钢轨 ·· 022
    2.1.1 钢轨选型 ··· 023
    2.1.2 钢轨材质 ··· 026
    2.1.3 钢轨防腐 ··· 027
    2.1.4 钢轨预弯 ··· 028
  2.2 扣件 ·· 028
    2.2.1 扣件系统组成 ··· 028
    2.2.2 我国扣件系统应用情况 ··· 031
  2.3 轨道包裹系统（柔性材料） ··· 033
  2.4 交叉口轨旁隔离措施 ·· 036

  2.4.1　隔离的必要性 ………………………………………………………………… 036
  2.4.2　隔离措施 …………………………………………………………………… 036
 2.5　轨道道床 ……………………………………………………………………………… 038
  2.5.1　碎石道床 …………………………………………………………………… 038
  2.5.2　整体道床 …………………………………………………………………… 039
  2.5.3　道床铺装 …………………………………………………………………… 040
 2.6　轨道排水 ……………………………………………………………………………… 040
 2.7　轨道附属设备 ………………………………………………………………………… 041
  2.7.1　车挡 ………………………………………………………………………… 041
  2.7.2　伸缩调节器 ………………………………………………………………… 042
  2.7.3　钢轨润滑器 ………………………………………………………………… 043
  2.7.4　轨道加强设备 ……………………………………………………………… 044
  2.7.5　异型夹板及异型过渡轨 …………………………………………………… 044
  2.7.6　标志标牌 …………………………………………………………………… 045

第3章　轨道结构力学分析 ………………………………………………………………… 046
 3.1　轨道结构静力计算模型 ……………………………………………………………… 046
  3.1.1　点支承梁和连续支承梁模型 ……………………………………………… 046
  3.1.2　弹性地基叠合梁模型 ……………………………………………………… 048
  3.1.3　弹性地基梁板与梁体模型 ………………………………………………… 051
  3.1.4　有轨电车连续支承嵌入式轨道结构内力计算 …………………………… 052
 3.2　轨道结构模型关键参数研究 ………………………………………………………… 057
  3.2.1　列车荷载 …………………………………………………………………… 057
  3.2.2　社会车辆荷载 ……………………………………………………………… 059
  3.2.3　扣件刚度 …………………………………………………………………… 061
  3.2.4　温度影响 …………………………………………………………………… 061
  3.2.5　基础变形影响 ……………………………………………………………… 065
 3.3　轨道结构设计及检算 ………………………………………………………………… 067
 3.4　轮轨接触问题 ………………………………………………………………………… 071
 3.5　车辆-轨道耦合动力学 ………………………………………………………………… 076

第4章　道岔 …………………………………………………………………………………… 087
 4.1　有轨电车道岔类型及特点 …………………………………………………………… 087
 4.2　普通单开道岔构造 …………………………………………………………………… 091
 4.3　交叉及梯形道岔 ……………………………………………………………………… 100
 4.4　道岔主要设计参数 …………………………………………………………………… 103

  4.5 道岔平面总布置图 ··· 107
  4.6 道岔控制方式 ··· 109

第5章 无缝线路 ··· 111
  5.1 无缝线路基本原理 ·· 111
    5.1.1 钢轨温度应力和温度力 ··· 111
    5.1.2 锁定轨温 ··· 112
    5.1.3 线路纵向阻力 ·· 112
    5.1.4 线路横向阻力 ·· 113
  5.2 无缝线路的稳定性 ·· 113
  5.3 无缝线路结构设计方法 ·· 115
    5.3.1 确定设计锁定轨温 ··· 115
    5.3.2 无缝线路结构计算 ··· 116
  5.4 桥上无缝线路设计 ·· 117
    5.4.1 桥上无缝线路设计要点 ·· 117
    5.4.2 纵向力计算模型之实现：有限元通用计算软件二次开发 ··················· 118
  5.5 案例 ··· 118
  5.6 钢轨焊接 ·· 130
    5.6.1 闪光接触焊 ·· 130
    5.6.2 气压焊接法 ·· 133
    5.6.3 铝热焊法 ·· 135
    5.6.4 有轨电车钢轨的焊接 ··· 135

第6章 轨道减振降噪 ··· 138
  6.1 振动噪声控制的意义 ··· 138
  6.2 振动噪声的特点 ··· 139
    6.2.1 振动的特点 ·· 139
    6.2.2 噪声的特点 ·· 141
  6.3 振动噪声控制设计 ·· 143
    6.3.1 振动控制原理 ··· 143
    6.3.2 减振降噪技术 ··· 145
    6.3.3 声屏障技术 ·· 150
    6.3.4 敏感建筑隔振技术 ··· 152

第7章 轨道施工与养护维修 ·· 154
  7.1 轨道施工工艺 ··· 154

7.1.1 施工前准备工作 ·· 154
　　7.1.2 轨道控制网建立 ·· 154
　　7.1.3 扣件式现浇道床轨道施工 ·· 162
　　7.1.4 嵌入式预制道床轨道施工 ·· 170
　　7.1.5 小半径曲线钢轨滚弯施工 ·· 178
　　7.1.6 轨道相关附属设施施工 ··· 179
7.2 轨道养护维修 ··· 181
　　7.2.1 养护维修工作内容 ·· 181
　　7.2.2 槽型钢轨打磨和焊接修补技术 ·· 183
　　7.2.3 有轨电车轨道常见典型问题 ··· 185

第8章 新技术展望 ·· 189
8.1 有轨电车轨道新材料 ··· 189
　　8.1.1 钢轨新材料 ··· 189
　　8.1.2 扣件罩内填充承压材料 ··· 191
　　8.1.3 柔性包裹材料 ·· 191
8.2 有轨电车轨道新设计 ··· 192
8.3 有轨电车轨道新结构 ··· 197
8.4 有轨电车轨道健康状态监测 ·· 200

第 1 章 绪 论

1.1 国内外有轨电车发展概况

1.1.1 国外有轨电车发展概况

自 1881 年世界上第一条有轨电车线路在柏林开通以来,有轨电车已经走过了 130 多年的发展历程,历经了 19 世纪 40 年代至 80 年代的"兴起"、19 世纪末至 20 世纪 30 年代的"发展"、20 世纪 40 年代至 60 年代的"衰退",以及始于 20 世纪 70 年代的"复兴"四个发展阶段。

最早的有轨电车是在铁道马车的基础上发展而来的。英国人约翰·乌兰特首创了铁道马车,1807 年英国威尔士南部城市斯旺西(Swansea)诞生了首条利用马匹牵引、用于客运的铁道马车线路,那种车辆被称为公共铁道马车。从此,铁道马车在世界各地得到了快速发展,在欧美的许多城市尤为盛行。

1879 年,德国工程师维尔纳·冯·西门子在柏林博览会上首先尝试使用电力带动轨道车辆。此后,俄国的圣彼得堡、加拿大的多伦多等城市都进行过有轨电车的商业尝试。目前,全球除南极洲以外的六大洲均有有轨电车运行。截至 2018 年年底,全球有 58 个国家超过 400 座城市已经运营了有轨电车系统。其中,运营里程最长的是德国,其次是法国、波兰、乌克兰、俄罗斯,中国的有轨电车运营里程居世界第 8 位;世界上有轨电车运营里程超过 100 km 的国家共有 30 个。截至 2018 年年底,世界有轨电车分布及占比情况如图 1-1 所示,全球有轨电车和轻轨系统概况如图 1-2 所示。

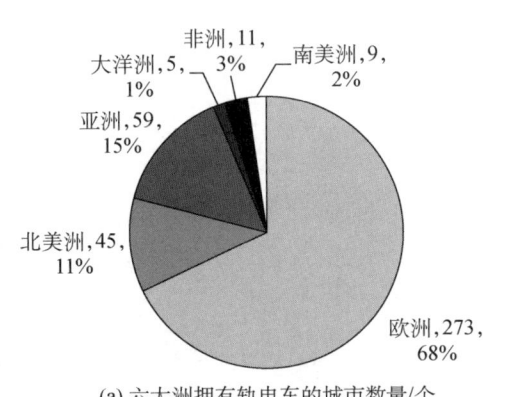
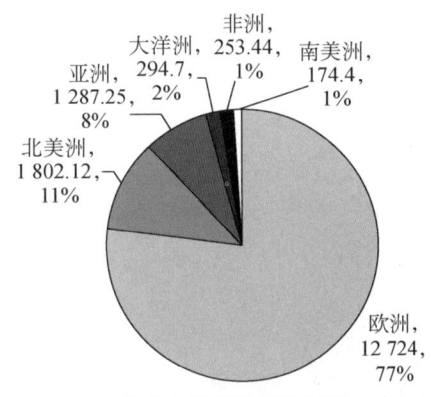

(a) 六大洲拥有有轨电车的城市数量/个　　(b) 六大洲有轨电车里程/km

图 1-1　世界有轨电车分布及占比情况

(数据来源:2018 年世界城市轨道交通运营统计与分析)

图 1-2　全球有轨电车和轻轨系统概况(截至 2018 年年底)

(图片来源:http://www.sohu.com/a/407111364_180330.)

1.1.2　国内有轨电车发展概况

我国最早的有轨电车出现在 1899 年,西门子公司在北京建成了首条连接马家堡火车站与永定门的有轨电车线路;1902 年,辽宁抚顺开通了有轨电车,配备 26 辆车;1904 年,香港开通了有轨电车,采用双层车厢的形式;1906 年,天津第一条轨道线路白牌环城有轨电车开通运营,配备 116 辆车;1908 年,上海从英租界静安寺至外滩开出了第一辆有轨电车,并建成了 7 条线路,配备 216 辆车;1925 年,沈阳开通了有轨电车线路,至 1937 年运营里程达 12 km,配备 21 辆车;大连有两条有轨电车线路(201 路和 202 路);1941 年,长春 54 路有轨道电车开通。我国早期的有轨电车如图 1-3 所示。

图 1-3　我国早期的有轨电车

之后，随着汽车业的兴起和发展，老式有轨电车的缺点愈发明显：噪声大、性能差、耗电多，而且在速度、舒适度和灵活性方面与汽车比较相形见绌，到 20 世纪 30 年代至 50 年代中期逐渐衰落，六七十年代，为了给蓬勃发展的私人轿车让路，有轨电车相继在欧洲许多城市消失。上海的老式有轨电车——南京路上最后一班有轨电车，也于 1963 年 8 月结束了它的历史使命。

自 2006 年起，我国分别在天津、上海、苏州、沈阳、南京、广州、青岛、淮安、武汉、成都等十多座城市建成了有轨电车系统，截至 2019 年 12 月，国内 16 座城市开通运营的有轨电车线路共 29 条，运营总里程达 417 km，占 2019 年城轨运营线路的 6.2%。黄石、都江堰、嘉兴、张家口等 20 余座城市正在建有轨电车线路，在建里程约 407.9 km。受国家大力发展城市公共交通、有序推进轻轨、地铁、有轨电车等城市轨道交通系统建设政策的引导，我国二十多个省超过 60 座城市规划了有轨电车，规划线路长度超过 6 000 km。

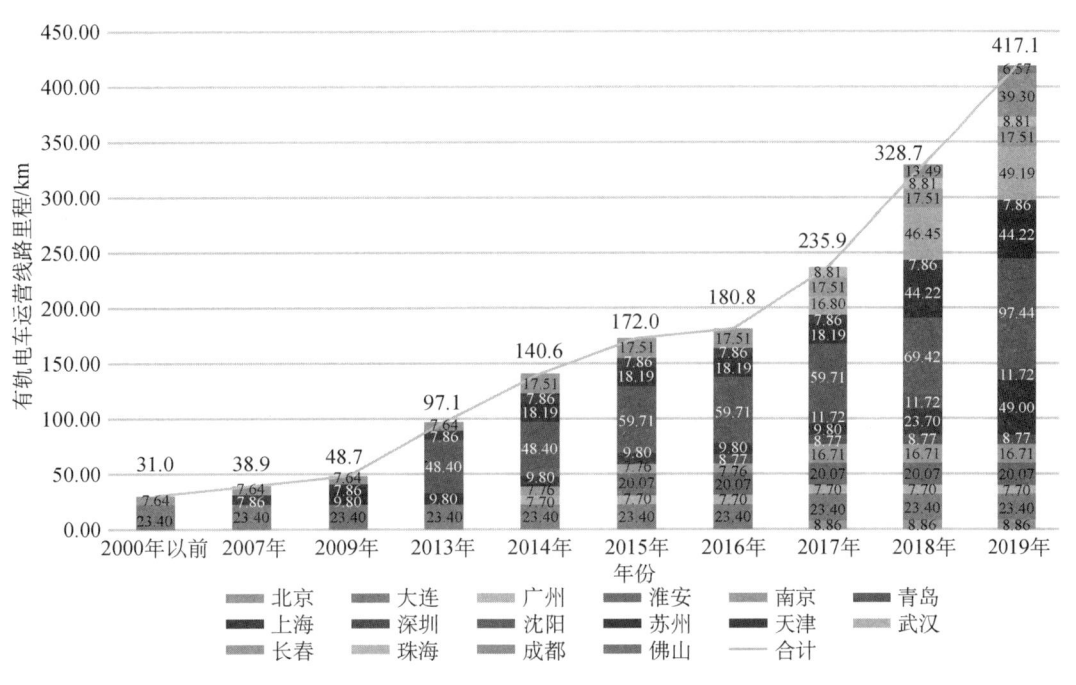

图 1-4　中国内地有轨电车运营线路统计（2019 年 12 月）

（数据来源：中国城市轨道交通协会）

1.2　钢轮钢轨有轨电车的轨道结构特点

钢轮钢轨有轨电车的轨道结构与其他钢轮钢轨轨道结构的显著差别是有轨电车路权需要与道路交通路权共享。在混行地段需要同步考虑有轨电车与社会车辆的通行要求。同时，由于有轨电车走行于城市区域，且以地面线为主，故须同步考虑景观需求。另外，由于处在开放环境下，有轨电车对施工也提出了很高的要求。鉴于通行及景观要求，有轨电车的轨道结构要考虑相应的铺装，轨道结构形式以埋入式为主（图 1-5、图 1-6）。同时，由于有轨电车转弯半径较轨道交通小,而网络互联互通运营要求高,故与之相匹配的轨道结构须做相应的匹配性设计。

图1-5　澳大利亚有轨电车实景(埋入式轨道)

图1-6　成都有轨电车蓉2号线实景(埋入式轨道)

轨道是一种由多部件组合而成的结构,其中的各个部件都要有足够的强度和稳定性,并合理配套,如图1-7所示为柔性材料加钢轨组装示意图。轨道结构由钢轨、轨枕、连接零件、道床、防爬器、轨距拉杆、道岔、道砟等组成,而埋入式轨道结构还增加了轨道包裹系统及轨道铺装系统;停车场布局采用紧凑型梯形道岔(图1-8)。

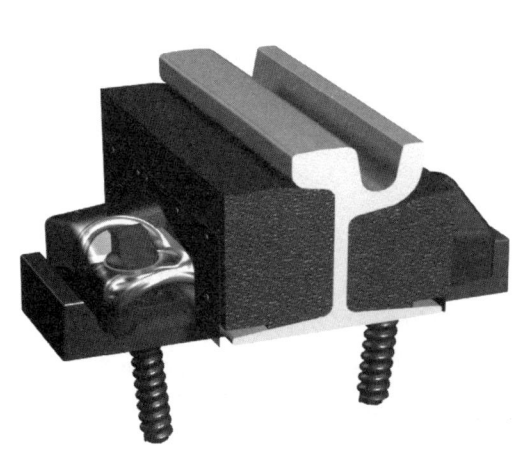

图1-7　柔性材料加钢轨组装示意图

图1-8　停车场梯形道岔实景

目前,采用混行路权的有轨电车轨道正线基本上都采用槽型轨,其他工况可视工程实际情况采用工字形截面钢轨。出于钢轨在埋入式环境下的使用寿命要求,对于钢轨的防腐是近年来研究的新方向。道床与路基一体化结构、连续支承无扣件轨道结构和预制轨道结构是近年来涌现出来的针对有轨电车轨道结构的新技术,在减振、杂散电流防护、快速施工等方面具有一定的优势。

1.3 胶轮导轨有轨电车轨道结构特点

胶轮导轨有轨电车是指单轨自动导向、胶轮承载,车辆使用橡胶轮胎,依靠安装在运行方向前方的转向架和V形导轮导向的有轨电车。其轨道嵌入地面,车辆与路面通过胶轮弹性接触,振动小、无噪声,且对路面造成的损坏较小,并且采用的是单轨,通过胶轮承载钢轮导向。胶轮导轨有轨电车的轨道结构包含导向轨、道床、伸缩节及道岔等。上海的张江有轨电车选用目前世界上先进的法国劳尔公司的Tanslohr导轨电车系统,属于胶轮路轨系统,如图1-9所示。

图1-9 张江有轨电车实景

有轨电车导向轨为特殊断面形状的钢轨,导向轨断面尺寸见图1-10,导向轨采用长钢

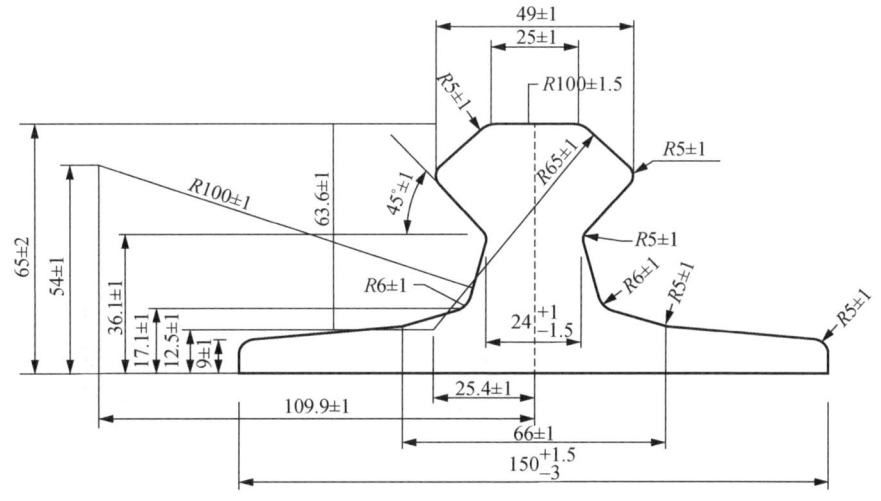

图1-10 导向轨断面尺寸

轨,无缝线路。连接件采用专用树脂和泡沫材料制造。牵引电流通过导向轨回流至变电站。

导向单元由两个倾斜的导轮组成,与导向轨接触,如图 1-11 所示。导轮轮轴的倾斜和导轮轮缘的特殊形状可以保证系统在正常运行情况下不会脱轨。导轮轮缘的间隙小于轨头的宽度,以确保导向装置不会脱轨。

图 1-11 导轮与导向轨的接触形式

有轨电车导向轨两侧为道路路面,导向轨道床与地铁传统道床不同,是在混凝土路面内导向轨的部位(无配筋)切割凹形槽,然后在槽内浇注聚氨基甲酸乙酯环氧树脂来固定导向轨,如图 1-12 所示。整体道岔由一根直轨、一根曲轨及道岔槽组成,作用是变换车辆的通行方向。电动道岔采用整体型直动式转辙机,该转辙机与道岔钢轨及安装装置组成一个整体,被安装于路面以下。道岔实景如图 1-13 所示。

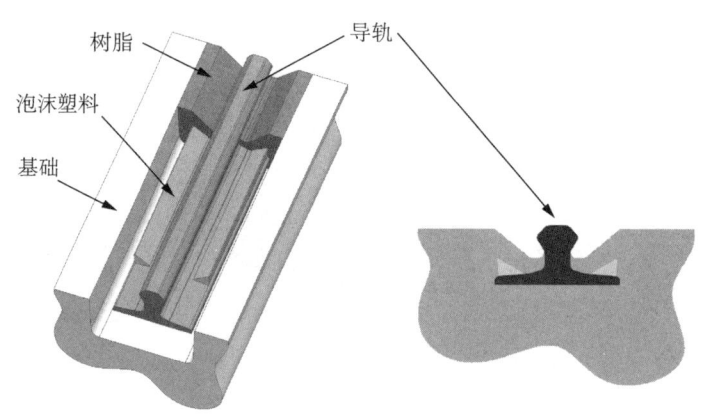

图 1-12 导向轨工程整体结构示意

图 1-13 车辆基地道岔实景

1.4 国内有轨电车设计案例

1.4.1 苏州高新有轨电车 1 号线

1. 工程概况

苏州高新区有轨电车 1 号线是有轨电车网络中的骨干线路。线路全长 18.19 km（双线），其中地面线 10.91 km（双线），U 形槽段 4.77 km（双线），桥梁段 2.51 km（双线）。全线设车辆段一座，位于太湖大道南侧，马涧路北侧，绕城高速东侧地块内。全线设控制中心一处，位于车辆段内。车辆采用 100% 低地板接触网供电制式，最高运行速度为 70 km/h。

2. 轨道结构

（1）钢轨

苏州高新区有轨电车 1 号线全线正线及配线铺设 60R2 槽型轨，其断面标准图如图 1-14 所示，材质采用 U75V（含钒微合金钢轨），是国内首次铺设此轨型。车辆基地铺设 50 kg/m 钢轨，材质采用 U71Mn（中锰钢轨）。60R2 槽型轨自带轨顶坡，50 kg/m 钢轨设置 1∶40 轨底坡，道岔不设轨底坡。苏州高新区有轨电车 1 号线正线首次采用槽型轨闪光焊机进行焊接，道岔采用槽型轨铝热焊焊接。槽型轨与 50 kg/m 钢轨连接采用异型焊接，50 kg/m 钢轨间采用接头夹板连接。对于平曲线半径 $R < 120$ m 的曲线地段应设置

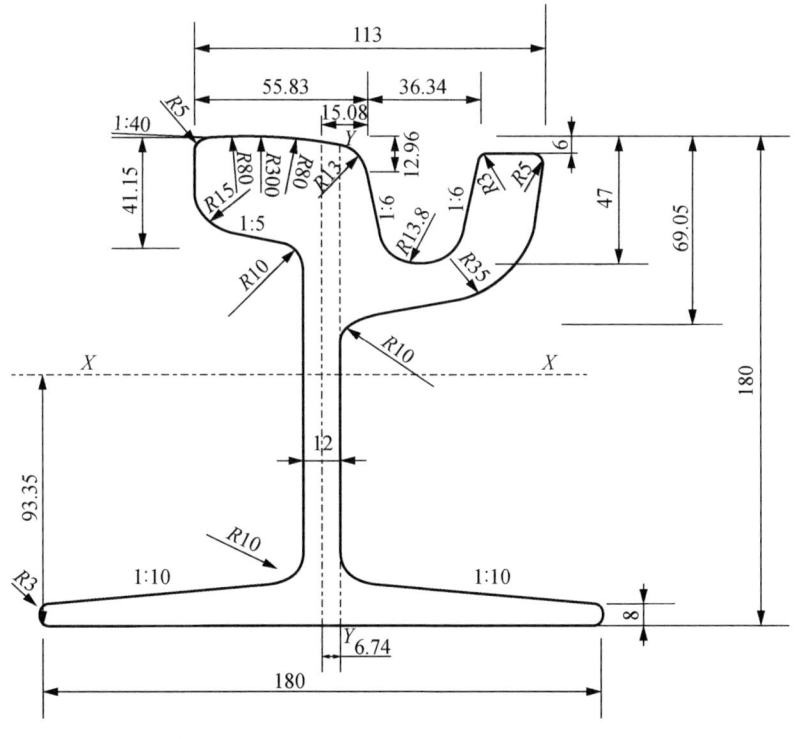

图 1-14 60R2 槽型轨断面标准图

水平预弯,竖曲线半径 $R<300$ m 的曲线地段应设置垂直预弯。

(2) 扣件

正线扣件选用 W-Tram 扣件(图 1-15),塑料基板无轨枕,轨距调整量为 ± 10 mm,调高量为 20 mm。

(a) W-Tram 扣件工程实际使用　　　　(b) W-Tram 扣件样式

图 1-15　W-Tram 扣件

车辆基地库内采用 DJK5-1 扣件(图 1-16),扣压件为 ω 弹条,轨距调整量为 $+8$ mm,-12 mm,调高量为 30 mm;库外线及试车线采用弹条 I 型扣件(图 1-17),轨距调整量为 $+8$ mm,-16 mm,调高量为 10 mm。

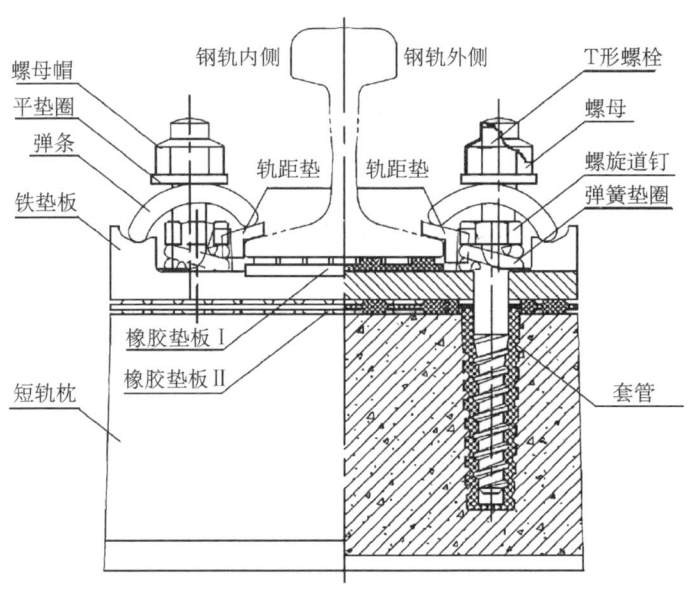

图 1-16　DJK5-1 扣件

(3) 轨道结构(含高度及道床)

正线铺设无枕式整体道床,高架段大桥采用承轨台式整体道床,小桥采用凹口梁现浇轨

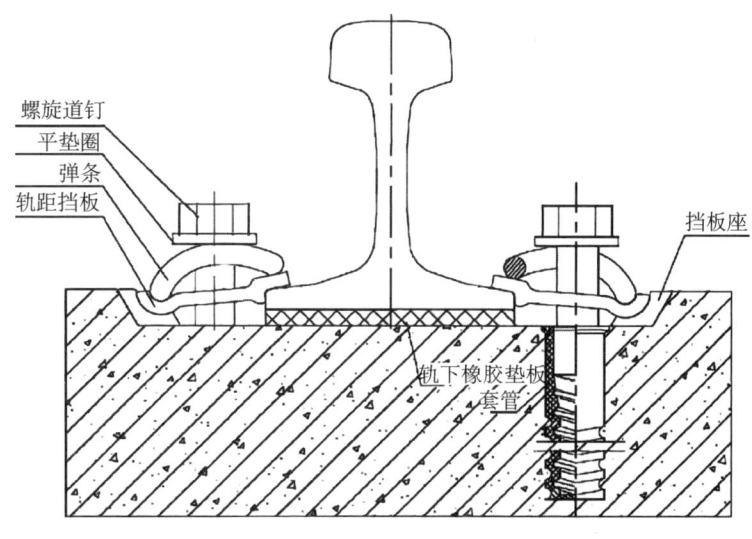

图 1-17 弹条 I 型扣件

道结构,其余段采用现浇道床板(轨道板)整体道床,与道路混行交叉口地段采用加强设计三层钢筋网现浇整体道床。轨道结构的高度均为 500 mm。正线的扣件间距为 1 680 对/km,在小半径地段则适当加密,扣件间距采用 1 760 对/km。

车辆基地库外线采用碎石道床,库内则根据工艺检修需求采用相应整体道床结构形式。车辆基地的扣件间距为 1 440 对/km。

在中心城区及交叉地段,轨道结构采用沥青铺装;在有景观要求地段,轨道结构采用绿化铺装;局部人行段采用砖铺装,大桥段采用假草皮铺装。

(4) 道岔

正线道床采用 6 号槽型轨单开道岔及 8.85 m 交叉渡线。道岔直向通过速度为 70 km/h,侧向通过速度为 20 km/h,导曲线半径为 50 m。道岔转辙机采用整体合金钢,硬度为 HB400。6 号单开道岔全长 15.65 m,前长 4.788 m,后长 10.862 m。

车辆基地道岔采用 3 号 50 kg/m 单开道岔,道岔直向通过速度为 20 km/h,侧向通过速度为 10 km/h,导曲线半径为 25 m。单开道岔全长 9.86 m,前长 5.025 m,后长 4.835 m。

(5) 柔性材料

正线铺装地段的埋入式轨道均采用双块式柔性材料,具体包含三部分:轨腰块状包裹、轨脚 PE 隔离材料及轨顶密封柔性材料。柔性材料兼具隔离、减振及防迷流效果,减振效果可达 3~5 dB。

(6) 钢轨伸缩调节器

正线在秀水桥、青山大桥及太湖大道跨线桥段均铺设双向钢轨伸缩调节器。

(7) 无缝线路

全线采用跨区间无缝线路,在大桥段铺设双向钢轨伸缩调节器。

(8) 附属设备及安全设备

正线及车辆基地库内线都采用针对有轨电车开发的新型隐形车挡。车辆基地库外线采用固定式车挡。线路设置警冲标和限速标。

1.4.2 珠海现代有轨电车1号线

1. 工程概况

珠海现代有轨电车1号线首期工程线路全长约8.9 km,均为地面线。车辆采用100%低地板钢轮钢轨现代有轨电车,供电系统正线采用无触网地面供电、车辆基地采用架空接触网。1号线首期工程正线位于梅华路,线路起点为梅华立交西侧上冲车辆基地。全线设交叉渡线2处、单渡线5处、双Y形道岔2处。

2. 轨道结构

（1）钢轨

珠海现代有轨电车1号线全线正线及配线铺设60R2槽型轨,材质采用U75V,车辆基地铺设50 kg/m钢轨,材质采用U71Mn。60R2槽型轨自带轨顶坡,50 kg/m钢轨设置1∶40轨底坡,道岔不设轨底坡。1号线正线的大部分地段采用闪光焊进行焊接、小部分采用电弧焊进行焊接,道岔采用槽型轨铝热焊焊接。槽型轨与50 kg/m钢轨连接采用异型焊接,50 kg/m钢轨间采用接头夹板连接。对于平曲线半径$R<120$ m的曲线地段应设置水平预弯,竖曲线半径$R<300$ m的曲线地段应设置垂直预弯。

（2）扣件

正线扣件选用DFF CT型扣件,如图1-18、图1-19所示,塑料基板配套轨枕,轨距调整量为±10 mm,调高量为20 mm。

车辆基地库内采用DJK5-1扣件,扣压件为ω弹条,轨距调整量为±12 mm,调高量为30 mm;库外线及试车线采用弹条I型扣件,轨距调整量为+8 mm,−16 mm,调高量为10 mm。

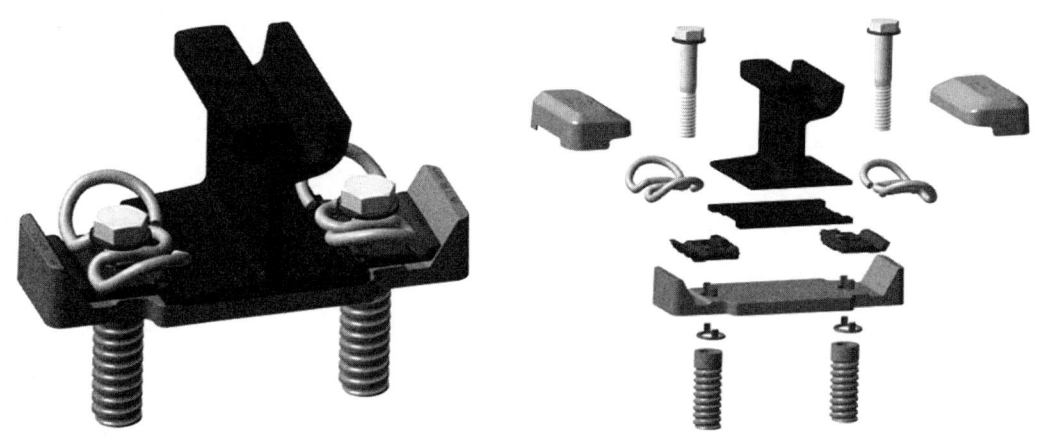

图1-18　DFF CT型扣件　　　　图1-19　DFF CT型扣件零部件

（3）轨道结构（含高度及道床）

正线铺设短轨枕整体道床,其余段采用现浇道床板整体道床,与道路交通混行的交叉口地段采用加强设计三层钢筋网现浇整体道床,所有轨道结构与地面供电系统进行一体化设计。轨道结构高度均为 500 mm。正线的扣件间距为 1 680 对/km,在小半径地段则适当加密,扣件间距采用 1 760 对/km。

车辆基地库外线采用碎石道床,库内线根据工艺检修需求采用相应整体道床结构形式。车辆基地的扣件间距采用 1 440 对/km。

在交叉口地段轨道结构采用沥青铺装,区段采用绿化铺装,局部人行段采用砖铺装。绿化铺装道床横断面如图 1-20 所示。

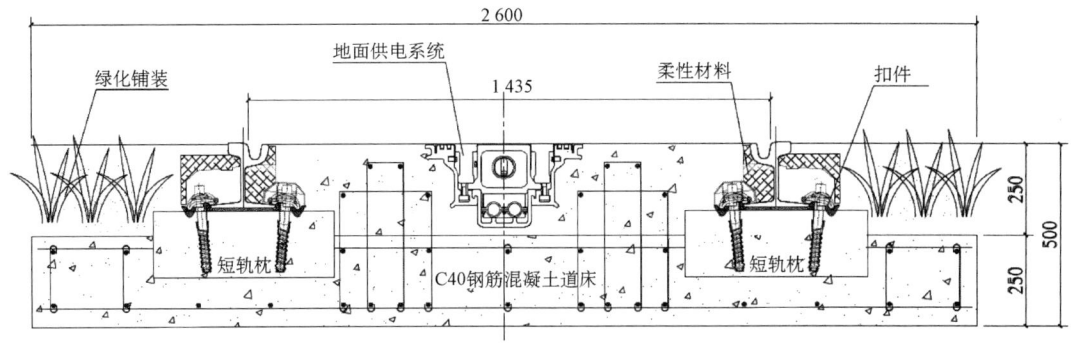

图 1-20　绿化铺装道床横断面(单位:mm)

(4) 道岔

正线道床采用 3.8 m 及 4.0 m 单渡线、8.5 m 交叉渡线及与 Y 形道岔匹配的菱形交叉。道岔直向通过速度为 70 km/h,侧向通过速度为 20 km/h,导曲线半径为 50 m。道岔转辙机采用大垫板焊接整体式,设置滑床台;尖轨采用贝氏体合金钢,硬度在 HB400 以上,维修时可更换,辙叉采用高锰钢辙叉。6 号单开道岔全长 15.25 m,前长 4.80 m,后长 10.45 m。

车辆基地道岔采用 3 号 50 kg/m 单开道岔,道岔直向通过速度为 20 km/h,侧向通过速度为 10 km/h,导曲线半径为 25 m。单开道岔全长 9.86 m,前长 5.025 m,后长 4.835 m。

(5) 柔性材料

正线铺装地段的埋入式轨道均采用双块式柔性材料,系统包含三部分:轨腰块状包裹、轨脚 PE 隔离材料及轨顶密封柔性材料。柔性材料兼具隔离、减振及防迷流效果,减振效果可达 3~5 dB。

(6) 无缝线路

全线采用跨区间无缝线路。

(7) 附属设备及安全设备

正线及车辆基地库内线都采用液压固定式车挡。车辆基地库外线采用固定式车挡。线路设置警冲标和限速标。

正线上道岔钢轨的强度不得低于相邻区间钢轨的强度等级及材质要求。道岔应采用弹性扣件,且扣件形式宜与相邻区间的扣件一致。同时,正线道岔宜预留铺设跨区间无缝线路的条件。

1.4.3 武汉东湖有轨电车 T1 线

1. 工程概况

武汉市东湖国家自主创新示范区有轨电车试验线 T1 线全长 15.824 km，由一段单线环线和一段双线组成。全线共设车站 23 座，其中高架站 2 座，地面站 21 座。设流芳车辆段 1 处。车辆采用 100% 低地板超级电容供电制式，最高运行速度为 70 km/h。

2. 轨道结构

（1）钢轨

全线正线及配线铺设 60R2 槽型轨，材质采用 U75V。车辆基地铺设 50 kg/m 钢轨，材质采用 U71Mn。60R2 槽型轨自带轨头坡，50 kg/m 钢轨设置 1∶40 轨底坡，道岔不设轨底坡。正线采用槽型轨闪光焊机进行焊接，道岔采用槽型轨铝热焊焊接。槽型轨与 50 kg/m 钢轨连接采用异型焊接，50 kg/m 钢轨间采用接头夹板连接。小半径曲线采用预弯。

（2）扣件

正线扣件选用 YG-3 扣件，塑料基板无轨枕，轨距调整量为 ±10 mm，调高量为 20 mm。

车辆基地库内采用 DJK5-1 扣件，扣压件为 ω 弹条，轨距调整量为 +8 mm，-12 mm，调高量为 30 mm；库外线及试车线都采用弹条Ⅰ型扣件，轨距调整量为 +8 mm，-16 mm，调高量为 10 mm。

（3）轨道结构（含高度及道床）

正线铺设无枕式整体道床[图 1-21(a)]，高架段大桥采用承轨台式整体道床，小桥采用凹口梁现浇轨道结构，其余段采用现浇道床板整体道床，与道路交通混行的交叉口地段采用加强设计三层钢筋网现浇整体道床。轨道结构高度均为 500 mm。正线的扣件间距为 1 600 对/km，在小半径地段则适当加密，扣件间距采用 1 680 对/km。

(a) 正线无枕式整体道床　　　　(b) 车辆基地碎石道床

图 1-21　轨道道床实景

车辆基地库外线采用碎石道床[图 1-21(b)],库内线根据工艺检修需求采用相应整体道床结构形式。车辆基地扣件间距采用 1 440 对/km。

在交叉口地段轨道结构采用沥青铺装,区段有景观要求地段采用绿化铺装,局部人行段采用砖铺装。

(4) 道岔

正线道床采用 6 号槽型轨单开道岔,导曲线半径为 50 m,道岔直向通过速度为 70 km/h,侧向通过速度为 20 km/h。7 号曲线特制道岔,道岔导曲线半径分别为 100 m、71 m 及 67 m,道岔直向通过速度为 70 km/h,侧向通过速度为 15 km/h,菱形交叉通过速度为 15 km/h。道岔转辙机为框架式结构,采用合金钢、钢板焊接制造,尖轨采用合金钢尖轨;辙叉为整体式机加工辙叉,采用合金钢、钢板焊接制造。

车辆基地道岔(图 1-22)采用 3 号 50 kg/m 单开道岔,道岔直向通过速度为 20 km/h,侧向通过速度为 10 km/h,导曲线半径为 25 m。单开道岔全长 9.86 m,前长 5.025 m,后长 4.835 m。

(a) 菱形交叉实景　　　　　　(b) 单开道岔实景

图 1-22　轨道道岔实景

(5) 柔性材料

正线铺装地段的埋入式轨道均采用双块式柔性材料,系统包括五部分:轨腰块状包裹、轨脚 PE 隔离材料、轨顶密封柔性材料、胶黏剂及底涂。柔性材料兼具隔离、减振及防迷流效果,减振效果可达 3～5 dB。

(6) 无缝线路

全线采用跨区间无缝线路。

(7) 附属设备及安全设备

正线终点采用液压固定式车挡,允许车辆撞击速度为 15 km/h。车挡占用轨道长度为 8 m。车辆基地库外线采用固定式车挡。线路设置警冲标和限速标。

1.4.4　成都有轨电车蓉 2 号线

1. 工程概况

成都有轨电车蓉 2 号线工程是西南地区首条有轨电车示范线工程。线路呈 Y 形布置，采用五模块 100% 低地板车辆。2 号线全长 39.3 km，地面线 37.0 km，高架线 2.3 km，车站 47 座，车辆基地 3 处。车辆采用 100% 低地板接触网加上局部路口无触网供电制式，最高运行速度为 70 km/h。

2. 轨道结构

(1) 钢轨

全线正线及配线铺设 60R2 槽型轨，材质采用 U75V。车辆基地铺设 50 kg/m 钢轨，材质采用 U71Mn。线路采用 1 435 mm 标准轨距，通过轨头下 14 mm 量取。60R2 槽型轨自带轨顶坡，50 kg/m 钢轨设置 1:40 轨底坡，道岔不设轨底坡。正线采用槽型轨闪光焊机进行焊接，道岔采用槽型轨铝热焊焊接。槽型轨与 50 kg/m 钢轨连接采用异型焊接，50 kg/m 钢轨间采用接头夹板连接。小半径曲线采用预弯。

(2) 扣件

正线扣件选用 YG-3 扣件，塑料基板带轨枕，轨距调整量为 ±10 mm，调高量为 20 mm。

车辆基地库内采用 DJK5-1 扣件，扣压件为 ω 弹条，轨距调整量为 +8 mm，−12 mm，调高量为 30 mm；库外线及试车线采用弹条I型扣件，轨距调整量为 +8 mm，−16 mm，调高量为 10 mm。西客站停车场采用槽型轨，其扣件形式与正线扣件形式保持一致。

(3) 轨道结构

正线铺设短轨枕式整体道床，高架段大桥采用承轨台式整体道床，小桥采用凹口梁现浇轨道结构，其余段采用现浇道床板整体道床，与道路交通混行的交叉口地段采用加强设计三层钢筋网现浇整体道床。轨道结构高度均为 500 mm。扣件铺设数量：一般地段按 1 600 对/km 铺设，特殊地段按 1 680 对/km 铺设，高架桥曲线半径 $R \leqslant 300$ m 或坡度 $i \geqslant 20‰$ 地段按 1 760 对/km 铺设。

车辆基地库外线采用碎石道床，库内线根据工艺检修需求采用相应整体道床结构形式。车辆基地的扣件间距采用 1 440 对/km。西客站综合枢纽由于位于高架二层且有综合开发，采用整体道床轨道结构。

在交叉口地段轨道结构采用沥青铺装，区段有景观要求地段采用绿化铺装，局部人行段采用砖铺装。

有轨电车蓉 2 号线在正线引入无扣件支承轨道系统——嵌入式连续支承轨道系统，该轨道系统不采用扣件，而是采用"连续支承、弹性锁固"的方式约束钢轨，槽内弹性锁轨系统由高分子阻尼材料、弹性垫板、调轨组件、标高垫板、胶黏剂及其他掺和料组成，如图 1-23 所示。嵌入式连续支承轨道系统具有保持几何形位能力强、轨面平顺性好的特点。连续紧固钢轨有利于升温工况下无缝长钢轨的稳定性，可以扩大无缝线路锁定轨温的范围。高分子弹性体材料具有高绝缘性，嵌入式轨道钢轨对地电阻在干燥工况下平均为 220 Ω·km，在湿态工况下平均为 40 Ω·km，故有利于减少杂散电流泄漏对沿线金属管线的电腐蚀。由于嵌入式轨道在交叉口内无扣件，因此当社会车辆混行时可有效缓解交叉口的沥青开裂情况。

图 1-23 嵌入式连续支承轨道

（4）道岔

正线道岔主要采用 6 号系列道岔、菱形交叉、三开道岔、对称道岔等；转辙机采用合金钢 50AT 弹性可弯式尖轨，跟端采用间隔铁结构。尖轨设置一个牵引点。单开道岔辙叉及菱形交叉钝角和锐角辙叉均采用合金钢固定型辙叉；三开道岔及其连接组合菱形交叉中的辙叉采用 NM400 耐磨钢与 Q345 钢焊接制造。护轨采用 NM400 耐磨钢制造，护轨顶面与导轨轨顶平齐。

车辆基地道岔采用 3 号 50 kg/m 单开道岔，道岔直向通过速度为 20 km/h，侧向通过速度为 10 km/h，导曲线半径为 25 m。单开道岔全长 9.86 m，前长 5.025 m，后长 4.835 m。蓉 2 号线是国内首例在车辆段大范围内铺设 50 kg/m 钢轨梯形道岔和 60R2 槽型钢轨梯形道岔的有轨电车线路，如图 1-24 所示。

（5）柔性材料

柔性包裹系统主要由轨腰护块、轨底套靴、轨顶密封胶、胶黏剂、底涂、扣件罩等组成，分为区间景观铺装段和交叉口沥青铺装段两种类型。蓉 2 号线工程在设计时对道岔区特殊断面轨型进行了特殊匹配设计。柔性材料兼具隔离、减振及防迷流效果，减振效果可达 3~5 dB。

（6）无缝线路

除西客站站前桥 35 m 半径采用有缝线路外，全线采用跨区间无缝线路。

（7）附属设备及安全设备

正线终点采用可降式月牙车挡，允许车辆撞击速度为 10 km/h。车挡占用轨道长度为 5 m。基地库外线采用固定式车挡。线路设置警冲标和限速标。

图 1-24 蓉 2 号线的郫温车辆基地梯形道岔实景

1.4.5 上海松江有轨电车 T1 线

1. 工程概况

上海松江有轨电车 T1 线全长约 15.655 km，共设车站 22 座，全部为地面站。全线设新桥停车场 1 处。该工程车辆采用 100% 低地板钢轮钢轨现代有轨电车，供电采用接触网供电系统。

2. 轨道结构

(1) 钢轨

全线正线、配线及停车场均铺设 60R2 槽型轨，材质采用 U75V。采用 1 435 mm 标准轨距，通过轨头下 14 mm 量取。60R2 槽型轨自带轨头坡。正线采用槽型轨闪光焊机焊接，道岔采用槽型轨铝热焊焊接。小半径曲线采用预弯。

(2) 扣件

正线扣件选用 CJT-Ⅱ 扣件，塑料基板带轨枕，轨距调整量为 ±12 mm，调高量为 40 mm。

车辆基地库内采用 DJK5-1 扣件，扣压件为 ω 弹条，轨距调整量为 +8 mm，−12 mm，调高量为 30 mm，库外线采用与正线相同的扣件。西客站停车场采用槽型轨与正线扣件形式保持一致。

(3) 轨道结构

正线铺设无枕式整体道床，高架段大桥采用承轨台式整体道床，小桥采用凹口梁现浇轨道结构，其余段采用现浇道床板整体道床，与道路混行交叉口地段采用加强设计三层钢筋网现浇整体道床，其结构如图 1-25 所示。轨道结构高度均为 500 mm。在管线搬迁比较困难的地段采用轨道-路基一体化结构。扣件节点铺设数量：正线辅助线为 1 600 对/km，曲线半径小于等于 400 m 的地段为 1 680 对/km;车场线一般地段为 1 440 对/km。

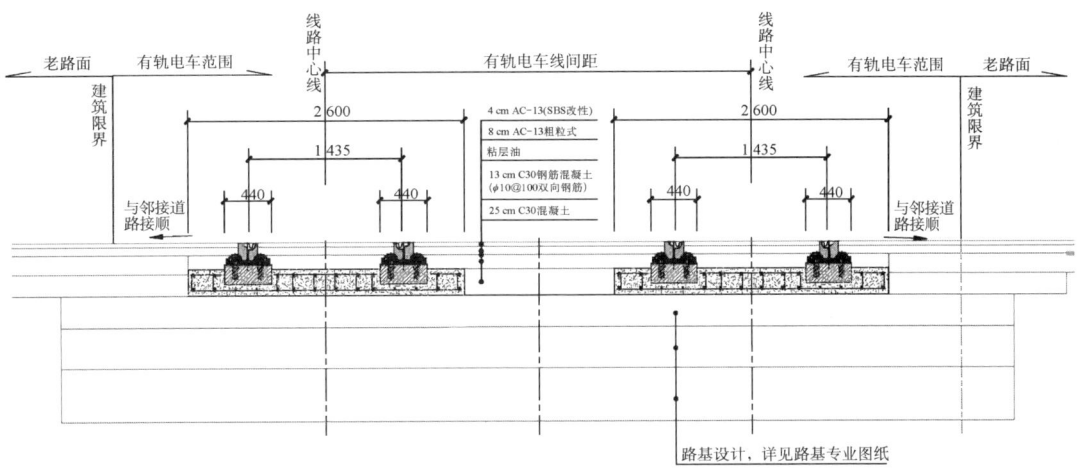

图 1-25　交叉口有轨电车道床结构图(单位:mm)

针对"道床-路基一体化"道床结构,多数路段路基设计采用了 PHC 预制管桩结构。该设计可有效减少淤泥质土层对有轨电车系统不均匀沉降的影响。"道床-路基一体化"结构设计,将常规的道床板与梁板结构相结合,形成创新性的"道床-桩板"结构,采用此结构设计后,可充分利用一体化结构板的高度,在其距离钢轨最近的上部范围内单独设置排流钢筋网,而不采用主体结构的受力钢筋,从而更大程度地保护主体结构中的钢筋不受杂散电流腐蚀的影响,保证有轨电车系统的耐久性、安全性和可靠性。"道床-路基一体化"道床结构如图 1-26 所示。

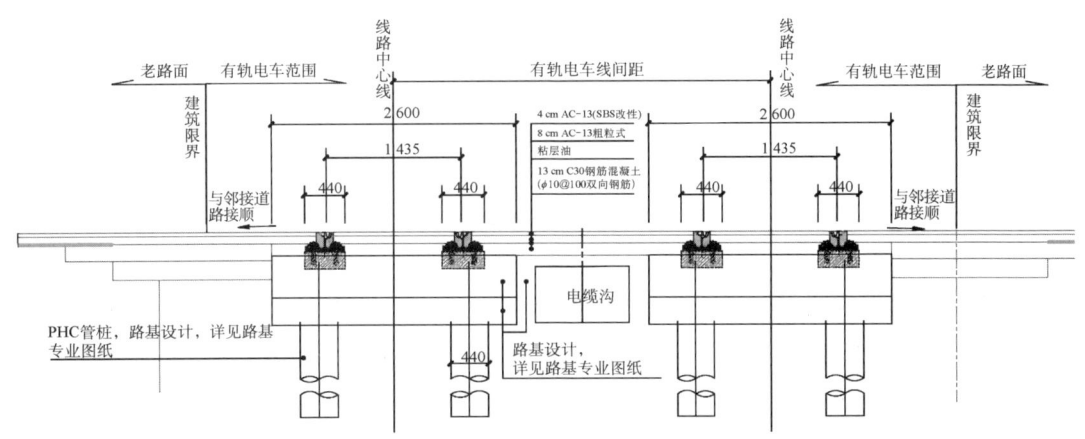

图 1-26　"道床-路基一体化"道床结构图(单位:mm)

(4) 道岔

正线道岔主要采用 6 号系列道岔、菱形交叉、曲线道岔等;转辙机采用合金钢 50AT 弹性可弯式尖轨,跟端采用间隔铁结构。尖轨设置一个牵引点。单开道岔辙叉及菱形交叉钝角和锐角辙叉均采用合金钢固定型辙叉。

车辆基地道岔采用3号槽型轨单开道岔,道岔直向通过速度为20 km/h,侧向通过速度为10 km/h,导曲线半径为25 m。

(5) 柔性材料

柔性包裹系统主要由轨腰护块、轨底套靴、轨顶密封胶、胶黏剂、底涂、扣件罩等组成,分为区间景观铺装段和交叉口沥青铺装段两种类型。上海松江有轨电车T1线在设计时对道岔区特殊断面轨型进行了特殊匹配设计。柔性材料兼具隔离、减振及防迷流效果,减振效果可达3~5 dB。

(6) 无缝线路

全线采用跨区间无缝线路。

(7) 附属设备及安全设备

正线终点采用液压固定式车挡。基地库外线采用固定式车挡,库内线采用内摩擦车轮挡。线路设置警冲标和限速标。在半径小于等于400 m的曲线地段设置轨距拉杆。

1.4.6 东莞华为松山湖终端总部有轨电车

1. 工程概况

东莞华为松山湖终端总部有轨电车工程1号地块段分为北环线、南环线、联络线及避让线,共设车站3座,且全部为地面站。车辆采用高低板超级电容供电系统。

2. 轨道结构

(1) 钢轨

全线正线、配线及停车场均铺设60 kg/m钢轨,材质采用U75V。标准轨定尺长度为25 m,无缝线路地段采用无孔轨。线路采用1 435 mm标准轨距,通过轨头下16 mm量取。60 kg/m钢轨设置1∶40轨底坡,道岔区内不设轨底坡。正线采用闪光焊焊接,道岔采用铝热焊焊接。

(2) 扣件

正线及停车库扣件选用DTⅥ2型扣件,该扣件属于无挡肩弹性分开式扣件,采用无螺栓弹条。轨距调整量为+8 mm,−12 mm,调高量为30 mm。

(3) 轨道结构

正线铺设短轨枕式整体道床,道岔区采用带桁架的长岔枕式道岔结构。轨道结构高度均为500 mm。扣件节点铺设数量:正线及辅助线为1 600对/km,曲线半径小于等于400 m的地段为1 680对/km;车场线一般地段为1 440对/km。

(4) 道岔

正线道岔主要采用6号系列道岔,导曲线半径分别为50 m和40 m;3号系列道岔,导曲线半径为50 m;转辙机采用60AT弹性可弯尖轨,跟端采用间隔铁结构。尖轨设置一个牵引点。固定辙叉采用合金钢焊接式。

(5) 柔性材料

柔性包裹系统主要由轨腰护块、轨底套靴、轨顶密封胶、胶黏剂、底涂、扣件罩等组成,分为区间景观铺装段和交叉口沥青铺装段两种类型。东莞华为松山湖终端总部有轨电车工程在设计时对道岔区特殊断面轨型进行了特殊匹配设计。柔性材料兼具隔离、减振及防迷流效果,减振效果可达 3～5 dB。

(6) 无缝线路

全线(除大桥段)采用跨区间无缝线路,大桥采用有缝线路。

(7) 附属设备及安全设备

线路设置警冲标和限速标。在半径小于等于 300 m 的曲线地段设置轨距拉杆。在半径小于 100 m 的曲线地段设置防脱护轨。

1.4.7 上海张江有轨电车

1. 工程概况

上海张江有轨电车工程线路全长 8.95 km,其中停车场线路长 2.75 km。采用 Translohr 系统的导向轨和特殊转弯型道岔,正线采用进口道岔,车辆段采用国内研制道岔。该工程采用 100% 低地板胶轮导轨有轨电车,采用接触网供电系统。

2. 轨道结构

(1) 导向轨

正线导向轨采用特殊断面形状 28 kg/m 钢轨,经打磨后通过气压焊法焊接为长钢轨。车辆段架车线采用特殊导向轨,除两端采用变截面过渡轨外,其余部分均为标准导向轨。钢轨材质采用 UIC33。对于曲线半径小于 300 m 的地段,导轨在铺设前需进行预校弯处理。导向轨机械性能如表 1-1 所列,导向轨化学成分构成如表 1-2 所列。

表 1-1 导向轨机械性能

重量	断面积	线电阻(20 ℃)	抗拉强度(最小)
28.0 kg/m	3 577 mm²	68 mΩ/km	690 MPa

表 1-2 导向轨化学成分构成

C	Si	Mn	P	S
0.40%～0.60%	0.35%	0.80%～1.20%	≤0.045%	≤0.045%

(2) 导向结构

导向单元由两个倾斜的导轮组成,与导向轨接触,一个转向架有前后两组 V 形导向轮。导轮轮轴倾斜和导轮轮缘的特殊形状保证系统在正常运行情况下不会脱轨。由于导轮轮缘的间隙小于轨头宽度,从而确保导向装置不会脱轨。导向轨中心两侧各 200 mm 范围内,路面与轨顶高差为 ±3 mm。

(3) 道床

有轨电车导向轨两侧为道路路面,导向轨道床与地铁传统道床不同,是在混凝土路面内导向轨部位(无配筋)切割凹形槽(宽 190 mm,深 80 mm),然后在槽内浇注聚氨基甲酸乙酯环氧树脂来固定导向轨,如图 1-27 所示,导向轨下方道床混凝土厚度应大于 170 mm。正线和停车场的导向轨不采用传统地铁扣件,而使用环氧树脂固定;在道路交叉口和小半径曲线处加设扣件以加固轨道结构,加设扣件的道床断面如图 1-28 所示。

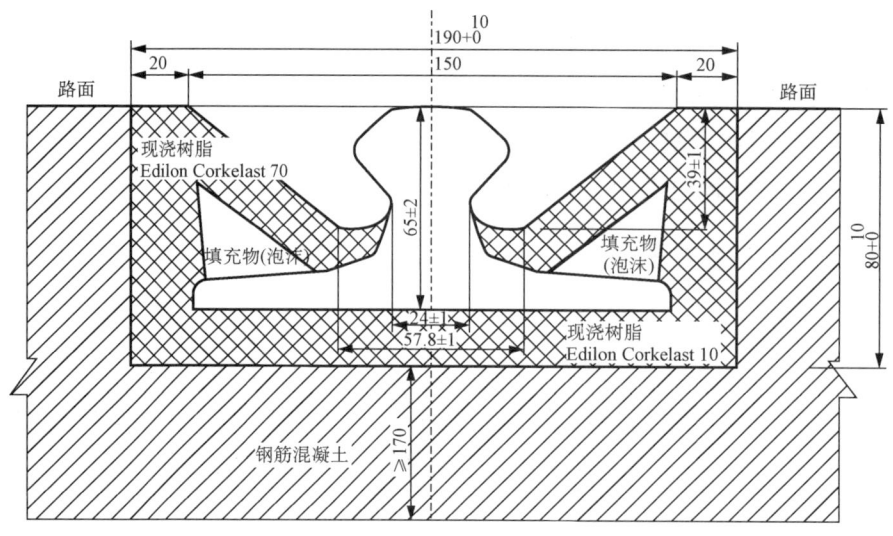

图 1-27 导向轨凹槽断面尺寸(单位:mm)

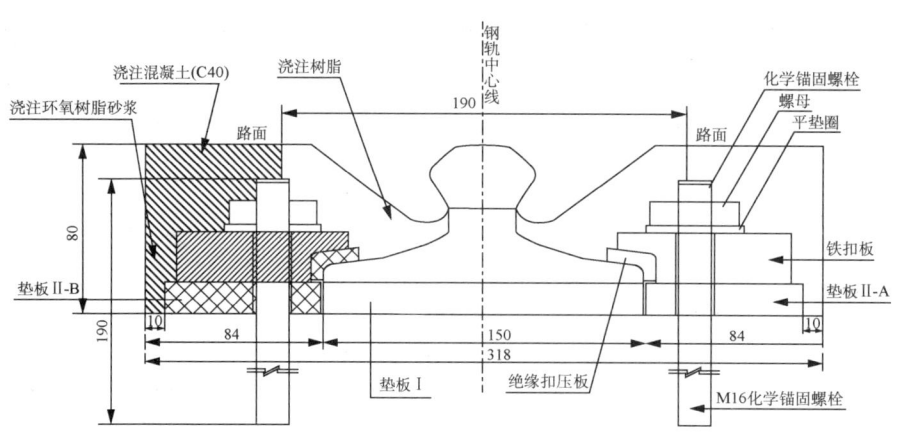

图 1-28 加设扣件道床断面(单位:mm)

(4) 无缝线路

该工程正线及辅助线除道岔、伸缩节地段外,均铺设无缝线路,即长轨节。采用聚氨基甲酸乙酯环氧树脂来固定导向轨,能阻止导向轨的爬行,确保导向轨的稳定性。

铺设无缝线路可大大减少接头和电连接点,同时减少轮轨间的冲击,起到减振、降噪的作用;在不采用无缝线路导向轨地段,导向轨的轨缝长度为(6±1) mm;因导向轨作为回流轨,在接缝部分需设置电连接。

在铺设导向轨时,导向轨槽内要保持干净、无积水,且雨天不能铺设。另外,铺设导向轨时要求气温范围为 20~30 ℃,在户外气温范围为(25±5) ℃时锁定长轨条。

(5) 道岔

该工程正线共设道岔 7 组,停车场设道岔 16 组。其中,正线全部采用进口道岔,停车场采用国产道岔。

电动道岔采用 ZDJ-A 整体型直动式转辙机,该转辙机与道岔钢轨及安装装置组成一个整体,安装于路面以下。外形尺寸:4 054 mm×938 mm×420 mm。ZDJ-A 整体型直动式转辙机的技术参数如表 1-3 所列,结构示意图见图 1-29。

表 1-3 ZDJ-A 整体型直动式转辙机技术参数

额定电压	转换力	动作电流	动作时间	道岔动程
AC 220 V	1.5 kN	<2.5 A	<2.5 s	110 mm

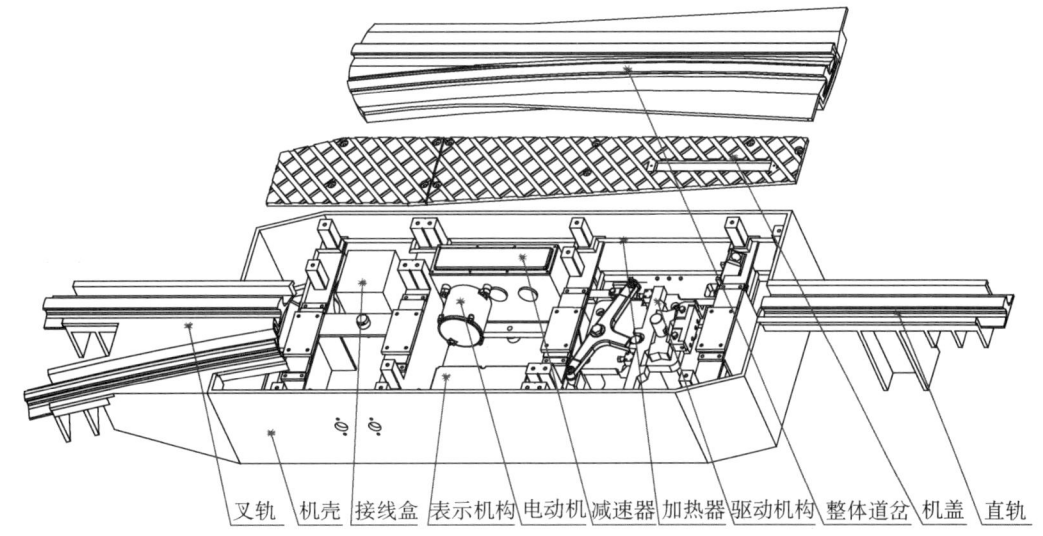

图 1-29 ZDJ-A 整体型直动式转辙机结构示意图

转辙机的道岔分右开式和左开式两种。道岔以旋转轴为中心,直线导向轨和曲线导向轨组合成的箱体成为转弯型道岔,车上司机通过道岔控制装置进行道岔转向。道岔装有道岔位置锁闭装置,亦具有人工(紧急)操作功能。道岔装置的误差在垂向及侧向最大为±1 mm。道岔需设在直线部分,不能设在竖曲线地段及有坡度和超高的曲线地段,道岔侧向通过速度为 10~15 km/h。道岔除了转动部分不焊接外,其余均焊接。

(6) 伸缩节的设置

在现行铁路桥梁上,对于跨径大于 120 m 的钢梁必须设置钢轨伸缩装置,一方面是为了减少无缝钢轨的温度力,另一方面也是为了减少轨桥的相互作用。这条运营线路上要经过 9 座跨度不等的简支板梁桥。考虑到有轨电车无缝线路的实际情况,跨越的 9 座桥梁均采用混凝土预应力空心板梁,最大跨度为 22 m,最大桥长 62 m。如果桥梁两端轨道不设置伸缩节,则应根据钢轨温度锁定应力和车辆制动力对桥墩进行验算。在不能满足要求处,宜设置伸缩节。轨道伸缩调节装置设在桥梁上无缝线路地段,以减少桥梁与钢轨的相互作用力。

第 2 章　有轨电车轨道结构

轨道结构为有轨电车车辆提供承载与导向作用,是保障有轨电车运营安全的关键设施之一,因此必须要保证轨道结构具有足够的强度、刚度及耐久性。

有轨电车轨道结构主要分为传统有砟轨道结构、传统无砟轨道结构和埋入式轨道结构三种类型。传统有砟轨道结构主要用于无铺装要求的地面线和车场线,传统无砟轨道结构主要用于高架线或地下线等封闭线路,埋入式轨道结构主要用于沿道路走行的地面线。传统有砟轨道结构和无砟轨道结构与常规轨道交通的相关轨道结构类似,故设计方法及技术要求可参照轨道交通。本章重点介绍有轨电车工程埋入式轨道结构。

有轨电车轨道主要敷设方式为地面线,道路交叉口、步行街、城市广场等特殊地段的有轨电车与其他交通方式共享路权,因此,轨道结构不仅应满足有轨电车的运营要求,还应与城市环境相结合,而混合路权段还应同时满足道路交通的使用要求。埋入式轨道结构为有轨电车的典型轨道结构形式,如图 2-1 所示。

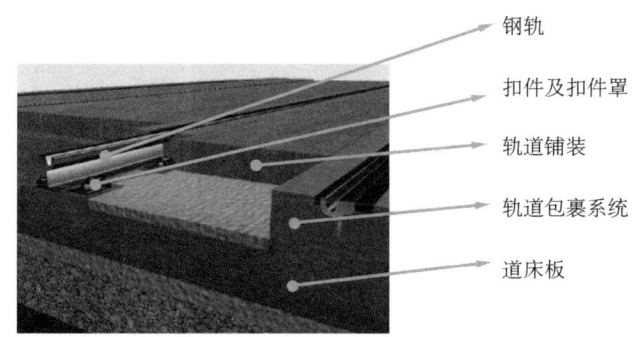

图 2-1　埋入式轨道结构组成

埋入式轨道结构在包含钢轨、扣件、轨枕、道岔、道床等主要构件的传统轨道结构基础上,还增加了轨道包裹系统,以适应城市景观的轨道铺装要求,并采取地下管线安全保护、杂散电流防护等技术措施。

"道床-路基一体化"结构、连续支承式轨道结构、预制轨道结构是近年来有轨电车轨道结构的新技术与发展方向,在减振、杂散电流防护、快速施工等方面具有一定的优势。

2.1　钢轨

现代有轨电车系统是采用低地板车辆,线路以专用路权为主,敷设于路面轨道上,按公交化模式组织运营的公共交通系统。同时,现代有轨电车系统基本沿道路走向设置,转弯半径小,最小半径仅为 25 m。由于钢轨与有轨电车车轮直接接触,因此钢轨的平顺性直接影响到行车的安全性和平稳性。为了使有轨电车线路能按照设计速度运行,钢轨必须符合以下要求:

(1) 为了给车轮提供连续、平顺和阻力最小的滚动面来引导车辆前进,就要求钢轨表面光滑,以减小轮轨阻力。

(2) 钢轨应能承受来自车辆的竖向压力,并以分散形式传给轨枕,同时,应满足轨面承受极大的接触应力的要求。另外,钢轨在承受横向力和纵向力作用下,应满足防止钢轨产生弯曲、扭转、爬行等变形及轨头产生塑性流动、磨损等要求。

(3) 曲线段钢轨弯曲后引起的强度折减及线形变化不会影响乘客舒适度及运营安全,且不会明显缩短曲线段钢轨的使用寿命。

2.1.1　钢轨选型

钢轨型号的选择应保证轨道具有良好的动力响应特性和稳定性,在长期运营过程中能使其保持良好的平顺性,减少养护维修工作量并延长使用寿命。国内有轨电车常用轨型有四种:50 kg/m 钢轨、60 kg/m 钢轨、59R2 槽型轨、60R2 槽型轨。

60 kg/m 钢轨使用寿命长,可降低供电损耗,具有良好的动力响应特性和更好的稳定性,养护维修量小,可延长轨道使用寿命,适用于大运量的轨道交通。北京、上海、广州等地在建设地铁时,其正线均采用 60 kg/m 钢轨,大连、长春的旧式有轨电车在经历 21 世纪初的升级改造后,正线仍保留 60 kg/m 钢轨(图 2-2)。国内新建线路中,东莞华为松山湖终端总部有轨电车工程正线就采用 60 kg/m 钢轨,如图 2-3 所示。

(a) 长春55路　　　　　　　　　　　　　　(b) 大连202路

图 2-2　长春 55 路、大连 202 路有轨电车实景

50 kg/m 钢轨的断面面积比 60 kg/m 钢轨小,可节约钢材 17.5%。另外,由 50 kg/m 钢轨组成的无缝线路的温度力也较小,当车辆的轴重小、运量少、速度低时,50 kg/m 钢轨的耐磨性、稳定性、运行平顺性以及使用寿命均能满足线路运行的使用要求。因此,50 kg/m 钢轨一般适用于地铁及有轨电车的车辆基地,主要供车辆空载通过,而国内新建线路中青岛城阳有轨电车正线采用了 50 kg/m 钢轨,如图 2-4 所示。

图 2-3　东莞华为松山湖终端总部有轨电车实景　　图 2-4　青岛城阳有轨电车实景

槽型轨在国内外有轨电车系统中被大量使用,如图 2-5 所示。目前,我国新建有轨电车线路除东莞华为松山湖终端总部线路外,均采用槽型轨,其主要技术优点有:

(1) 槽型轨在钢轨上实现轮缘槽的设置,可最大限度地实现绿化和铺面面积,取得良好的景观效果。

(2) 在混合路权中,槽型轨在实现轨面与道路路面齐平的同时,槽与行车踏面一体化的设计也保证了路轨间平顺的衔接,改善了机动车的行车条件。图 2-5 为槽型轨实物。

(3) 有轨电车线路一般小半径曲线多(图 2-6),槽型轨实现了防脱护轨一体化,在防止车轮脱轨的同时也可减小钢轨磨耗。

图 2-5　槽型轨实物　　　　　　　　图 2-6　上海松江有轨电车实景

欧洲有轨电车历史悠久,槽型轨的类型众多,以匹配不同车辆车轮类型,且满足不同的线路等级要求。收录于欧标 DIN EN 14811 中的槽型轨型号有:46G1,51R1,52R1,53R1,55G1,55G2,56R1,57R1,59R1,59R2,60R1,60R2,60R3,62R1,62R2,

63R1,67R1,68G1,61C1,75C1。

国内现代有轨电车复兴后,主要采用的槽型轨轨型为 59R2 和 60R2。这两种轨型的轨头行车面轮廓圆弧半径与 60 kg/m 钢轨和 50 kg/m 钢轨接近,线质量接近 60 kg/m 钢轨,匹配有轨电车的客运量及车辆轴重,廓型对有轨电车主流车辆的匹配度高。为了提高槽型轨的批量化及通用性,国内目前主要生产 59R2 和 60R2 轨型槽型轨。苏州、淮安、珠海、武汉、上海等采用 60R2 槽型轨,南京、沈阳等采用 59R2 槽型轨。

59R2 和 60R2 轨头行车工作面各轮廓的圆弧半径、截面整体高度和宽度及轮缘槽深度均相同,主要区别在于 60R2 轮缘槽窄于 59R2,60R2 护轨厚度大于 59R2。有轨电车线路主要为地面线,同时存在多处交叉口等混行地段,采用轮缘槽较窄的 60R2 有利于控制轮对横移,稳定性好,且 60R2 护轨强度大。不过虽然 59R2 的轮缘槽略宽,会使得车轮允许横移范围增加,但可降低车轮养护周期,延长车轮使用寿命。50 kg/m 和 60 kg/m 钢轨以及 59R2 和 60R2 槽型轨的各参数对比如表 2-1 所列。

表 2-1　50 kg/m 钢轨、60 kg/m 钢轨、59R2 槽型轨和 60R2 槽型轨参数对比

型号	断面面积 /cm²	每米质量 /(kg·m⁻¹)	对水平轴的惯性矩/cm⁴	轮缘槽宽度 /mm	高度 /mm	轨底宽度 /mm
50 kg/m 钢轨	65.8	51.514	2 037.0	—	152	132
60 kg/m 钢轨	77.45	60.64	3 217.0	—	176	150
59R2 槽型轨	74.13	58.20	3 213.8	42.35	180	180
60R2 槽型轨	76.11	59.75	3 298.1	36.35	180	180

槽型轨号称"万轨之王",截面为非对称结构。此外,从图 2-7 中可以看出,槽型轨护

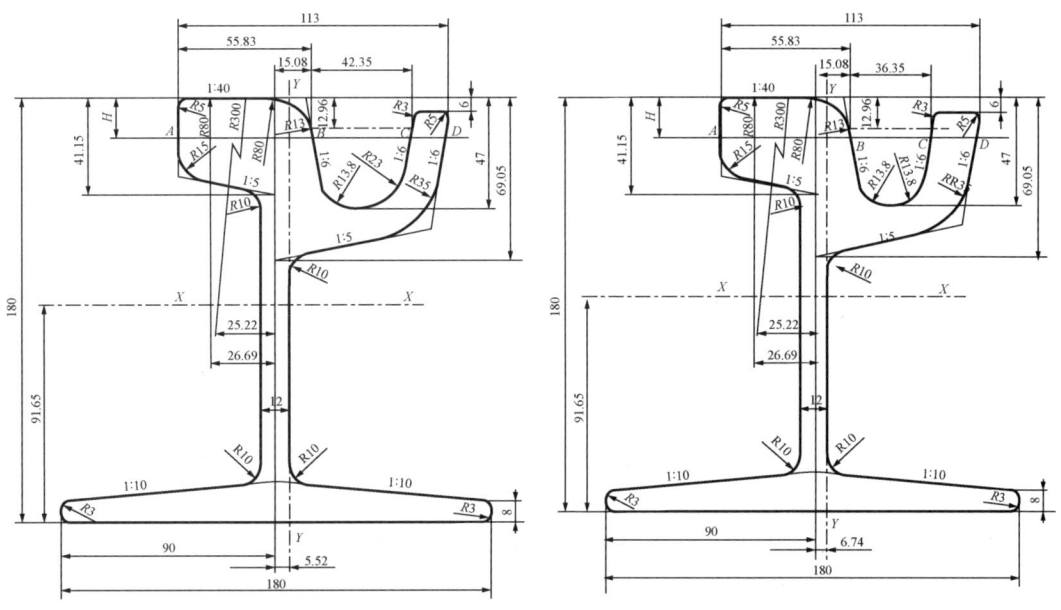

图 2-7　59R2 和 60R2 槽型轨断面(单位:mm)

轨的轨唇很窄，不同类型槽型轨的轨唇宽度不同，但一般均只有2 cm左右；轨槽则由5段不同半径的曲线及直线构成，且轨腰纤细等，这使得其轧制工艺复杂、报废率高，造价较工字轨约高40%。

考虑交叉口等混行地段对社会车辆的影响、采用沥青混凝土或砖等硬质铺装时钢轨与路面的衔接问题，以及小半径曲线地段防脱护轨的一体化设计等方面因素，槽型轨的技术优势就凸显出来了。但是目前，国内新建有轨电车均全线使用槽型轨，主要是因为有轨电车线路较地铁和大铁线路短，多数为10~20 km，供货量有限，故从经济性及较小备品备件方面考虑，全线统一采用槽型轨。但是，在部分封闭性路段（如高架桥、地下线、绿化铺装地段等）采用工字轨也是经济可行的。

2.1.2　钢轨材质

钢轨选材的原则是以耐磨性代替强度来控制钢轨的使用寿命。钢轨材质的选择应根据线路条件、年通过总重、行车速度、与车轮的匹配、减振降噪效果、杂散电流防护、养护维修等因素综合确定。

目前，国内铁路和城市轨道交通主要采用的钢轨为U75V和U71Mn。根据《城市有轨电车用槽型钢轨》(YB/T 4653—2018)，U75V和U71Mn两种钢轨的化学成分和机械性能见表2-2和表2-3。

表2-2　U75V和U71Mn的化学成分

轨　型	C	Si	Mn	P	S	V
U71Mn	0.65~0.76	0.15~0.58	0.70~1.20	≤0.030	≤0.025	—
U75V	0.71~0.78	0.50~0.80	0.75~1.05	≤0.030	≤0.025	0.04~0.12

表2-3　U75V和U71Mn的力学性能

轨　型	生产方法	σ_b/MPa	δ_s	HB
U71Mn	热轧	≥880	10%	260~300
	热处理	≥1 080	10%	320~380
U75V	热轧	≥980	10%	280~320
	热处理	≥1 180	10%	340~400

两种材质的钢轨相比，U75V具有以下优点：

(1) U75V由于硅含量较高，且加入了微量的钒，故其硬度、耐磨性更优。铁路运营实践表明，U75V比U71Mn在小半径曲线上的耐磨性能可提高60%以上，使用寿命是U71Mn的1.5~2倍。

(2) U75V的抗拉强度、屈服强度和拉伸性能均高于U71Mn。

(3) U75V的耐磨性较好。据调查，上海市轨道交通1号线最初采用U71Mn钢轨，经6个月试运营后，小半径地段钢轨侧磨已接近到限，故更换为U75V钢轨。运营近5年后再检测,钢轨侧磨仍处于正常范围。

(4) 由于U75V硬度高、不易磨耗,当旅客列车在时速200 km/h以下时,钢轨的平顺性要优于U71Mn,从而有利于轨道减振降噪。

(5) 能较好地适应小半径曲线的磨耗要求。

根据各国铁路的经验,直线及大半径曲线地段普通钢轨的使用寿命一般受疲劳控制而非磨耗控制,小半径曲线地段普通钢轨的使用寿命则受磨耗控制。一般有轨电车工程正线的最小曲线半径较小,同时大部分线路采用埋入式轨道结构,从提高轨道耐久性、减少运营期间养护维修工作量、延长维修周期的角度,采用U75V热轧钢轨更为合适。

2.1.3 钢轨防腐

埋入式轨道结构在土壤环境作用下不可避免地会遭受腐蚀,如图2-8所示。被腐蚀的钢轨在"点蚀"严重部位会产生应力集中,易发生断轨事故。土壤是一种复杂的非均质、多相体系。影响有轨电车轨道钢轨腐蚀的因素有很多,主要包括土壤的孔隙率(通气性)、含水量、矿质元素离子的种类和含量、pH值、有机质含量以及微生物的活动等。各种因素相互影响、互为因果,构成了一个复杂的腐蚀环境,并且这些因素随时变化,其作用机理及模型也有所不同,因此钢轨遭受土壤腐蚀是一个复杂的电化学过程。

图2-8 埋入式轨道钢轨遭受腐蚀

部分有轨电车运营线路未采用杂散电流防护措施,运营3年左右,轨腰及轨底腐蚀严重,从而影响钢轨的正常使用,必须换轨。

部分线路运营2年后,对其进行现场轨道结构绝缘实测发现,钢轨与道床间泄漏电阻为1Ω,更有甚者,已有电流通过,远达不到设计规范《地铁杂散电流腐蚀防护技术标准》(CJJ/T 49—2020)中"走行轨对地、走行轨对结构钢筋应绝缘,其过渡电阻值不应小于15 Ω·km"的规定。

因此,需重视埋入式轨道结构中金属件的腐蚀现象,特别是在绿化铺装地段。目前,针对钢轨防腐蚀的措施主要有两种:对钢轨加喷防腐涂层和直接采用耐腐蚀钢轨。

1. 耐腐蚀钢轨

钢轨加工过程中直接加入耐腐蚀基材，如国内的稀土钢耐腐蚀钢轨，即在钢轨基质中加入稀土元素，使其珠光体片层间距显著减小，相对于普通钢轨具有更优的耐腐蚀性能。耐腐蚀钢轨从钢轨自身材料性能出发，提高了钢轨的耐腐蚀能力，且性能稳定。

2. 钢轨防腐涂层

通过对钢轨表面喷涂涂层以减少钢轨所受到的环境腐蚀影响。由于涂层直接附着于钢轨表面，接触外界环境，故要求涂层除了具备耐腐蚀性外，还要求具备耐划伤、附着力强、耐水、耐油、耐酸碱、耐老化、抗低温等特性。加喷涂层需考虑运输及安装前产生的腐蚀问题，因此防腐涂层一般实施两道喷涂工艺。第一道喷涂工艺需在钢轨厂检验完成后，出厂前完成整体喷涂；第二道喷涂工艺在现场，主要针对焊接接头、局部脱落点等进行补涂。钢轨防腐涂层为新技术，目前已在上海松江有轨电车线路完成试验段。

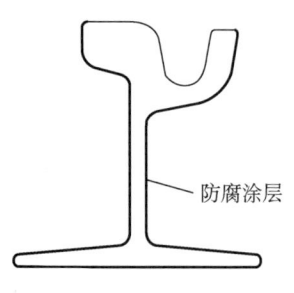

图 2-9 槽型轨防腐涂层示意图

采用钢轨防腐涂层的方式有助于提高轨道结构的绝缘性能，降低对柔性材料的依赖，同时可降低钢轨材质要求，是一种改善钢轨防腐蚀性能的经济适用措施。图 2-9 为槽型轨防腐涂层示意图。

2.1.4 钢轨预弯

在有轨电车线路平曲线半径较小的地段应设置水平预弯，在竖曲线半径较小的地段应设置垂直预弯。采用铺轨前钢轨预弯的方法，可以有效解决小半径地段的铺轨难题，消除钢轨不预弯就直接铺轨而产生的强大钢轨应力，提高轨道施工质量和轨道精度，增强轨道的稳定性、安全性和舒适性。考虑工厂钢轨预弯后存在运输困难的问题，故施工时一般采用专用弯轨设备对钢轨进行现场预弯。通常，预弯时先将曲线段钢轨焊接，再整体顶弯，待放入线位上扣件坚固后，再局部精调。

2.2 扣件

扣件是连接钢轨与轨枕或其他轨下基础的重要部件，其作用是保持钢轨在轨下基础上的位置正确及钢轨与轨枕的可靠连接，阻止钢轨的纵、横向移动，并为轨道结构提供一定的弹性。因此，扣件不仅要具备足够的强度和扣压力，还应具有良好的弹性和一定的调整能力。

由于有轨电车具有运行时间长、行车密度大、铺设埋入式无砟轨道结构、后期维修困难等情况，因此有轨电车扣件系统除了要满足上述功能外，还应具备长寿命、低成本、少维护、防腐蚀、绝缘好等特点，如此才能既充分发挥扣件性能，又达到经济合理的目的。

2.2.1 扣件系统组成

有轨电车扣件系统虽由多种零部件组成，且国内外所用扣件系统也不尽相同，但主要是由扣压件、垫板及锚固连接件等组成。

1. 扣件结构

扣件按结构形式主要分为两类：分开式扣件和不分开式扣件。

分开式扣件通常为带垫板（或基板）的扣件，钢轨由扣压件紧固于垫板上，垫板通过锚固螺栓与预先埋设于混凝土枕或整体道床的绝缘套管配合紧固于基础上，扣件系统形式灵活，零部件组成差异较大，系统静刚度跨度范围较大，常见的节点静刚度为 20~60 kN/mm，且分开式扣件容易实现对钢轨的高低左右调整，但零部件较多，维修更换工作量较大。

不分开式扣件是由扣件直接将钢轨连接在混凝土枕或整体道床上，其零部件少、造价低，整体系统刚度较大，一般在 50 kN/mm 以上，钢轨调整较复杂，一旦安装，调整空间有限。

2. 扣压件

扣压件作为将钢轨牢固地固定在混凝土枕或道床板上之用，必须提供足够的扣压力，而且能够承受来自钢轨的垂向力、横向力和纵向力的作用。

1) 扣压件类型

扣压件主要分为刚性扣压件和弹性扣压件。刚性扣压件主要为扣板；弹性扣压件主要分为弹条式扣压件和弹片式扣压件。由于刚性扣压件有扣压力衰减大、变形协调性差、扣压件易松弛、不耐疲劳等缺点，故我国铁路、轨道交通均已不再使用，但国外的有轨电车中仍有采用扣板式扣件的。

就扣压件的弹性作用而言，弹片式扣压件仅能利用其弯曲应变，但形状比较简单，而弹条式扣压件，既可利用其弯曲应变，又可利用其扭曲应变，故材料的利用效率较高。因此，就弹簧特性而言，弹条更为有利，但其线性变化较大，并且弹簧形状复杂。根据各国国情，日本、法国、澳大利亚习惯使用弹片式扣压件，而中国、德国、英国多用弹条式扣压件。

2) 扣压件紧固方式

扣压件紧固方式大致有两种：有螺栓式和无螺栓式。

（1）有螺栓式

有螺栓式扣压件便于调整轨道高低，当扣压力衰减后可复拧螺栓来恢复扣压力，但其零部件多，养护维修工作量相对较大。

（2）无螺栓式

无螺栓式扣压件零部件少，扣压力稳固，无须复拧螺栓作业，但锚配件损伤时更换困难，扣压力损失时无法调整扣压力。

3. 垫板

垫板泛指弹性垫板、铁垫板或基板。

1) 弹性垫板

无砟轨道的弹性主要由扣件系统中弹性垫板的竖向刚度所决定。而弹性垫板的弹性主要来自其压缩变形，但也有一定限度。为了减轻轮轨之间的相互动力作用，提高乘客乘坐的舒适性，宜采用低刚度的弹性垫板。

2) 铁垫板

铁垫板的主要功能在于固定扣件系统,保护弹性调高垫板,并兼作结合锚固螺栓固定混凝土轨下基础之用。铁垫板的厚度应能保证提供足够的抗弯强度,以防断裂。但在埋入式轨道结构中,铁垫板易大面积接触土壤环境,故需重视其防腐处理,否则极易遭受腐蚀。

3) 基板

基板是一种以非金属材料(如塑料、尼龙、高分子材料等)制成的垫板。因其由非金属材料制成,故具有质量轻、绝缘好、耐腐蚀的特点,在有轨电车埋入式轨道结构中被普遍采用。

4. 锚固连接形式

锚固连接件主要由锚固螺栓、套管组成,分为预埋式和直埋式两种。

预埋式是在制作混凝土轨枕时,将螺栓套管事先预埋于轨枕内,待扣件组装时再将螺栓旋入预埋套管中。此类连接形式相应配套混凝土轨枕。

直埋式是在轨道施工时,将扣件与道床混凝土同时浇筑施工,套管与道床结为一体。此类连接形式取消了混凝土轨枕,构造简单,避免了混凝土轨枕与道床混凝土施工时新旧混凝土结合处裂缝的产生,但对道床施工精度要求较高。

5. 扣件罩

由于有轨电车埋入式轨道扣件的工作环境复杂,故有必要采取扣件罩对扣件两端外露部分进行防护(图 2-10)。在埋入式轨道中,有了扣件罩的防护就能够保持扣件正常的弹性工作性能,减少扣件本体与外部环境的接触,从而减少环境对弹条、螺栓等金属部件的腐蚀。但在运营实践中发现,交叉口等混合路权段,扣件罩强度不足以承受路面车辆反复碾压的情况屡见不鲜,扣件罩被压溃,从而导致沥青路面开裂,如图 2-11 所示。因此,在混合路权段,社会车辆的荷载与扣件罩的承压性能须匹配。

图 2-10 扣件罩

图 2-11 路口扣件罩破碎,沥青路面开裂

2.2.2 我国扣件系统应用情况

目前,国内有轨电车系统中常用的扣件类型主要分为:有螺栓弹性不分开式扣件、有螺栓弹性分开式扣件和无螺栓弹性分开式扣件。

1. 有螺栓弹性不分开式扣件

有螺栓弹性不分开式扣件主要由有螺栓弹条、锚固螺栓、轨下垫板、轨距挡板(轨距块)、尼龙底板及塑料套管等组成,同时轨下设弹性垫层以提供弹性。该类扣件主要分为无枕式和配套轨枕式两类,目前在苏州有轨电车、珠海有轨电车、淮安有轨电车、武汉大汉阳有轨电车等项目中应用。

2. 有螺栓弹性分开式扣件

有螺栓弹性分开式扣件主要由有螺栓弹条、锚固螺栓、T形螺栓、轨距块、轨下垫板、铁垫板、板下垫板、塑料套管等组成,如图 2-12 所示。其中,在轨下及铁垫板下设弹性垫层以提供弹性,扣件配套无挡肩轨枕。该类扣件在南京有轨电车等项目中应用。

3. 无螺栓弹性分开式扣件

无螺栓弹性分开式扣件主要由无螺栓弹条、锚固螺栓、轨距块、轨下垫板、铁垫板、板下垫板、塑料套管等组成,如图 2-13 所示。其中,在轨下及铁垫板下设弹性垫层以提供弹性,扣件配套有挡肩轨枕。该类扣件在沈阳浑南新区有轨电车、广州海珠有轨电车等项目中应用。

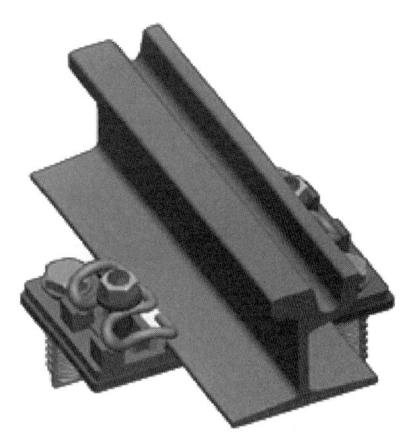

图 2-12 有螺栓弹性分开式扣件

图 2-13 无螺栓弹性分开式扣件

我国有轨电车工程中部分已有实际项目应用的扣件的性能参数见表 2-4。

表 2-4　有轨电车扣件性能参数

扣件类型		W-Tram 型	DFF CT 型	YG-1 型	YG-3 型	CST-1 型	CJT-Ⅰ型	CJT-Ⅱ型
结构分类		弹性不分开式	弹性不分开式	弹性分开式	弹性不分开式	弹性分开式	弹性分开式	弹性不分开式	弹性不分开式
铁垫板或基板		基板	基板	铁垫板	基板	基板	铁垫板	基板	基板
是否配置轨枕		否	是	是	是	是	是	否	是
承受横向力方式		基板与道床咬合力克服	主要由螺栓道钉抗剪承受	轨枕挡肩承受	螺栓道钉抗剪承受	轨枕挡肩承受	铁垫板下摩擦力克服	基板与道床咬合力克服	螺栓道钉抗剪承受
预埋套管抗拔力/kN		不小于60	不小于60	不小于60	不小于80	不小于60	不小于100	不小于60	不小于80
扣压件	类型	SKL21型弹条	SKLMC型弹条	Ⅲ型弹条	—	Ⅱ型弹条	B型弹条	Ⅱ型弹条	Ⅱ型弹条
	扣压力	10 kN（小阻力4.5 kN）	9 kN（小阻力4.5 kN）	9.5 kN	10 kN（小阻力5 kN）	8～10 kN	8 kN（小阻力7 kN）	10 kN	10 kN
	弹程	14 mm	17 mm	11 mm	12 mm	10 mm	8 mm	10 mm	10 mm
	紧固方式	螺栓道钉	螺栓道钉	无螺栓	螺栓道钉	螺栓道钉	T形螺栓	螺栓道钉	螺栓道钉
	紧固扭矩	250 N·m（小阻力180 N·m）	250 N·m（小阻力180 N·m）	—	220 N·m（小阻力160 N·m）	200 N·m	100～140 N·m（小阻力70～90 N·m）	120 N·m	120 N·m
钢轨纵向阻力		不小于9 kN（小阻力4～6 kN）	不小于9 kN（小阻力4～6 kN）	不小于11.5 kN	不小于9 kN	不小于9 kN（小阻力5 kN）	不小于8 kN	不小于8 kN	不小于9 kN（小阻力4～6 kN）
钢轨调高量		20 mm	20 mm	20 mm	20 mm	20 mm	50 mm	20 mm	40 mm
轨距调整量		±12 mm	±12 mm	−16, +8 mm	−12, +8 mm	−10, +10 mm	−12, +8 mm	−12, +8 mm	±12 mm
弹性垫层		轨下弹性垫板	轨下弹性垫板	轨下及板下弹性垫板	轨下弹性垫板	轨下及板下弹性垫板	轨下及板下弹性垫板	轨下弹性垫板	轨下及板下弹性垫板
系统节点静刚度		30～60 kN/mm	30～60 kN/mm	20～40 kN/mm	30～40 kN/mm	30～40 kN/mm	30～50 kN/mm	40～60 kN/mm	25～35 kN/mm
应用线路所在城市		苏州、淮安	珠海	沈阳	武汉	成都	南京	淮安	松江

上述三种类型扣件均有成熟的上线运行经验,且功能上均能满足使用要求,三类扣件综合比选结果如表 2-5 所列。有轨电车轨道采用埋入式结构,日常维护不易巡检,后期维修困难,故总体上要求扣件应具有少维护、免维护的特性。同时,扣件应耐腐蚀及绝缘性好,尽量减少金属部件,有利于施工及后期养护维修。

表 2-5 扣件综合比选

扣件类型	优点	缺点	轨枕配套	项目应用城市
有螺栓弹性不分开式	零部件少、维修工作量少、重量轻,采用尼龙底板代替铁垫板,绝缘性及耐腐蚀性好	钢轨高低调整复杂,锚固螺栓工作条件复杂	无挡肩轨枕或无枕式	苏州、珠海、淮安、武汉、松江
有螺栓弹性分开式	调高量大,钢轨高低调整较容易	零部件较多,维修工作量稍大	无挡肩轨枕	南京
无螺栓弹性分开式	零部件少、维修工作量少、扣压力稳定	钢轨高低调整量小,扣压力损失调整困难	有挡肩轨枕	沈阳、广州

2.3 轨道包裹系统(柔性材料)

轨道包裹系统(柔性材料)是有轨电车埋入式轨道结构的重要组成部分,也是有轨电车系统特有的组成部分,具有密封阻水、绝缘、防腐等作用,并可适当降低有轨电车车辆运行引起的振动和噪声以提高乘客的舒适性,在绿化铺装(图 2-14)与沥青等硬质路面铺装(图 2-15)地段均有良好的适应性与效果。

图 2-14 轨道包裹系统绿化段铺设实景

图 2-15 轨道包裹系统沥青混凝土铺装段实景

轨道包裹材料搭配扣件系统并加上防腐涂层后,可实现以下功能:

(1)柔性隔离。轨道包裹系统中的轨腰护轨、轨底套靴可实现对钢轨振动的消散作用,轨顶密封胶则可实现钢轨与硬质路面结构之间的柔性过渡,最大限度地降低钢轨对其与路面结构结合部位的影响;防止裂缝产生及由其造成的钢轨锈蚀和路面沥青混凝土的结构病害。

（2）密封绝缘。轨道包裹系统中的轨顶密封胶及钢轨防腐涂层可实现对轨道与路面结构结合处（轨唇顶部）的密封，以防雨水渗入；实现钢轨与轨下基础的电气绝缘，实现杂散电流腐蚀防护；延缓钢轨腐蚀，延长钢轨和轨道结构的使用寿命，减少沥青路面病害。

（3）减振降噪。依据过往工程案例，轨道包裹系统可依靠自重及弹性体材质减少3 dB左右的振动，因此它是有轨电车常规减振降噪措施中的一个重要环节。

国内采用的轨道包裹系统主要有两大类：仿形包裹系统和块式包裹系统。

1. 仿形包裹系统

仿形包裹系统主要由侧面仿形弹性材料、底部护套、轨顶密封层（硬质铺装用）等组成，如图2-16所示。钢轨仿形包裹系统造价低，具有一定的减少腐蚀和杂散电流的功能；但由于必须采用胶黏剂将侧面仿形弹性材料与钢轨黏结，现场施工质量要求高，后期胶黏剂易老化导致侧面材料面层脱落严重，影响使用功能；在减振降噪、路面结构缓冲保护、重复利用等方面效果较差。该类型在南京、广州等地的有轨电车中有应用。

(a) 仿形包裹系统组装图　　　　　　　　　(b) 仿形包裹系统铺设实景

图2-16　仿形包裹系统

2. 块式包裹系统

块式包裹系统主要由轨腰护块、轨底护套、轨顶密封层、胶黏剂、底涂等组成，搭配扣件系统，以实现对钢轨的绝缘隔离（图2-17所示）。块式包裹系统由于采用大块式轨腰包裹，明显地隔离了周围环境与钢轨的直接接触，因而对路面结构能起到更好的缓冲隔振保

图2-17　钢轨包裹系统搭配扣件后包裹钢轨示意图

护,也有利于减少腐蚀和杂散电流泄漏。另外,轨腰块重量大,增加了钢轨的参振质量,故具有一定的减振降噪能力。块式包裹系统施工便捷,安装简单方便,轨道后期养护维修时,便于取出和再利用,如图 2-18 所示。

图 2-18　块式轨道包裹系统

块式轨道包裹系统在柔性隔离、减振降噪、安装施工等方面有显著优势,在国内外新建线路中被普遍使用。但是,在国内早期有轨电车项目中,经常出现交叉口柔性材料与沥青接合处开裂等问题,如图 2-19 所示。这既影响了美观,又对社会交通产生了一定的负面影响,故出现了不少对于轨道包裹系统必要性的质疑声。

(a) 上海松江　　　　　　　(b) 云南红河　　　　　　　(c) 武汉东湖

图 2-19　上海松江、云南红河、武汉东湖有轨电车开放交通半年后路面开裂

其实,路面开裂问题本质上是由于沥青路面压实度不足引起的,加之国内交叉口重载车辆较大,轨道包裹系统(柔性材料)的变形与沥青的开裂相互影响,从而导致路面破碎开裂。但是,轨道包裹系统作为埋入式轨道结构中柔性隔离的重要环节,是不可或缺的。因此,针对国内有轨电车线路的实际情况,应注重对轨道包裹系统(柔性材料)的断面优化及材料性能提升。

2.4 交叉口轨旁隔离措施

2.4.1 隔离的必要性

道路交叉口段的钢轨与路面衔接处是薄弱环节,因为沥青骨料为硬性材料,轨道包裹材料则为柔性材料,两种材料的交界处不易压实。而路口处车辆制动频繁,对轨旁沥青会产生较大的横向冲击。

目前,国内许多线路都存在路面开裂或沥青松散剥离等病害现象,如图 2-20 所示。

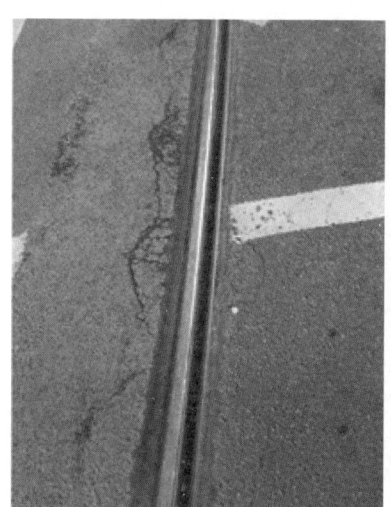

图 2-20　路面开裂、沥青松散剥离现象

2.4.2 隔离措施

除了加强道路沥青性能与施工压实、提升轨道包裹系统的承压能力之外,目前国内尝试了三种钢轨与路面间隔离的具体措施,主要分为刚性加固和柔性过渡两大类。

1. 刚性加固类措施

1) 角钢加固

这种措施是在轨道包裹系统外侧和扣件罩上方加设钢板,由于车辆的碾压荷载主要由钢板承受,故扣件罩承受的荷载就小,变形也小。另外,轨道包裹系统外侧加设钢板可作为沥青混凝土摊铺时施工碾压的横向支挡,有利于控制沥青混凝土的施工压实度。

施工步骤:首先,在有轨电车轨道精调和轨道包裹系统安装完成后,道床二次混凝土浇筑时在对应位置预埋螺栓套管;其次,待混凝土达到设计强度后,在钢轨旁铺设角钢钢板,在预埋套管位置拧紧锚固螺栓;最后,摊铺沥青并灌注轨顶密封胶(图 2-21)。

由于采用了螺栓锚固角钢,在长期道路交通的冲击下,会存在螺栓松动的情况,因此需要定期进行螺栓紧固。此方法在广州、成都有轨电车有试验段。

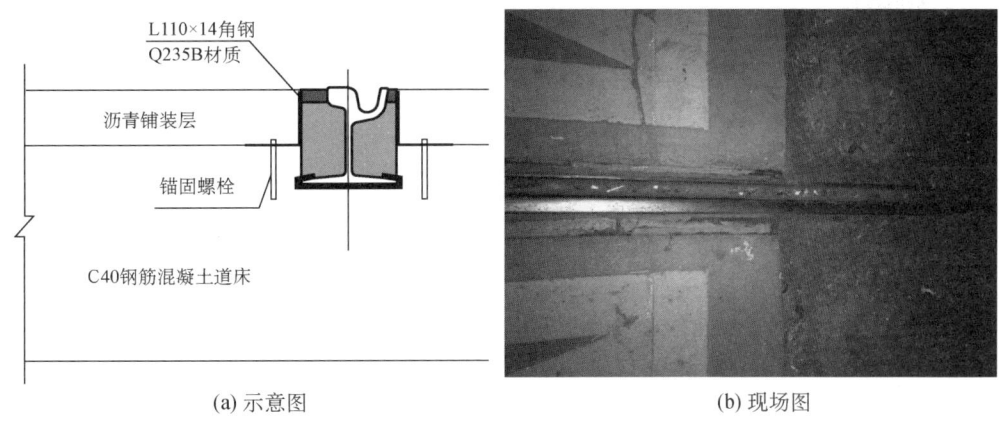

(a) 示意图　　　　　　　　　(b) 现场图

图 2-21　角钢加固方案

2) 混凝土加固

将轨道包裹系统外侧的钢板改为钢筋混凝土,相较于角钢加固方案,混凝土加固方案的长期稳定性较好,如图 2-22 所示。

但由于钢筋混凝土强度高,后期钢轨维护更换中需凿除钢筋混凝土,不可重复利用,恢复线路和道路交通所需时间长,且混凝土面层和沥青面层的景观协调性需要进行特殊处理。此方法在上海松江、成都有轨电车有试验段。

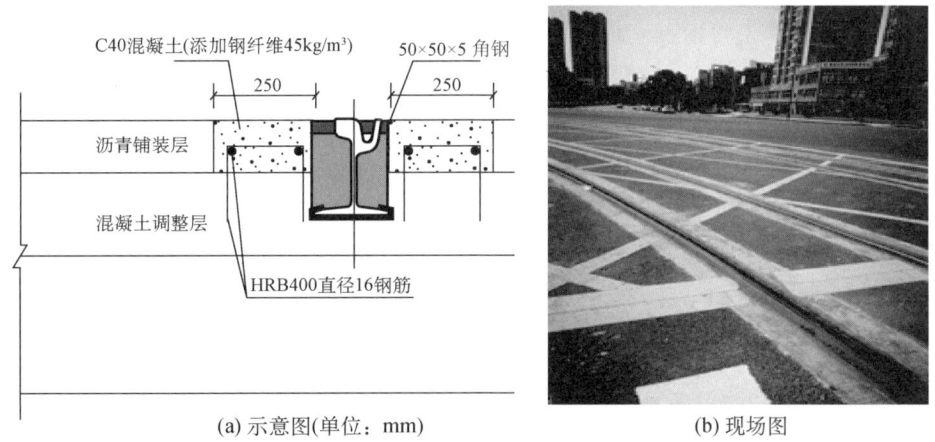

(a) 示意图(单位:mm)　　　　　(b) 现场图

图 2-22　混凝土加固方案

2. 柔性过渡类措施

这种措施是在轨道包裹系统的轨顶密封层外侧安装 5~10 cm 宽、厚度同沥青面层的高分子复合半柔性过渡材料。此种工法可实现与轨顶密封层同步施工,且外观与轨顶密封胶可以完美融合,与沥青色差小,且美观平顺。此方法在上海松江、淮安有轨电车有试验段,如图 2-23 所示。

上述三种方案均已有运营线路采用,但暂时都未大规模推广,尚待实践检验其效果。

图 2-23　半柔性过渡材料方案

2.5　轨道道床

道床是轨道的重要组成部分,是轨道框架的基础。道床通常指铁路轨枕下面,路基面上铺设的道砟或无砟垫层,主要作用是支承轨枕,同时把轨枕上部的巨大压力均匀地传递给路基面,并固定轨枕的位置,阻止轨枕纵向或横向移动,大大减少路基变形的同时还缓和了机车车辆轮对对钢轨的冲击,便于排水。道床铺设于路基、桥梁或隧道等下部结构之上,具有以下功能:

(1) 承受来自轨枕的压力并均匀地传递到路基面上;
(2) 提供轨道的横向阻力,保持轨道稳定;
(3) 提供轨道弹性,减缓和吸收轮轨的冲击与振动;
(4) 提供良好的排水性能,以提高路基的承载能力及减少基床病害;
(5) 便于轨道养护维修作业。

道床一般有两种形式:整体道床和碎石道床。我国有轨电车正线普遍采用钢筋混凝土整体道床。

2.5.1　碎石道床

碎石道床是指用质地坚韧、不易风化、吸水率小、耐寒性能好、有弹性且不易捣碎的散粒材料填筑的道床。碎石道床通常由具有一定粒径、级配和强度的硬质碎石堆集而成,在次要线路上,也可以使用级配卵石或粗砂。碎石间存在着空隙和摩擦力,使得轨道具有一定的弹性,这种弹性不仅能吸收机车车辆的冲击和振动,使列车运行较为平稳,而且可以大大改善机车车辆和钢轨、轨枕等部件的工作条件,延长使用寿命。道砟的弹性一旦丧失,钢筋混凝土轨枕上所受的荷载则比正常状态时增加 50%~80%。

碎石道床的优点是结构简单,减振、降噪性能较好,造价低,但轨道几何形位不易保证,需要经常进行养护维修,后期维护工作量大,且碎石易风化、飞溅,对环境产生一定的不利影响。因此,碎石道床被普遍用于车场线,当被用于正线时,一般仅在经济性有轨电车中采用,且线路基本处于封闭状态,不影响社会道路。香港轻铁及长春 55 路有轨电车均采用了碎石道床,如图 2-24 所示。

(a) 香港轻铁　　　　　　　　　　　　　(b) 长春55路

图 2-24　香港轻铁及长春 55 路有轨电车使用碎石道床

2.5.2　整体道床

整体道床是指采用混凝土、沥青混合料等整体基础取代散粒碎石道床的轨道结构。整体道床采用自身稳定性较好的混凝土或沥青道床代替碎石道床来传递行车时的动、静荷载,而行车时需要的弹性变形主要由设置在钢轨或扣件下精确定义的单元材料提供。整体道床对其下部结构在铺轨完成后出现的后续不均匀沉降及变形的要求十分严格,所以,整体道床线路的长期稳定性较好,特别是在高速行车条件下,属于正常情况下很少需要维修的一种轨道结构形式。

有轨电车运营时间长,养护维修只能利用夜间停运时间,维修天窗时间有限。整体道床不仅可以避免道砟飞溅,而且平顺性好、稳定性好、使用寿命长、耐久性好、维修工作少,故有利于混行路面及平交道口路面的稳定,在有轨电车新建线路正线中被普遍使用,如图 2-25 所示。

(a) 松江有轨电车　　　　　　　　　　　(b) 淮安有轨电车

图 2-25　松江及淮安有轨电车

2.5.3 道床铺装

有轨电车走行于道路中、交叉口等混合路权地段,轨顶面与路面齐平,轨道铺装同道路形式,多采用沥青混凝土、水泥混凝土等。有轨电车沿线可根据景观设计要求,以及根据与城市街道建筑相融的方针,采取不同的铺装形式(如绿化铺装、砌块铺装、鹅卵石铺装等),从而有助于提升沿线综合景观,增加城市的融合感。

绿化铺装是指钢轨两侧均设绿化,与轨顶平齐,突出绿化效果,下部道床采用碎石道床或整体道床均可,如图 2-26 所示。

(a) 长春54路

(b) 苏州有轨电车

图 2-26　长春 54 路(碎石道床)、苏州有轨电车(整体道床)

沥青混凝土铺装是指对地面线混行道或平交道口需硬化铺面的地段采用沥青混凝土等进行平整及硬化处理,使其强度不低于邻接道路的强度,常用于车辆混行处(图 2-27)。慢行地段也可采用砌块、鹅卵石等硬质铺面,硬质铺面一般采用整体道床(图 2-28)。

图 2-27　沥青混凝土铺装

图 2-28　砌块铺装

相比无铺装形式而言,铺装型道床结构的扣件及钢轨更换起来较为困难,杂散电流防护也困难,故需要在设计与运营过程中注重采取防护措施。

2.6　轨道排水

为了确保有轨电车的安全运行,全线轨道及车站设有完善的雨水排水设施(图 2-29)。

有轨电车正线每隔 30～40 m 设一处槽型轨专用排水沟,其中线路最低点为必设处。另外,在有轨电车轨道纵坡较大处考虑设置槽型轨专用排水沟且适当加密。槽型轨专用排水沟内的雨水通过管道直接排入市政雨水管内。

(a) 排水盒　　　　　　　　　　　(b) 排水沟

图 2-29　槽型轨排水盒及排水沟

2.7　轨道附属设备

轨道附属设备是指用于线路防爬、曲线和道岔加强以及保证行车安全的轨道设备的统称,包括各种伸缩调节器、车挡、护轨、轨撑、防爬及润滑设备等。

2.7.1　车挡

当有轨电车起终点设于道路地面上时,线路终端的安全措施设置方式可结合社会交通、起终点位置等综合考虑,灵活布置。常规的方式有线路起终点延长或者设置车挡,并设置停车警示牌。

当线路预留后期延伸条件,且终端不在交叉路口附近时,采用线路起终点延长的方式较为经济,且对道路的影响较小。

有轨电车正线常用车挡设备主要有滑移式车挡、固定式车挡。滑移式车挡常见的有液压缓冲滑移式车挡、隐形滑动升降式挡车器;固定式车挡常见的有隐形升降式挡车器(又称隐形车挡)、内摩擦式挡车器等。

液压缓冲滑移式车挡允许的撞击速度较大,最大撞击速度为 5～15 km/h,但其体积较大,且占用一定的线路长度,不利于环境景观布设。另外,有轨电车大多无车钩,故有轨电车专用液压缓冲挡车器需要设计为双液压缸结构,才能确保缓冲头与有轨电车车辆撞击部位吻合。当线路行车速度较快,需采用液压缓冲滑移式车挡时,须结合周边景观综合设计。如线路起终点位于道路绿化带中时,可利用绿化带设置液压式车挡,不增加对道路的负面影响的同时,又可保证线路的安全性。

当线路周边景观要求较高,且行车速度较低时,可设置隐形滑动升降式挡车器、隐形车挡、内摩擦车挡等小型车挡,增加与道路景观的融合,但必须搭配停车警示牌使用。

隐形滑动升降式挡车器相较液压缓冲滑移式车挡而言,其内置摩擦块较小,结构高度不高于轨面 300 mm,通过调整摩擦块配比及滑移距离来控制允许撞击速度,最大撞击速度可达 10 km/h。目前,成都有轨电车蓉 2 号线停车场内采用的就是隐形滑动升降式挡车器(图 2-30),允许撞击速度为 5 km/h,正线暂无应用。

图 2-30 隐形滑动升降式挡车器

隐形升降式挡车器、内摩擦式挡车器等小型固定式车挡(图 2-31),占用线路长度短,对社会车辆影响最小,但是允许撞击速度也低,一般不超过 5 km/h。这类车挡在国内外有轨电车中应用较为普遍。

(a) 隐形升降式挡车器

(b) 内摩擦式挡车器

图 2-31 隐形升降式挡车器和内摩擦式挡车器

2.7.2 伸缩调节器

伸缩调节器又称温度调节器,是一种调节钢轨伸缩的设备,如图 2-32 所示。在轨道上设置钢轨伸缩调节器,可利用尖轨或基本轨相对错动来调节轨线的胀缩,常被用于大跨度钢梁桥、桥头和无缝线路需调节钢轨伸缩量的地段。

钢轨伸缩调节器是在铁路钢轨伸缩时,保持其轨缝变化不致过大,维持线路通顺的装置。在特大跨度铁路桥梁上,特别是在悬索桥上,除了考虑结构伸缩给桥面带来的影响外,还应考虑结构的角变位影响。伸缩调节器由基本轨、尖轨、大垫板、轨撑、导向卡(或导向轨撑)及连接零件构成。图 2-33 为槽型轨伸缩调节器。

图 2-32 伸缩调节器

图 2-33 槽型轨伸缩调节器

2.7.3 钢轨润滑器

在小半径曲线地段,为了减小轮轨接触踏面的摩擦,改善轮轨接触关系,降低轮轨振动与噪声,除了采用车载喷油设备外,也可在钢轨轨侧安装钢轨润滑器,以控制喷涂定位,保证喷涂量精确。

轨侧式钢轨润滑器在地铁与国铁系统中应用最为广泛,该设备由泵单元、叶片、储油器、管路及夹具组成,如图 2-34 所示。轨侧式钢轨润滑器设备较大,零配件较多,因而在埋入式轨道结构中不便安装及后期使用,且轨侧式钢轨润滑器一般喷涂量较大,容易造成润滑液外露,导致环境污染,故一般仅在车场线咽喉区、无铺装要求有轨电车正线等传统有砟、无砟轨道结构中使用,如图 2-35 所示。

图 2-34 轨侧式钢轨润滑器

图 2-35 香港轻轨停车场使用钢轨润滑器

适用于有轨电车埋入式轨道结构的轻便型钢轨润滑器主要有两种形式:轨头钻孔式

和槽内式,如图 2-36 所示。轨头钻孔式钢轨润滑器需对钢轨头部打孔,润滑剂通过钻孔挤入轨面及车轮踏面,通过车轮滚动实现一定范围内的钢轨润滑。槽内式钢轨润滑器无须对轨头钻孔,其喷嘴置于轮缘槽内,通过轨腰开孔与管路相连。目前,这两种形式的钢轨润滑器仅在国外有运营线路,尚未在国内有轨电车上道应用,其具体结构形式、润滑剂喷涂孔布置、沿线润滑设备配置方案等需深入研究。

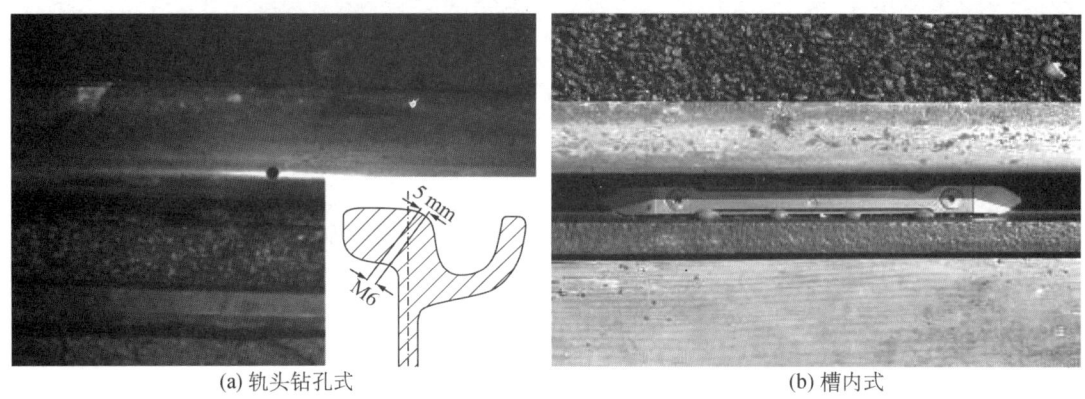

(a) 轨头钻孔式　　　　　　　　　　(b) 槽内式

图 2-36　轨头钻孔式、槽内式钢轨润滑器

2.7.4　轨道加强设备

有轨电车小半径曲线地段较多,为了防止小半径地段轨距扩大和钢轨侧倾,保证轨道的稳定性,应在小半径曲线段加设轨距拉杆或轨撑。轨距拉杆是用一根杆件在轨底将两根钢轨连接起来,以提高钢轨的横向稳定性,提高轨道保持轨距的能力。轨撑一般安装在小半径曲线轨道外股钢轨的外侧,以防止列车通过曲线时过大的横向力造成轨道横向位移过大,甚至造成钢轨的翻倒。

为了防止列车脱轨掉道,保证运营安全,也可在线路条件困难的地段设置防脱护轨,如图 2-37 所示。防脱护轨是指在轨道上钢轨内侧加铺的不承受车轮竖直荷载的钢轨。护轨顶面不应高出基本轨顶面,也不应低于基本轨顶面 25 mm。一般护轨应采用与基本轨同类型的钢轨,当护轨有爬行时,允许安装防爬器。

图 2-37　防脱护轨

2.7.5　异型夹板及异型过渡轨

槽型轨与 50 kg/m 钢轨、60 kg/m 钢轨的连接方式常见的有三种,分别为异型轨过渡、异型接头夹板以及焊接。当采用焊接时,应注意两种轨型以轨头踏面对齐为基准,焊接后进行打磨,从而不影响列车正常通行,图 2-38 为焊接实例。异型轨过渡段长度通常为 6.5～

12.5 m，异型接头夹板应尽量设置于直线地段，以避免出现钢轨折角。图 2-39 为异型轨模型。

图 2-38　焊接实例

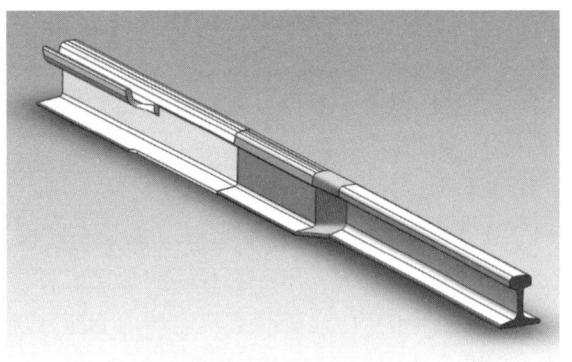

图 2-39　异型轨模型

2.7.6　标志标牌

为了保证有轨电车的运营安全，方便司机瞭望和工务人员维修作业，需结合信号系统、运营组织、线路线形来设置信号标志，包括制动起点标、警冲标、限速标、停车位置标、进站预告标等，并需结合道路交通设置与社会车辆、行人相关的标志标牌。

鉴于有轨电车线路一般为地面线，除警冲标外，各种线路标志应尽量采用油漆喷涂于轨道中心或在路缘石上镶嵌铭牌等方式，以减小对地面交通及景观的影响。

第 3 章　轨道结构力学分析

轨道结构力学分析就是应用力学基本原理,结合轮轨相互作用机理来确定机车车辆产生的荷载类型及大小,并将轨道结构简化成各种计算模型,从而分析轨道结构在机车车辆荷载作用下产生的应力、变形及其他动力响应,以便对轨道结构的主要部件进行强度检算。

需要指出的是,有轨电车以板式无砟轨道为主,本章的计算模型均基于板式无砟轨道。

3.1　轨道结构静力计算模型

有轨电车轨道结构的主要传力路径是钢轨→扣件→道床板→下部基础。在有轨电车轨道结构设计或者检算中,若仅需要计算钢轨的受力及变形,可采用点支承梁模型或连续支承梁模型;若需要计算全部的轨道结构,可采用弹性地基叠合梁模型、弹性地基梁板模型或者弹性地基梁体模型。这些模型的计算精度依次递增,当然计算工作量也是依次增加的。

3.1.1　点支承梁和连续支承梁模型

1. 点支承梁力学模型

点支承梁力学模型中钢轨是按扣件间距支承于轨枕上(图 3-1),其中 a 为轨枕间距,D 为钢轨支点弹性系数。

虽然点支承梁力学模型比较符合实际情况,但其为离散结构,且涉及过多的边界条件,只能用差分方程或者有限元等方法求解,为求得简单而精确的解析解,可以近似地把扣件的支承均匀分布在轨枕间距内,从而形成连续支承梁力学模型。

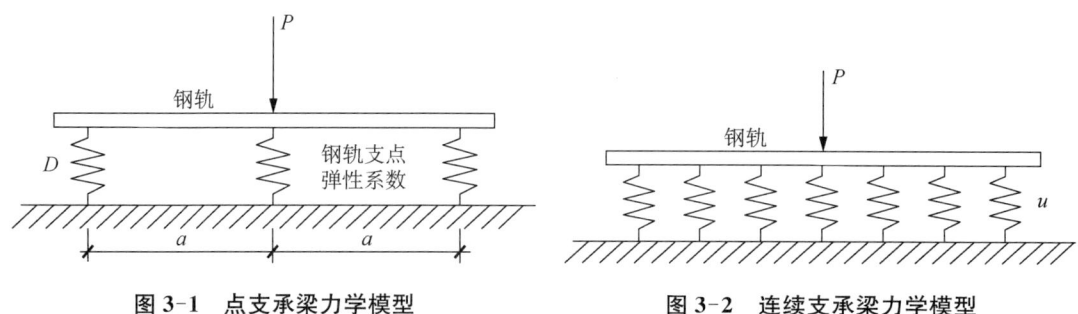

图 3-1　点支承梁力学模型　　　　图 3-2　连续支承梁力学模型

2. 连续支承梁力学模型

若近似地把轨枕的支承看作均匀分布在轨枕间距内连续支承的钢轨梁,则为连接支承梁模型,其支承刚度为钢轨基础弹性模量。模型中钢轨被视为支承在弹性基础上的等截面无限长欧拉梁。连续支承梁力学模型(图 3-2)中,钢轨梁下为连续支承,图中钢轨基础弹性模量 $u=D/a$。现在,世界上其他国家相关标准和我国铁道部标准《铁路轨道强度检算法》(TB 2034—1988)均采用这一模型,故本节重点对此模型和解法进行详细讲述。

1) 计算假设

机车车辆通过时,车轮依次通过,轨道受轮群的作用。在计算模型中,假设轮载作用在钢轨的对称面,这两种模型都只取了轨道的一半,两股钢轨上的静轮载相等,为轴重的 1/2。此外,不考虑钢轨自重。

2) 微分方程

模型中钢轨被视为支承在弹性基础上的等截面无限长欧拉梁,不考虑截面翘曲,梁的抗弯刚度为钢轨抗弯刚度 EI,其中 E 为钢轨的弹性模量,I 为钢轨截面对水平中性轴的惯性矩。

在连续支承梁力学模型中,钢轨是连续弹性支承上的梁,在静载作用下设位移曲线(以向下为正)为 $y(x)$,轨下基础对钢轨的分布反力(以向下为正)为 $q(x)$。根据文克尔假定,基础反力与位移成正比,于是就有:

$$q(x) = uy(x) \tag{3-1}$$

即假设 x 坐标处的轨下基础反力与 x 处的钢轨位移成正比。这相当于基础是由连续排列,但相互独立的线性弹簧所组成,每个弹簧的变形仅决定于作用在其上的力,而与相邻弹簧的变形无关。

由材料力学可得:

$$EIy(x)^{(4)} = -q(x) \tag{3-2}$$

将 $q(x)$ 的表达式代入(式 3-2)得到连续支承梁模型的微分方程:

$$EIy(x)^{(4)} = -uy(x) \tag{3-3}$$

变形即得:

$$y^{(4)} + \frac{u}{EI}y = 0 \tag{3-4}$$

3) 边界条件

在单个荷载作用下,由于假定钢轨无限长,因此总是可以把荷载作用点看作是对称点,取 $x \geqslant 0$ 的一半分析,边界条件为:

(1) 当 $x \to \infty$ 时位移有界;

(2) 在荷载作用点钢轨转角为零(即 $\frac{dy}{dx} = 0$);

(3) 在荷载作用点剪力为钢轨集中荷载的一半或者轨下基础反力的总和与钢轨集中荷载相等[即 $EIy(x)^{(3)} = \frac{P}{2}$ 或者 $2\int_0^{+\infty} uy\,dx = P$]。

4) 轮群作用下微分方程的解

当有多个轮载同时作用在钢轨上时,可应用叠加原理,如选定一处截面为计算截面,分别计算各轮载对该计算截面的位移和弯矩,再将这些值叠加起来,即为轮群共同作用下该截面的位移和弯矩值(详细推导过程可参考轨道工程等相关资料,这里不再赘述)。具体计算公式如下:

令

$$k = \frac{\sqrt{2}}{2}\sqrt[4]{\frac{u}{EI}} = \sqrt[4]{\frac{u}{4EI}} \tag{3-5}$$

k 的引进既是为了方程的解表达式简便,又有明显的物理意义,它叫作钢轨基础与钢轨的刚比系数。轨道的所有力学参数及相互间的关系均反映在 k 中。任何轨道参数的改变都会影响 k,而 k 的改变又将反过来影响整个轨道的内力分布和部件的受力分配,因此 k 又被称为轨道系统特性参数。

故钢轨的位移:

$$y = \frac{k}{2u}\sum_{i=1}^{n} P_i \mathrm{e}^{-kx_i}(\cos kx_i + \sin kx_i) \tag{3-6}$$

钢轨弯矩:

$$M = \frac{1}{4k}\sum_{i=1}^{n} P_i \mathrm{e}^{-kx_i}(\cos kx_i - \sin kx_i) \tag{3-7}$$

式中 P_i ——各车轮的静轮载;

x_i ——各轮位与计算截面之间的距离。

由于相邻车轮的影响有正有负,因此对于有多个车轮的机车,应分别把不同的轮位作为计算截面,通过比较找出最大位移和弯矩。

点支承梁力学模型和连续支承梁力学模型仅能计算钢轨的受力和变形,且仅能在静力学计算或者准静态计算中保持较好的精度,在动力学计算中,尤其是减振道床的动力响应分析中,计算结果会和实际结果有较大的偏差。

3.1.2 弹性地基叠合梁模型

鉴于点支承梁力学模型和连续支承梁力学模型存在上述限制和不足,故有轨电车轨道结构视其复杂程度及分析要求可采用弹性地基上多层叠合梁理论。对于有轨电车板式轨道而言,为求得钢轨、道床板的弯矩,常用的模型有双层或者三层叠合梁模型。本节考虑其中较为复杂的工况,以三层叠合梁模型为例。

1. 力学模型

将轨道结构在纵向和横向上均视为弹性地基叠合梁。考虑到实际轨道的状态和平面布置情况,采用如图 3-3 所示的力学模型,即把一股钢轨连同半宽的道床板和混凝土底座用弹簧联结成一个整体,作为三重叠合梁置于弹性地基上。钢轨上作用以设计轮载,便可同时得到钢轨、道床板以及底座板沿线路纵向的位移、弯矩分布情况。为了使计算模型具有普遍适用性，三层梁上均设置接缝，且位置可任意调整。

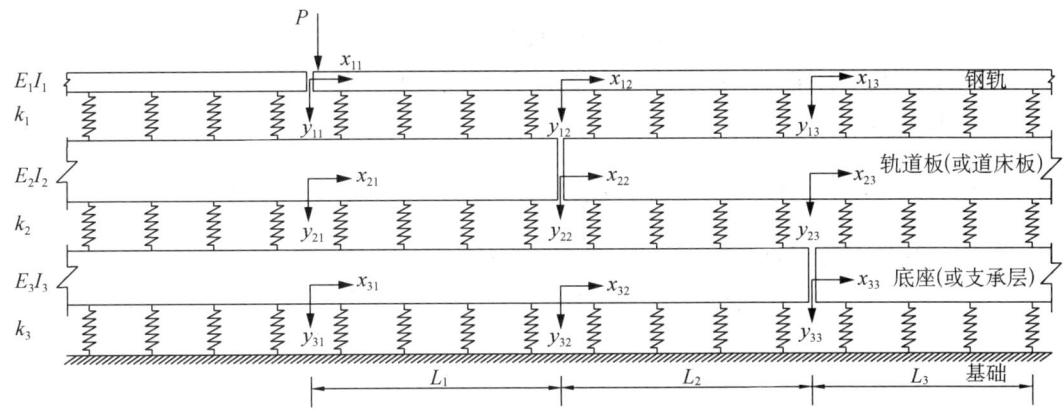

图 3-3　无砟轨道纵向弯矩叠合梁力学模型

2. 微分方程及其解

1) 微分方程组

如图 3-3 所建立的坐标系，在设计轮载 P 的作用下，由静力平衡条件可得钢轨、道床板和底座(或支承层)作为三层叠合梁的挠曲微分方程组为

$$\left.\begin{aligned}
&E_1 I_1 \frac{\mathrm{d}^4 y_{11}}{\mathrm{d}x_{11}^4} + k_1(y_{11} - y_{21}) = 0 \\
&E_1 I_1 \frac{\mathrm{d}^4 y_{12}}{\mathrm{d}x_{12}^4} + k_1(y_{12} - y_{22}) = 0 \\
&E_1 I_1 \frac{\mathrm{d}^4 y_{13}}{\mathrm{d}x_{13}^4} + k_1(y_{13} - y_{23}) = 0 \\
&E_2 I_2 \frac{\mathrm{d}^4 y_{21}}{\mathrm{d}x_{21}^4} + k_2(y_{21} - y_{31}) - k_1(y_{11} - y_{21}) = 0 \\
&E_2 I_2 \frac{\mathrm{d}^4 y_{22}}{\mathrm{d}x_{22}^4} + k_2(y_{22} - y_{32}) - k_1(y_{12} - y_{22}) = 0 \\
&E_2 I_2 \frac{\mathrm{d}^4 y_{23}}{\mathrm{d}x_{23}^4} + k_2(y_{23} - y_{33}) - k_1(y_{13} - y_{23}) = 0 \\
&E_3 I_3 \frac{\mathrm{d}^4 y_{31}}{\mathrm{d}x_{31}^4} + k_3 y_{31} - k_2(y_{21} - y_{31}) = 0 \\
&E_3 I_3 \frac{\mathrm{d}^4 y_{32}}{\mathrm{d}x_{32}^4} + k_3 y_{32} - k_2(y_{22} - y_{32}) = 0 \\
&E_3 I_3 \frac{\mathrm{d}^4 y_{33}}{\mathrm{d}x_{33}^4} + k_3 y_{33} - k_2(y_{23} - y_{33}) = 0
\end{aligned}\right\} \quad (3\text{-}8)$$

式中 E_1I_1,E_2I_2,E_3I_3——钢轨、道床板、底座的纵向抗弯刚度;

y_{11},y_{12},y_{13}——L_1,L_2,L_3区段内钢轨的挠度;

y_{21},y_{22},y_{23}——L_1,L_2,L_3区段内道床板的挠度;

y_{31},y_{23},y_{33}——L_1,L_2,L_3区段内底座的挠度;

k_1,k_2,k_3——钢轨、道床板、底座的单位长度支承弹性系数。

2) 边界条件

当 $x_1=0$ 时,$y''_{11}=0$,$y'''_{11}=\dfrac{P}{2E_1I_1}$,$y'_{21}=0$,$y'''_{21}=0$,$y'_{31}=0$,$y'''_{31}=0$

当 $x_1=L_1$,$x_2=0$ 时,$y_{11}=y_{12}$,$y'_{11}=y'_{12}$,$y''_{11}=y''_{12}$,$y'''_{11}=y'''_{12}$,

$y''_{21}=0$,$y'''_{21}=0$,$y''_{22}=0$,$y'''_{22}=0$,

$y_{31}=y_{32}$,$y'_{31}=y'_{32}$,$y''_{31}=y''_{32}$,$y'''_{31}=y'''_{32}$

当 $x_2=L_2$,$x_3=0$ 时,$y_{12}=y_{13}$,$y'_{12}=y'_{13}$,$y''_{12}=y''_{13}$,$y'''_{12}=y'''_{13}$,

$y_{22}=y_{23}$,$y'_{22}=y'_{23}$,$y''_{22}=y''_{23}$,$y'''_{22}=y'''_{23}$,

$y''_{32}=0$,$y'''_{32}=0$,$y''_{33}=0$,$y'''_{33}=0$

当 $x_3=L_3$ 时,$y_{13}=0$,$y'_{13}=0$,$y_{23}=0$,$y'_{23}=0$,$y_{33}=0$,$y'_{33}=0$

3. 横向计算模型与方法

道床板和底座在钢轨压力作用下的横向挠曲变形和内力的计算,可从相邻钢轨扣件中间截取道床板和底座单元(宽度为一个扣件支点间距),作为连续弹性支承二重叠合梁处理,如图 3-4 所示,考虑到横向模型沿轨道中心对称,为了简化计算,故采用其一半建立微分方程组。

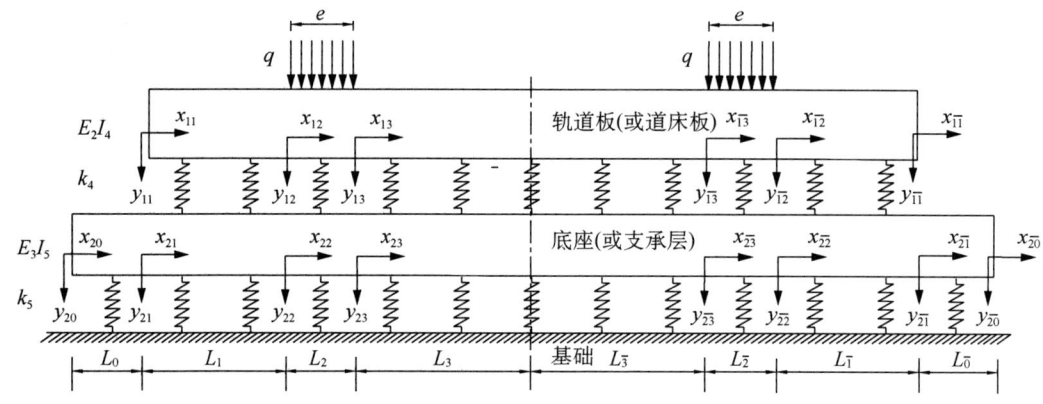

图 3-4 无砟轨道横向弯矩叠合梁力学模型

1) 微分方程组

如图 3-4 所建立的坐标系,在车辆、钢轨传递下来分布在轨底宽度范围内的最大均布荷载 q 的作用下,由静力平衡条件可得道床板和底座(或支承层)作为二重叠合梁的挠曲微分方程组为

$$\left.\begin{aligned}&E_2I_4\frac{\mathrm{d}^4y_{11}}{\mathrm{d}x_{11}^4}+k_4(y_{11}-y_{21})=0\\&E_2I_4\frac{\mathrm{d}^4y_{12}}{\mathrm{d}x_{12}^4}+k_4(y_{12}-y_{22})=0\\&E_2I_4\frac{\mathrm{d}^4y_{13}}{\mathrm{d}x_{13}^4}+k_4(y_{13}-y_{23})=0\\&E_3I_5\frac{\mathrm{d}^4y_{20}}{\mathrm{d}x_{20}^4}+k_5y_{20}=0\\&E_3I_5\frac{\mathrm{d}^4y_{21}}{\mathrm{d}x_{21}^4}+k_5y_{21}-k_4(y_{11}-y_{21})=0\\&E_3I_5\frac{\mathrm{d}^4y_{22}}{\mathrm{d}x_{22}^4}+k_5y_{22}-k_4(y_{12}-y_{22})=0\\&E_3I_5\frac{\mathrm{d}^4y_{23}}{\mathrm{d}x_{23}^4}+k_5y_{23}-k_4(y_{13}-y_{23})=0\end{aligned}\right\} \quad (3\text{-}9)$$

式中　E_2I_4，E_3I_5——道床板、底座的横向抗弯刚度；

　　　y_{11}，y_{12}，y_{13}——L_1，L_2，L_3 区段内道床板的挠度；

　　　y_{21}，y_{22}，y_{23}——L_1，L_2，L_3 区段内底座的挠度；

　　　k_4，k_5——道床板、底座的单位长度支承弹性系数。

2) 边界条件

当 $x_0=0$ 时，$y''_{20}=0$，$y'''_{20}=0$

当 $x_0=L_0$，$x_1=0$ 时，$y''_{11}=0$，$y'''_{11}=0$，$y_{20}=y_{21}$，$y'_{20}=y'_{21}$，$y''_{20}=y''_{21}$，$y'''_{20}=y'''_{21}$

当 $x_1=L_1$，$x_2=0$ 时，$y_{11}=y_{12}$，$y'_{11}=y'_{12}$，$y''_{11}=y''_{12}$，$y'''_{11}=y'''_{12}$，

　　　　　　　　　　　　$y_{21}=y_{22}$，$y'_{21}=y'_{22}$，$y''_{21}=y''_{22}$，$y'''_{21}=y'''_{22}$

当 $x_2=L_1$，$x_3=0$ 时，$y_{12}=y_{13}$，$y'_{12}=y'_{13}$，$y''_{12}=y''_{13}$，$y'''_{12}=y'''_{13}$，

　　　　　　　　　　　　$y_{22}=y_{23}$，$y'_{22}=y'_{23}$，$y''_{22}=y''_{23}$，$y'''_{22}=y'''_{23}$

当 $x_3=L_3$ 时，$y'_{13}=0$，$y'''_{13}=0$，$y'_{23}=0$，$y'''_{23}=0$

叠合梁理论在计算纵向与横向弯矩时采取分别计算的方式，忽略了纵、横向弯曲上的协调变形关系。在计算纵向弯矩时假设断面内各点的弯曲程度相同，所反映的是断面上的平均效应。而在计算横向弯矩时取一个枕跨范围内的截梁，以最大的钢轨支点压力进行计算，忽略相邻枕跨无砟轨道的约束作用，从而使得结果偏大。叠合梁理论简单，且有解析解，方便使用，故可利用其进行设计计算，但需对其计算结果进行适当修正，使之更接近实际情况。

3.1.3　弹性地基梁板与梁体模型

对于无砟轨道而言，其主要承载结构的道床板在厚度方向上的尺寸远小于其平面方向上的长度和宽度，符合弹性薄板的结构特点，因此无砟轨道的主要承载结构也可采用弹性薄板进行模拟，其力学模型如图 3-5 所示。钢轨为弹性点支承梁，扣件为点支承线性弹

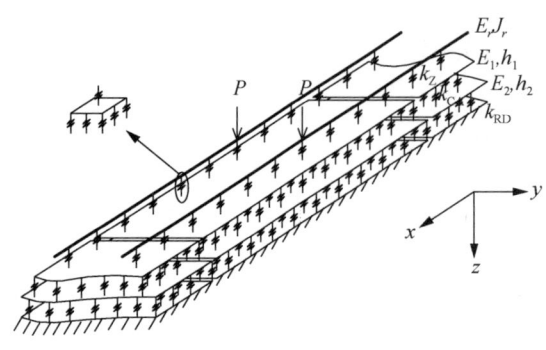

图 3-5 无砟轨道梁-板-板力学模型

簧,道床板与底座连接层模拟为线性面弹簧,底座模拟为支承于线性面弹簧路基支承层上的弹性薄板。

弹性地基梁板模型可以通过在钢轨上施加列车荷载,同时得到道床板沿纵向和横向的受力情况,避免了应用多重弹性地基梁时需在纵向、横向分开计算的麻烦。

梁体模型类似于梁板模型,在梁体有限元模型中,道床板、连接层、底座、路基支承层等部分,一般根据其实际拓扑形状采用实体单元模拟。

3.1.4 有轨电车连续支承嵌入式轨道结构内力计算

本节以连续支承嵌入式轨道结构内力计算为例,介绍弹性地基梁体模型在有轨电车轨道结构设计中的应用。

1. 建立模型

1) 模型参数

有轨电车连续支承嵌入式轨道结构使用弹性地基梁体模型进行内力计算,其中道床板有限元模型材料物理参数如表 3-1 所列。

表 3-1 道床板有限元模型材料物理参数一览表

结构名称	材料	名称	单位	数值
铺装层	沥青	弹性模量	Pa	3.50E+09
		泊松比	—	2.50E-01
		线膨胀系数	℃$^{-1}$	5.00E-05
侧向包裹材	CDM-49 材料	弹性模量	Pa	1.00E+07
		泊松比	—	4.00E-01
轨底垫板	CDM-46 材料	弹性模量	Pa	9.00E+06
		泊松比	—	3.50E-01
道床板	C40 混凝土	弹性模量	Pa	3.25E+10
		泊松比	—	2.00E-01
		线膨胀系数	℃$^{-1}$	1.00E-05
支承层	C25 混凝土	弹性模量	Pa	2.80E+10
		泊松比	—	2.00E-01
		线膨胀系数	℃$^{-1}$	1.00E-05
槽型轨	钢铁	弹性模量	Pa	2.8E+10
		泊松比	—	3.00E-01

2) 道床板有限元模型

(1) 总体设计:为了消除边界效应,建立三块板有限元模型进行分析,如图3-6所示。

图3-6　三块板有限元模型

(2) 单元类型:有限元模型为实体模型,钢轨、包裹材料、垫板、道床板、基础支承层均采用实体单元C3D8R(线性八面体单元),如图3-7所示。

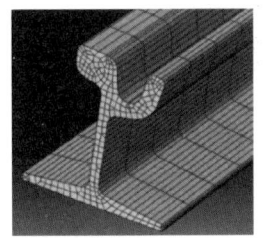
(a) 有轨电车槽型轨有限元模型

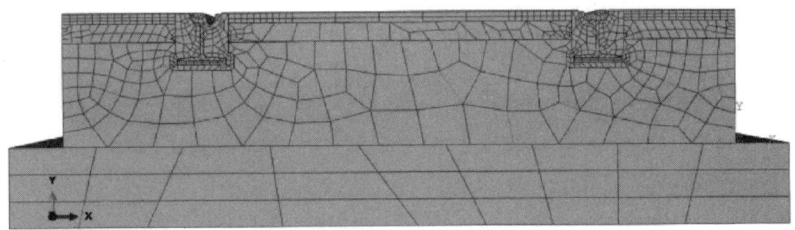
(b) 连续支承嵌入式道床板有限元模型

图3-7　连续支承嵌入式轨道结构有限元模型

(3) 边界条件:在支承层底部,用弹簧单元组约束模型的纵向位移,同时能反映地基的弹性,等效地基弹簧单元的刚度为 2.17×10^7 N/m;在道床板、支承层侧面约束模型的水平位移,如图3-8所示。

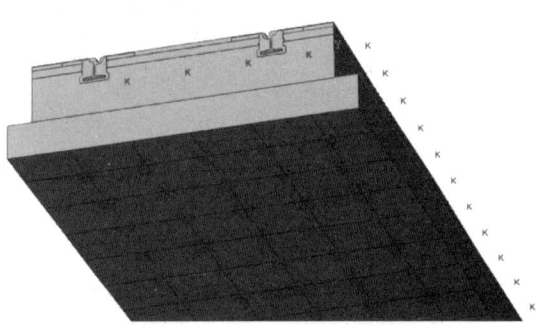

图3-8　道床板边界约束情况

3) 交通荷载设计

考虑到有轨电车存在共享路权段,轨道结构可能同时受到有轨电车和道路车辆的荷载作用。其中,汽车荷载根据《公路工程技术标准》(JTG B01—2014)确定。

(1) 列车荷载

列车竖向荷载取125 kN,横向荷载为 $0.8\times125=100$ kN,在道床板中央按转向架(双轴四轮)加载,如图3-9(a)所示。

（2）汽车荷载

汽车荷载采用公路荷载中的汽车重轴（中、后轴），双轴四轮加载，模拟汽车横越轨道时的情况，如图 3-9(b) 所示。汽车车辆荷载的主要技术指标如表 3-2 所列。

表 3-2　汽车车辆荷载主要技术指标

项目	技术指标	项目	技术指标
车辆重力标准值/kN	550	轮距/m	1.8
前轴重力标准值/kN	30	前轮着地宽度及长度/m	0.3×0.2
中轴重力标准值/kN	2×120	中、后轮着地宽度及长度/m	0.6×0.2
后轴重力标准值/kN	2×140	车辆外形尺寸(长×宽)/m	15×2.5
轴距/m	3+1.4+7+1.4	—	—

（3）列车荷载+汽车荷载

按照列车、汽车相撞的极限位置加载，轨道结构受力如图 3-9(c) 所示。

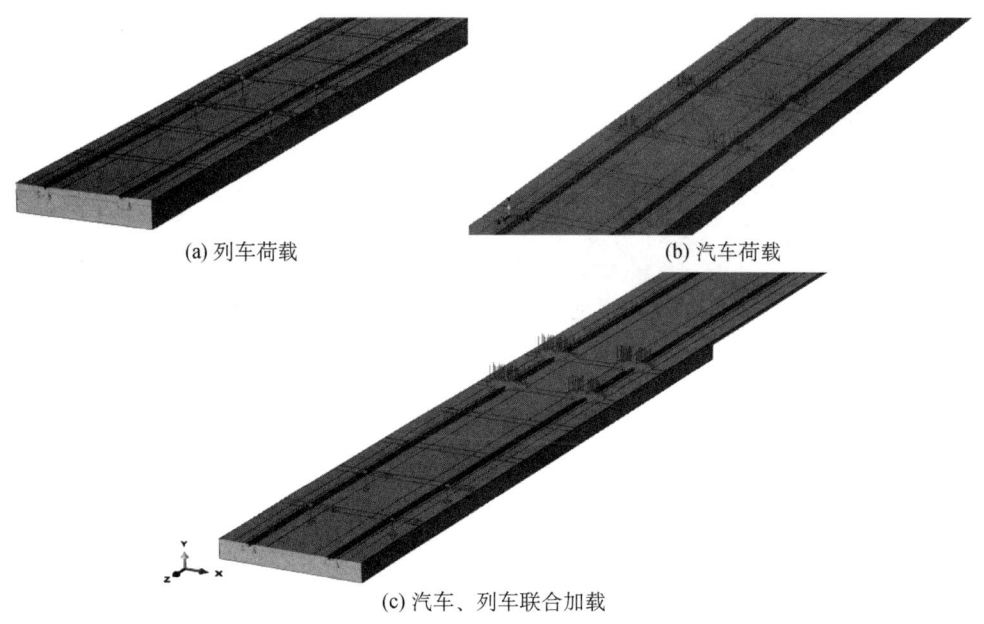

(a) 列车荷载　　(b) 汽车荷载

(c) 汽车、列车联合加载

图 3-9　轨道结构受力示意图

2. 模型计算

1) 连续支承嵌入式轨道结构交通荷载弯矩计算

将各参数提交后计算可得模型各节点的应力、弯矩等响应结果，如图 3-10、图 3-11 所示。

沿纵向布置若干截面，批量提取截面弯矩输出结果，并绘成道床板弯矩图，如图 3-12 所示。

在输出的各荷载情况下相应的弯矩计算结果中提取最大正弯矩、最大负弯矩等数据，结果汇总见表 3-3。

图 3-10　列车荷载作用下道床板垂向应力

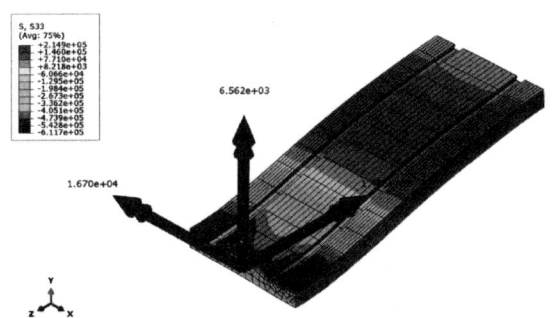

图 3-11　列车荷载作用下道床板某横截面三向弯矩

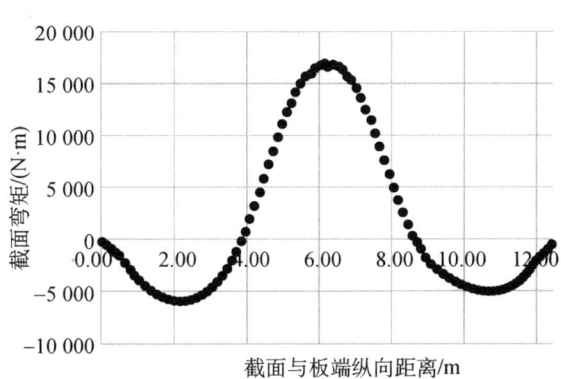

图 3-12　列车荷载下不同截面道床板纵向弯矩图

表 3-3　各荷载情况下弯矩计算结果汇总　　　　　单位：kN·m

加载方式	纵向最大正弯矩	纵向最大负弯矩	横向最大正弯矩	横向最大负弯矩
列车	16.89	5.92	8.07	5.97
汽车	18.31	6.51	2.83	3.27
列车＋汽车	13.91	8.77	7.52	7.71
最大值	18.31	8.77	8.07	7.71

2）温度梯度作用效应

混凝土的热传导性能差，道床板在日照及大气温度影响下上表面温度高、下表面温度低，向上形成温度梯度，使道床板在纵向伸缩的同时也发生翘曲变形。因此应考虑温度梯度作用效应下道床板所受的弯矩。

根据《铁路轨道设计规范(极限状态法)》(Q/CR 9130—2018)中关于温度梯度作用效应的叙述,温度梯度作用效应可按式(3-10)计算:

$$M = W \frac{\Delta T \alpha_t E_c}{2(1-v)} \tag{3-10}$$

式中 M——道床板温度梯度作用弯矩,N·m;

　　　W——弯曲截面系数,m³;经 CAD 截面属性计算得到:计算横截面 $W_l = 0.0562$ m³,纵截面 $W_h = 0.3169$ m³;

　　　α_t——混凝土线膨胀系数,/℃,值为 1×10^{-5}(℃$^{-1}$);

　　　v——混凝土泊松比,根据表 3-1 取为 0.2;

　　　E_c——道床板混凝土的弹性模量,Pa,根据表 3-1 取为 C40 混凝土的弹性模量值 3.25×10^{10} Pa;

　　　ΔT——道床板上下表面温差,℃,需要根据最大温度梯度确定,由于实际工程所在地为湖北武汉,根据现场实测在正温度梯度下,道床板上、下表面温差为 11.05 ℃,在负温度梯度下,道床板上、下表面温差为 −5.52 ℃,则在正、负温度梯度下,道床板的横、纵向温度梯度作用弯矩如下:

纵向正温度梯度:$M_{l+} = 0.0562 \times \dfrac{11.05 \times 10^{-5} \times 3.25 \times 10^{10}}{2 \times (1-0.2)} = 1.26 \times 10^5$(N·m)

纵向负温度梯度:$M_{l-} = 0.0562 \times \dfrac{-5.52 \times 10^{-5} \times 3.25 \times 10^{10}}{2 \times (1-0.2)} = -6.81 \times 10^4$(N·m)

横向正温度梯度:$M_{h+} = 0.3169 \times \dfrac{11.05 \times 10^{-5} \times 3.25 \times 10^{10}}{2 \times (1-0.2)} = 7.11 \times 10^5$(N·m)

横向负温度梯度:$M_{h-} = 0.3169 \times \dfrac{-5.52 \times 10^{-5} \times 3.25 \times 10^{10}}{2 \times (1-0.2)} = -3.55 \times 10^5$(N·m)

3) 轨道结构基础变形作用

无砟轨道在基础发生变形时,其受力将会发生显著变化,严重时可能还会危及无砟轨道的强度,所以在设计时应充分考虑基础变形的影响。

在计算基础变形产生的附加应力时使用的计算方法为刚性基础法(又称曲率法),是一种常用简化算法。该法认为基础为刚性基础,当发生不均匀沉降后,在列车荷载的作用下底座板也将发生变形,其与基础变形形式相同,等效于在底座板结构上施加了一定的强制位移。在此条件下底座板内因基础变形产生的附加弯矩的计算公式为

$$M = EI\kappa \tag{3-11}$$

式中 M——道床板基础变形作用弯矩,N·m;

　　　EI——无砟轨道抗弯刚度,N·m²,计算横截面 $I_h = 0.0114$ m⁴,纵截面 $I_l = 0.0618$ m⁴,C40 混凝土弹性模量 $E = 3.25 \times 10^{10}$ Pa,则

计算横截面抗弯刚度 $EI_h = 3.25 \times 10^{10} \times 0.0114 = 3.69 \times 10^8 (\text{N} \cdot \text{m}^2)$；

计算纵截面抗弯刚度 $EI_l = 3.25 \times 10^{10} \times 0.0618 = 2.01 \times 10^9 (\text{N} \cdot \text{m}^2)$；

κ——下部基础变形曲线曲率，m^{-1}，可由式(3-12)计算：

$$\kappa_{max} = \frac{\pi^2 f_0}{l_0^2} = \frac{\pi^2 \times 0.015}{20^2} = 0.00037 (\text{m}^{-1}) \quad (3\text{-}12)$$

式中 l_0——沉降长度，m，一般取为 20 m；

f_0——不均匀沉降幅值限值，m，一般取为 0.015 m。

则路基不均匀沉降引起的道床板纵向弯矩为

$$M = EI\kappa = 3.69 \times 10^8 \times \frac{0.00037}{1\,000} = 136.53 (\text{kN} \cdot \text{m})$$

4）计算结果汇总

在交通荷载、温度梯度、基础变形作用下，道床板最大正弯矩、最大负弯矩计算结果如表 3-4 所列。

表 3-4 弯矩计算结果汇总   单位：kN·m

作用/组合类型	纵向最大正弯矩	纵向最大负弯矩	横向最大正弯矩	横向最大负弯矩
交通荷载	18.31	8.77	8.07	7.71
温度梯度作用	126.11	68.12	711.2	355.6
基础变形作用	136.53	—	—	—

3.2 轨道结构模型关键参数研究

3.2.1 列车荷载

1. 准静态分析

1）速度系数

列车行驶在轨道上，轮轨之间会产生动力效应，由行车速度引起的动轮载增量与静轮载之比被称为速度系数，用 α 表示。

目前，国内虽然尚无专门针对有轨电车速度系数的规范，但有适用于行车速度 $v \leqslant 120$ km/h 的速度系数值规范，可供有轨电车设计时参考，如表 3-5 所列。

表 3-5 速度系数

机车类型	速度系数 α	
	计算轨底弯曲应力时使用	计算轨道下沉及轨下基础部件的荷载及应力时使用
内燃	$0.4v/100$	$0.3v/100$
电力	$0.6v/100$	$0.45v/100$
蒸汽	$0.8v/100$	$0.6v/100$

2) 偏载系数

列车通过曲线时，由于存在未被平衡的超高（欠超高或过超高），使内外轨轮载产生偏载，与静轮载相比，即产生了外轨（或内轨）的偏轮载增加量 ΔP，其与静轮载 P_0 的比值被称为偏载系数，用 β 表示：

$$\beta = \frac{\Delta P}{P_0} \quad (3-13)$$

若偏载系数以欠超高来计算，则：

$$\beta = 0.002\Delta h \quad (3-14)$$

3) 横向水平力系数

横向水平力系数是考虑横向水平力和偏心竖直力共同作用下，使钢轨产生横向水平弯曲和约束扭转以及轨底边缘应力增大而引入的系数，即

$$f = \frac{\sigma_0}{\dfrac{\sigma_0 + \sigma_i}{2}} \quad (3-15)$$

式中 f——横向水平力系数；

σ_0——轨底外缘弯曲应力；

σ_i——轨底内缘弯曲应力。

目前，我国通用的机车类型的横向水平力系数建议值如表 3-6 所列。

表 3-6 横向水平力系数

曲线半径/m	横向水平力系数 f	
	电力机车、蒸汽机车	内燃机车
≤300	2.00	1.70
400	1.80	1.55
500	1.70	1.45
600	1.60	1.35
800	1.45	1.27
1 000	1.37	1.25
1 400	1.35	
1 800	1.33	
2 000	1.32	
≥5 000 或直线	1.25	

2. 列车竖向荷载

竖向力的主要组成部分是车轮的轮重，最常用的方法为按速度系数求得竖向最大荷

载,各国所采用的速度系数公式不尽相同,一般都是通过实测数据得到的经验公式。例如,我国使用速度系数 α,偏载系数 β 等计算得到竖向最大动荷载 P_d。

$$P_d = P_0(1 + \alpha + \beta) \quad (3-16)$$

式中　P_0——静轮载,kN;
　　　α——速度系数;
　　　β——偏载系数。

若按照《铁路轨道设计规范(极限状态法)》(Q/CR 9130—2018)中对无砟轨道的要求,其竖向荷载标准 p_k 为

$$p_k = 2P_0 \quad (3-17)$$

对于有轨电车来说,由于其轴重较轻,也可参考国际铁路联盟(UIC)动力学标准《铁路车辆动力学性能、行车安全性、轨道疲劳和运行品质的试验及验收》(UIC-518)中关于轮轨垂向力的要求,对于轮重小于 112.5 kN 的车辆,轮轨最大垂向荷载 P 为

$$P = 90 + P_0 \quad (3-18)$$

3. 列车横向荷载

轨道在横向水平力作用下会发生横向位移,若轨道横向刚度不足以抵抗较大的横向水平力,轨道会发生变形,根据《高速铁路设计规范》(TB 10621—2014)和《地铁设计规范》(GB 50157—2013),横向荷载按式(3-19)计算:

$$Q = 0.8P_0 \quad (3-19)$$

式中　Q——横向荷载,kN;
　　　P_0——静轮载,kN。

若按照我国《机车车辆动力学性能评定及试验鉴定规范》(GB/T 5599—2019),轮轨横向力 Q 应满足式(3-20)的要求。

$$\left.\begin{array}{l} Q \leqslant 29 + 0.3P_0 (\text{危险限度}) \\ Q \leqslant 19 + 0.3P_0 (\text{允许限度}) \end{array}\right\} \quad (3-20)$$

欧美铁路及日本新干线根据试验,一般以 0.4 倍轴重作为轮轨横向力 Q 的允许限度,即要求 $Q = 0.4P_0$。具体采用何种标准,应根据设计线路的实际情况选取。

3.2.2　社会车辆荷载

在混行交通地段,有轨电车需要与道路交通共享路权,轨道结构除了承受列车荷载外,还需承受社会车辆荷载。道路交通车辆的车轮具有一定的长度和宽度(图 3-13),道路交通荷载实际的作用范围可近似简化为一个矩形,荷载简化为均匀的面荷载,计算时考虑轨道结构同时承受来自道路交通荷载作用的垂向力和横向力,力学模型简图如图 3-14 所示。

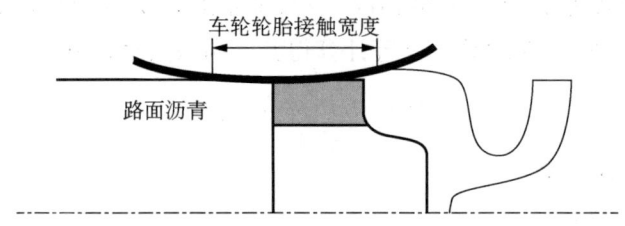

图 3-13 车轮轮胎接触宽度

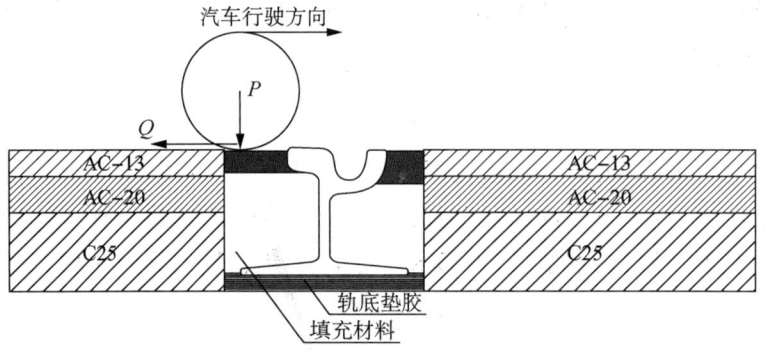

图 3-14 混行地段交通荷载下力学模型简图

参考《公路工程技术标准及条文说明》(JTG B01—2014),公路Ⅰ级和公路Ⅱ级的汽车荷载均采用相同的车辆荷载标准值,车辆荷载布置图和主要技术指标如图 3-15 和表 3-7 所示。

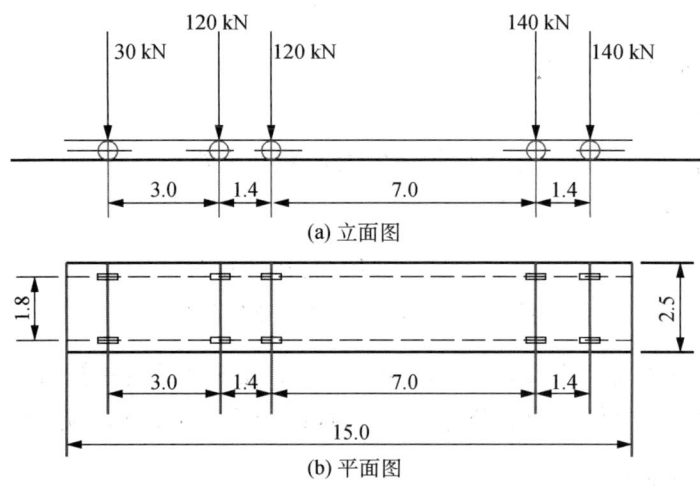

图 3-15 车辆荷载布置图(单位:m)

表 3-7 车辆荷载主要技术指标

项目	技术指标
车辆重力标准值/kN	550
前轴重力标准值/kN	30

(续表)

项目	技术指标
中轴重力标准值/kN	2×120
后轴重力标准值/kN	2×140
轴距/m	3+1.4+7+1.4
轮距/m	1.8
前轮着地宽度及长度/m	0.3×0.2
中、后轮着地宽度及长度/m	0.6×0.2
车辆外形尺寸(长×宽)/m	15×2.5

从图 3-15 和表 3-7 可以看出，公路Ⅰ级和公路Ⅱ级的汽车荷载重力标准值最大为 140 kN，轮距为 1.8 m，荷载作用范围参考表 3-7 中车辆中、后轮着地宽度及长度，取 600 mm×200 mm。此外，由于埋入式轨道结构中铺装层一般选用沥青，而正常情况下干燥的沥青路面的摩擦系数为 0.6，因此横向力大小取为 84 kN。

相较于列车荷载，社会车辆的荷载较小且不能与列车荷载同时存在，故不作为钢轨、道床板等轨道结构的计算荷载，但是若要计算轨旁柔性包裹材料以及扣件罩等结构的受力情况，则需要以此为主要计算荷载。

3.2.3 扣件刚度

由于无砟轨道承受列车动荷载，因此扣件刚度应取动刚度，当有测试值时取测试值，在无测试值时，动刚度可近似取为静刚度的 1.5 倍。

3.2.4 温度影响

温度对无砟轨道结构的作用显著，主要表现在两方面：①道床板混凝土在整体升降温作用下产生的胀缩温度变形；②道床板在温度梯度荷载作用下产生的翘曲变形。现有研究表明，有轨电车相较于地铁等传统无砟轨道结构，可以通过加铺绿化铺装层来有效改善道床板的温度效应。由于不同地区地理、气候条件存在差异，具体影响情况可以通过现场测试加以确定。

1. 温度应力计算方法

有轨电车为单元式无砟轨道，在整体升降温荷载作用下，道床板产生胀缩温度变形，当下部结构对道床板约束限位能力较强时，道床板也会产生翘曲变形。但现状有轨电车轨道结构中，层间仅靠摩擦力约束，以整体伸缩变形为主，翘曲变形较小。

当道床板未开裂时，板中纵向力受板底当量摩阻力、钢轨扣件纵向阻力控制，温度应力计算公式可表示为

$$P_t = \frac{(f_k + f_d)L}{2} \tag{3-21}$$

式中 P_t——混凝土未开裂时的温度力;

L——单元板长度;

f_d——下部基础当量摩阻力;

f_k——扣件纵向阻力。

板底摩阻力与板底层间连接形式有关,其值为

$$f_d = \mu \gamma A_c \tag{3-22}$$

式中 γ——道床板单位体积的重量;

A_c——道床板断面积;

μ——当量摩阻系数。

当道床板开裂时,最大温度应力为

$$P = f_t \times A \tag{3-23}$$

式中 P——混凝土开裂时最大连续温度应力;

f_t——混凝土抗拉强度;

A——混凝土截面面积。

2. 温度梯度和翘曲应力计算

1) 温度梯度

根据地理和气候条件,我国从地域上可分为严寒地区、寒冷地区和温暖地区,参照公路路面工程中关于温度梯度的建议值,并充分考虑无砟轨道自身的结构特点,对于我国无砟轨道最上层结构的最大正温度梯度的建议值如表 3-8 所列。同时,考虑到可能存在的湿度梯度,因而建议负温度梯度可取为最大正温度梯度的一半。温度梯度沿厚度呈线性分布,下层结构不考虑温度梯度的作用。

表 3-8 无砟轨道最大温度梯度建议值   单位:℃/m

地区	温暖地区	寒冷地区	严寒地区
最大正温度梯度	80	85	90
最大负温度梯度	40	43	45

由于表 3-8 所列的是历年统计得到的最大温度梯度值,发生概率较小,只有当单独检算翘曲应力时才使用;而在温度梯度与其他因素共同作用条件下,对翘曲应力进行检算时,建议采用常用温度梯度值,而常用温度梯度值通常建议取为最大温度梯度值的一半。

由于隧道内不承受直接日照,温差较小,因此温度变化缓慢,基本上不存在温度梯度。故当计算隧道内温度应力时,不区分年温变化与日温变化,而是取某一固定的温度变化值,且不考虑温度梯度产生的翘曲应力。

2) 翘曲应力计算方法

温度梯度荷载作用使道床板产生翘曲变形,当翘曲变形受到约束时便会产生翘曲应力。当板顶面(简称板面)温度高于板底面(简称板底)温度时,板面伸长大于板底,故板中

部会向上拱起。而当板面温度低于板底温度时，板面收缩大于板底，板四边会向上翘起。

当板产生翘曲变形时，板中断面的曲率可用式(3-24)表示：

$$\left.\begin{aligned}-\frac{\partial^2 w}{\partial x^2} &= \frac{12}{Eh^3}(M_x - \mu M_y) + \frac{\alpha_t \Delta T}{h} \\ -\frac{\partial^2 w}{\partial y^2} &= \frac{12}{Eh^3}(\mu M_x - M_y) + \frac{\alpha_t \Delta T}{h} \\ -\frac{\partial^2 w}{\partial xy} &= \frac{12}{Eh^3}(1+\mu)M_{xy}\end{aligned}\right\} \quad (3\text{-}24)$$

式中　　E——混凝土的弹性模量；

μ——混凝土泊松比；

α_t——混凝土的热膨胀系数；

ΔT——板面与板底的温差；

h——板厚度。

当道床板受到自重和列车荷载作用，而翘曲变形被完全约束时，按 Westergaard 公式，道床板内翘曲应力为

$$\sigma = \frac{E_c \alpha \Delta T}{2(1-\mu)} = \frac{E_c \alpha T_g h}{2(1-\mu)} \quad (3\text{-}25)$$

此时

$$M = \frac{E_c \alpha \Delta T h^2}{12(1-\mu)} = \frac{E_c h^3 \alpha T_g}{12(1-\mu)} \quad (3\text{-}26)$$

3. 有轨电车道床板温度梯度现场测试

为了研究环境温度对嵌入式轨道结构的影响，确保该轨道结构有保持几何状态的能力，以国内某建成线进行现场实测，测试内容为同一时刻大气温度、道床板上下表面温度及温度翘曲变形。

试验段道床板上表面除承轨槽外均有 200 mm 填土覆盖并完成绿化，如图 3-16 所示。

图 3-16　覆盖有填土的轨道结构

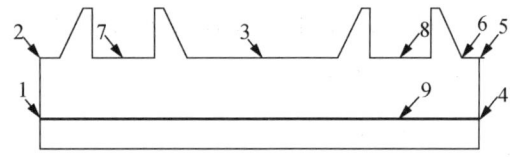

图 3-17 轨道结构测温点布置示意图

1) 温度梯度测点布置

由于道床板面有 200 mm 厚的填土覆盖,故无法直接通过测温枪测得板面温度,测温枪所测温度为承轨槽顶面混凝土的温度。分别在轨道结构纵向和横向侧(贴靠混凝土)布置温度传感器,每块道床板布置 9 个测点:道床板面 6 个、板底 3 个,测温点编号如图 3-17 所示,温度传感器现场布置情况如图 3-18 所示。

图 3-18 温度传感器现场布置情况

2) 温度翘曲位移测点布置

采用百分表对温度翘曲位移进行测试,百分表均布置于承轨槽顶部混凝土上,测点具体位置如图 3-19 所示。1#测点距道床板纵向边缘 328 mm,与道床板面的距离为 200 mm。

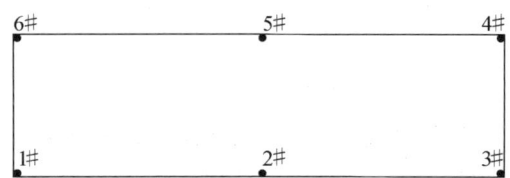

图 3-19 承轨槽翘曲位移观测点平面布置图

3) 测试步骤

① 按照测温点的布置图埋设温度传感器,需要注意的是施工前应校核温度传感器,施工后须保护好温度传感器,避免损坏。

② 按照高程测点布置示意图来布置百分表。布置过程中应确定相对基准点。

③ 观测仪器安装好之后,进行温度和高程观测。首先记录同一时刻的初始温度和初始高程,之后每隔 1~2 h 采集一次数据,确保温度和高程测试的时间基本为同一时刻。可选取连续高温天气,进行连续 48~72 h 的持续观测。

4) 测试结果

(1) 在 24 h 内,道床板的上、下表面均为正温度梯度,且其值较小,最大正温度梯度为 10.6 ℃/m。无砟轨道温度梯度检算模型中取 45 ℃/m 会偏于安全。

（2）最大翘曲位移出现在板端，当温度梯度最大时，测试时间在 16：00—18：00，翘曲变形值最大，为 0.177 mm。

3.2.5 基础变形影响

由于基础变形对无砟轨道的受力影响较为显著，因而在无砟轨道设计中应充分考虑这一点。基础变形主要包括路基不均匀沉降、桥梁挠曲、梁端转角与墩台沉降以及隧道基岩或抑拱的不均匀沉降变形等。

1. 基础变形类型

无砟轨道在基础发生变形时，受力会产生显著变化，严重时其强度受到破坏。因此，在无砟轨道的建设过程中，对线下基础沉降所引起的轨道不均匀变形应有较为严格的控制。基础不均匀沉降可分为三种类型，即正（余）弦型、错台和折角，如图 3-20 所示。正（余）弦型主要发生在路基上，桥梁受列车荷载作用的挠曲也属于此种类型；错台和折角一般发生在结构物间的过渡处。因无砟轨道一般在结构物间的过渡处（如伸缩缝、梁端等）断开，因此错台和折角一般不影响无砟轨道中的弯矩，所以本节基础变形影响主要针对正（余）弦型不平顺进行。

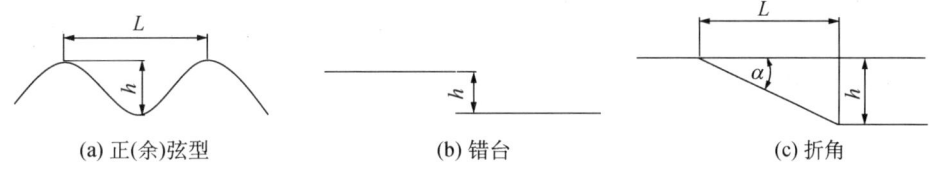

图 3-20 基础变形类型

2. 基础变形算法

当基础为刚性基础时，基础发生不均匀沉降后，在列车荷载作用下，道床板将发生与基础变形形式相同的变形，相当于对道床板结构施加了一定的强制位移。考察无砟轨道的响应，在此情况下道床板在基础变形作用下的弯矩计算同式(3-11)。

道床板内应力：

$$\sigma = \kappa E h / 2 \tag{3-27}$$

式中　E——混凝土的弹性模量；
　　　h——道床板垂向下沉位移。

由于式(3-27)中仅考虑到沉降曲线的曲率，故该方法又可称为曲率法。

路基不均匀沉降的形状取为半波正弦型曲线，如图 3-21 所示，沿线路方向的变形曲线为

$$y = f_0 \sin \frac{\pi x}{l_0} \tag{3-28}$$

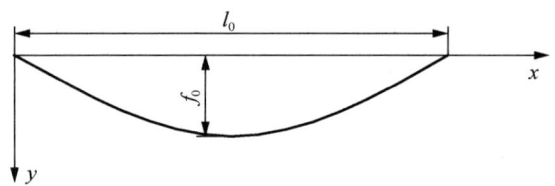

图 3-21 路基不均匀沉降曲线示意图

式中 f_0——路基不均匀沉降的最大沉降量；

l_0——路基不均匀沉降的波长。

则该变形曲线的曲率为

$$\kappa = \frac{\mathrm{d}^2 y}{\mathrm{d} x^2} = \frac{\pi^2}{l_0^2} \sin\left(\frac{\pi}{l_0} x\right) \tag{3-29}$$

曲率最大点发生在 $x = l_0/2$ 处，为 $\kappa = f_0 \dfrac{\pi^2}{l_0^2}$。

无砟轨道各结构层的弯矩与不均匀沉降值的大小和结构层抗弯刚度有关，抗弯刚度越大、不均匀沉降值越大，结构层内的弯矩也越大。

当无砟轨道底部支承存在空吊时，列车在通过时由于板端与板中的沉降量不同，故容易引起较大的动力不平顺，进而影响行车。为此应尽量避免空吊现象的发生，保证道床板在自重作用下能接触到基础面，即

$$\delta \geqslant f \tag{3-30}$$

式中 δ——自重作用下的道床板挠度；

f——基础不均匀沉降引起的板底空吊值。

基础发生不均匀沉降后，当道床板板长小于 l_0 时，道床板可视为长度为板长的简支梁，如图 3-22 所示。

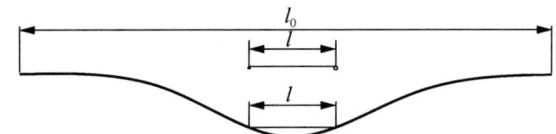

图 3-22 不均匀沉降情况下道床板自重变形计算模型

对于自重作用下的简支梁，其跨中挠度为

$$\delta = \frac{5ql^4}{384EI} \tag{3-31}$$

式中 l——道床板板长；

q——道床板自重；

EI——道床板抗弯刚度。

按照曲率相等的原则,基础不均匀沉降引起的板底空吊值可采用式(3-32)计算:

$$f = f_0 \left[1 - \sin \frac{\pi(l_0 - l)}{2l_0} \right] \quad (3-32)$$

3. 路基不均匀沉降

路基不均匀沉降大多发生在路基与桥梁、隧道、涵洞等结构物之间,在高填土路基、堤堑过渡段、软弱路基等地段也容易发生。

路基不均匀沉降发生概率较小,故按偶然荷载进行检算,而由其引起的轨道附加弯矩应不予纳入轨道结构中的设计荷载进行结构计算,但须将其视为在轨道结构中出现概率较小的偶然荷载,在轨道结构设计中作为检算条件进行考虑。

应用梁板有限元模型详细计算所有荷载与沉降曲线位置以求沉降引起的附加弯矩最大值是非常复杂的一个过程,而由不同的道床板长度、沉降范围以及沉降与轨道结构缝的相对位置计算所得的结果是不同的。建议在设计计算过程中采用刚性基础法进行计算,虽然计算结果会偏大,但对于设计是有利的,且可使得计算过程大大简化。

对于路基不均匀沉降,如有明确的设计控制值,则按设计控制值选用;若无明确的设计控制值,建议按 15 mm/20 m 取值或 1/1 000 的转角限值。

3.3 轨道结构设计及检算

有轨电车的轨道主体结构主要包括钢轨、道床板等主要承力与传力结构。本节主要介绍轨道主体结构的设计与计算方法、设计计算参数、荷载组合、设计检算项目及限值等。

1. 有轨电车轨道结构设计方法

有轨电车轨道是长期反复承受列车荷载、社会车辆荷载及温度影响的一种铺设于弹性地基上的带状结构物。与桥梁、房屋等结构物相比,有轨电车的轨道长期处于强振动环境下,承受动荷载作用是其明显的特殊性。为了保证轨道结构的高平顺性和高稳定性,就要求在常荷载作用下,轨道各主体结构始终处于弹性工作状态,因此轨道的结构设计应基于容许应力法来进行。

容许应力法是以平面变形和材料处于弹性工作状态的假定为基础,采用受拉区混凝土不参与工作和钢筋混凝土弹性模量比为常数这两项近似假定。根据这些假定,利用材料力学公式来计算构件内各点在使用荷载作用下的应力值,要求任意一点的应力不超过材料的容许应力。容许应力法的计算假定大体上反映出构件在受拉区混凝土开裂后,钢筋尚处于弹性工作时的应力状态。

在铁路桥涵设计中,由于对设计起控制作用的往往是荷载作用下的疲劳,故宜按材料处于弹性工作状态来进行分析,并取较大的安全系数,因而至今仍采用容许应力法。而轨道结构虽然按容许应力法设计,但因其不会像桥梁等结构破坏那样造成巨大危害,因此容许应力法中的各项安全系数可适当降低。

在容许应力法中,将荷载按其作用性质和发生概率分为主荷载、附加荷载和特殊荷载。主荷载是经常作用的荷载,附加荷载不是经常发生的荷载,或者其最大值出现概率较小,特殊荷载是暂时的或者属于灾害性的荷载,发生概率是极小的。

根据各种荷载不同的发生概率,设计时可采用三种荷载组合的情况:

(1) 仅计算主荷载;

(2) 主荷载和附加荷载同时作用;

(3) 考虑特殊荷载。

鉴于不同荷载发生的概率不同,因此当不同荷载组合时,结构物应有不同的安全储备,采用的安全系数也应该有所区别,反映在设计上即材料容许应力也应不同。对于主荷载作用下的安全系数要求高一些,对于附加荷载和特殊荷载而言,安全系数则可以低一些。因此,在设计中以主荷载作用时的容许应力或安全系数为基数,对其他荷载组合则可将容许应力分别乘以不同的系数,或采用不同的安全系数。这些系数与材料特性和结构类型有关。

由此可见,容许应力法设计的要点如下:

(1) 荷载分类。将各种荷载按照其性质和发生的概率分为主荷载、附加荷载和特殊荷载。

(2) 对不同的荷载组合,确定材料相应的容许应力。

以容许应力法为基础进行轨道结构设计时,在弯矩作用下,其正截面应力计算采用如下基本假定:

(1) 平截面假定,即构件的横截面在荷载作用下仍保持为平面,并与变形后的纵轴线垂直。由此可以得出材料的应变与离开中性轴的距离成正比。

(2) 混凝土不承担拉力。

(3) 混凝土受压时应力和应变成正比。

(4) 钢筋受拉和受压时应力和应变成正比。

(5) 钢筋和混凝土完全黏结,变形时二者之间没有相对滑移,因此钢筋和同位置混凝土的应变相同。

2. 荷载与荷载组合

针对有轨电车的轨道结构及其受力特点,对轨道结构在施工和运营过程中承受的荷载分类、荷载特性,以及对其在设计检算中的处理方式等方面的考虑如下。

1) 有轨电车荷载介绍

(1) 结构自重

轨道结构的构件及附属设备的自重主要包括钢轨、扣件、道床板(道床板)、底座板等结构构件的自重。自重属于恒载,故作为主荷载。

轨道结构为连续支承的带状结构物,其自重作用不会在承载层内产生弯矩或轴力作用,只有在无列车荷载条件下,计算温度梯度或基础不均匀变形引起支承不均匀或附加弯矩时考虑其自重,但不是设计检算的控制工况。因此,轨道结构的自重在各种检算项目中的作用不明显,各种荷载组合中基本没有将其考虑进去。

(2) 混凝土收缩和徐变

以钢筋混凝土结构或构件为主构成的无砟轨道,混凝土的收缩和徐变是不可避免且长期存在的。可将混凝土收缩和徐变的影响归类为恒载,即作为主荷载。

混凝土收缩折算为降温幅度,并与日温变化或年温变化相叠加进行温度拉应力计算,详见本书3.2节。混凝土徐变效应考虑徐变模量,一般将徐变模量的影响在升温中扣除,即对升温幅度进行折减。

(3) 列车荷载

列车荷载是无砟轨道承受的最基本的动载之一,故作为主荷载。列车荷载取值详见本书3.2节。

(4) 社会车辆荷载

社会车辆荷载与列车荷载不能同时发生,故在计算轨道主体结构受力时一般不予考虑。但在计算轨旁柔性包裹材料以及扣件罩等结构的受力时,应作为主荷载,详见本书3.2节。

(5) 制动力和牵引力

由于列车的制动力和牵引力发生的概率较列车竖向荷载小、较施工临时荷载发生的概率大,故将制动力和牵引力作为附加荷载。

有轨电车道床板为单元结构,每一单元均设置水平力传递部件,由于水平力对主体结构的影响较小,一般不予考虑,仅在检算钢轨时作为附加荷载。但在道床板限位能力的设计中,制动力和牵引力应作为主荷载进行设计。

(6) 温度影响

温度影响包括整体温度升降引起的温度应力及温度梯度引起的翘曲应力,其长期存在于无砟轨道结构之中,因此温度影响作为主荷载。温度影响详见本书3.2节。

(7) 基础变形影响

桥梁在列车荷载作用下发生挠曲及梁端转角,致使无砟轨道产生附加弯矩,桥梁挠曲和梁端转角发生的概率和列车荷载相等,故其归类为动载,作为主荷载。

当轨道铺设于路基上时,路基的不均匀沉降也将使无砟轨道产生附加弯矩。由于轨道需在路基施工完成后经一段时间观测无明显沉降时才进行铺设,所以路基不均匀沉降发生的概率很小,因此作为特殊荷载。基础变形影响详见本书3.2节。

(8) 施工临时荷载

若有轨电车采用预制道床板,那么施工临时荷载就包括无砟轨道预制件在吊装、运输、堆放时产生的荷载。虽然,此荷载仅在施工阶段短暂出现,但仍需采取临时措施以保证施工安全,因此将施工临时荷载作为特殊荷载。

(9) 地震力

轨道铺设于其他结构物或土工物上,由于其下部结构在设计中已考虑地震力的影响,可保证无砟轨道在遭遇地震作用时仍能稳固可靠,因此在其上部结构设计中不再考虑地震力。

2) 荷载分类及荷载组合

根据上述荷载的特点,无砟轨道的荷载分类如表3-9所列。无砟轨道主体结构设计时建议采用的荷载组合如表 3-10 所列。

表 3-9　无砟轨道主体结构的荷载分类

荷载分类		荷载名称
主荷载	恒载	(1) 结构自重(只在无车条件下检算板底因翘曲引起脱空时才使用,荷载组合中未考虑); (2) 混凝土收缩和徐变
	动载	(1) 列车荷载; (2) 社会车辆荷载(仅在计算轨旁柔性包裹材料以及扣件罩等结构时作为主荷载); (3) 温度应力(日温度变化); (4) 翘曲应力(仅在单独检算时采用最大翘曲应力,在荷载组合中采用常用翘曲应力); (5) 桥梁挠曲(或梁端转角,取较小者)
附加荷载		制动力和牵引力(仅在钢轨检算中作为附加荷载)
特殊荷载		(1) 路基不均匀沉降; (2) 施工临时荷载

表 3-10　无砟轨道主体结构设计时建议采用的荷载组合

荷载分类		路基上	桥梁上	隧道内
主荷载		列车荷载+温度应力+常用翘曲应力	列车荷载+温度应力+常用翘曲应力+桥梁挠曲(或梁端转角)	列车荷载
特殊荷载		列车荷载+温度应力+常用翘曲应力+路基不均匀沉降	—	—
		施工临时荷载	—	—

3. 钢轨应力检算

钢轨所受的应力有动弯应力、温度应力、局部应力、残余应力、制动应力和附加应力等。其中,动弯应力和温度应力称为基本应力。钢轨强度使用准静态法计算钢轨动位移(挠度)y_d、钢轨动弯矩 M_d,不考虑残余应力和局部应力。桥上铺设无缝线路后,因桥梁和钢轨相互作用而产生了附加应力,其计算将在无缝线路内容中做介绍。

1) 动弯应力

钢轨除了受到竖向力而产生弯曲外,还要受横向水平力作用产生横向弯曲,特别是在曲线上水平力较大。因此,钢轨实际上是在横向和竖向动弯矩联合作用下产生弯曲的。钢轨的动弯应力是两个动弯矩产生的应力叠加。为了使动弯应力计算起来较为方便,横向动弯矩引起的动弯应力不单独计算,而是用横向水平力系数修正竖向动弯应力,从而得到两个弯矩联合作用下的最大动弯应力,即

$$\sigma_{gd} = \frac{M_d f}{W_g}, \quad \sigma_{jd} = \frac{M_d f}{W_j} \tag{3-33}$$

式中　σ_{gd}, σ_{jd}——轨底最外纤维拉应力和轨头最外纤维压应力，MPa；
　　　W_g, W_j——钢轨底部和头部的截面系数，因钢轨类型及垂直磨耗量而异；
　　　f——横向水平力系数；
　　　M_d——钢轨动弯矩。

2) 温度应力

对于无缝线路而言，钢轨温度应力 σ_t 用式(3-34)进行计算：

$$\sigma_t = E \cdot \varepsilon_t = E \cdot \frac{\Delta l}{l} = \frac{E \cdot \alpha \cdot \Delta t \cdot l}{l} = E \cdot \alpha \cdot \Delta t \quad (3\text{-}34)$$

$$= 2.1 \times 10^5 \times 11.8 \times 10^{-6} \cdot \Delta t \quad (3\text{-}35)$$

$$= 2.48 \Delta t$$

式中　Δt——当地最高或最低轨温与锁定轨温差值，℃。
　　　E——钢轨的弹性模量，取 2.1×10^5 MPa；
　　　ε_t——钢轨的温度应变；
　　　α——钢轨的线膨胀系数，取 11.8×10^{-6}/℃；
　　　l——钢轨长度；
　　　Δl——长为 l 的钢轨在轨温差 Δt 时产生的伸缩量。

3) 制动应力

列车制动时使钢轨受到纵向力的作用，制动应力取为 10 MPa，用 σ_z 表示。

4) 强度检算

先分别计算出各种力的大小，然后将它们在最不利的断面上进行组合，从而检算此断面的钢轨强度。

$$\left. \begin{array}{l} 轨底应力检算: \sigma_g = \sigma_{gd} + \sigma_f + \sigma_z + \sigma_t \leqslant [\sigma] \\ 轨头应力检算: \sigma_j = \sigma_{jd} + \sigma_f + \sigma_z + \sigma_t \leqslant [\sigma] \end{array} \right\} \quad (3\text{-}36)$$

式中　σ_g, σ_j——轨底拉应力和轨头压应力，MPa；
　　　σ_{gd}, σ_{jd}——钢轨动弯应力，MPa；
　　　σ_f——钢轨附加应力，MPa，其值的计算见本书第 5 章无缝线路第 5.3 节；
　　　σ_z——钢轨牵引(制动)应力，MPa；
　　　σ_t——钢轨温度应力，MPa；
　　　$[\sigma]$——钢轨允许应力，MPa，$[\sigma] = \sigma_s/K$，有轨电车采用 U75V 钢轨，其屈服强度 $\sigma_s = 472$ MPa，故钢轨容许应力 $[\sigma] = 472/1.3 = 363$ MPa；
　　　K——安全系数，新轨 K 取 1.3，再用轨 K 取 1.35。

3.4　轮轨接触问题

轮轨接触是指车轮踏面与钢轨的接触。轮轨接触问题涉及几何学、运动学、力学、材料等几个方面,是一个非常复杂的问题。

1. 轮轨接触几何关系

轮对在轨道上滚动时,踏面的外形、轨头的横截面外形以及它们之间的横向相对位置对车辆动力学的性能都有很大影响,因此轮对与钢轨之间和车辆动力学性能密切相关的几何关系及其参数,从几何学角度探讨轮轨接触特性,是研究轮轨关系的基础前提。轮轨接触几何关系参数包括左、右轮的轮轨接触角 δ_l 和 δ_r,滚动圆半径 r_l 和 r_r,轨底坡 β_l 和 β_r,轮缘内侧距 g_w,轨距 g_r,轮对侧滚角 ϕ_w 以及轮对横移量 y_w 等,如图 3-23 所示。

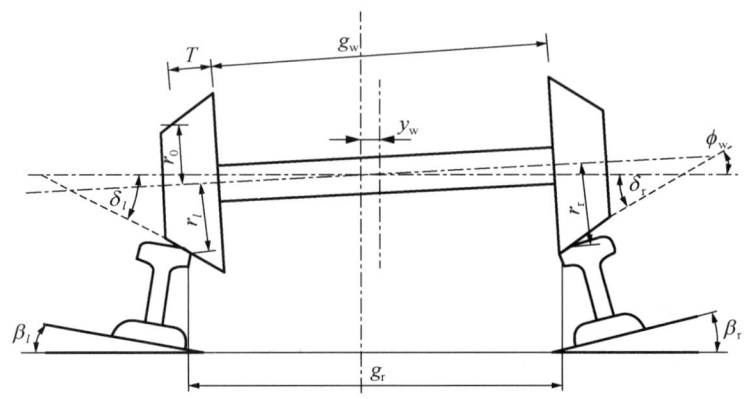

图 3-23 轮轨接触几何参数

列车正常运行时,轮轨间有两种接触形式:单点接触和两点接触。单点接触是钢轨顶面与车轮踏面的接触。当轮轨间处于单点接触状态时,可以认为车轮全部荷载作用于同一点。但在运行过程中,由于轮对的横向运动,有时钢轨侧面会被轮缘贴靠,形成两点接触,有轨电车槽型轨由于轨槽的存在,更容易发生两点接触。不同车轮踏面与钢轨廓形的轮轨接触关系也不尽相同,最常用的方法是采用迹线法和最小距离法来确定轮轨接触关系。图 3-24 给出了有轨电车常用的 SY8 型车轮踏面与槽型轨和工字轨的轮轨接触关系。

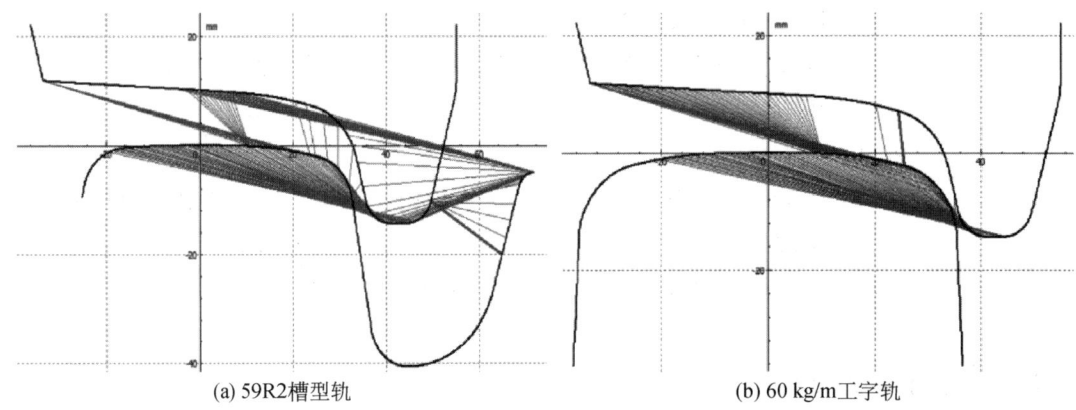

(a) 59R2槽型轨　　　　　　　　(b) 60 kg/m工字轨

图 3-24 有轨电车 SY8 型车轮踏面与不同类型钢轨的轮轨接触点分布

2. 轮轨接触应力

轮轨接触应力模型包括两部分：轮轨法向力和轮轨切向力。轮轨法向力可以用接触点处的法向载荷与局部变形的关系来描述。

1) 轮轨法向力

轮轨法向力可根据 Hertz 非线性弹性接触理论通过式(3-37)计算得到：

$$P(t) = \left[\frac{1}{G}\Delta Z(t)\right]^{\frac{3}{2}} \tag{3-37}$$

式中　G——轮轨接触常数，$m/N^{2/3}$；

　　　$\Delta Z(t)$——t 时刻轮轨间的弹性压缩量，m，可以通过轮轨接触点处的轮轨位移得到。

$$\Delta Z(t) = Z_{wi} - Z_{ri}(t),\ (i=1\sim 4) \tag{3-38}$$

式中　Z_{wi}，$Z_{ri}(t)$——t 时刻第 i 个车轮的位移以及车轮下钢轨的位移，m。

当轮轨界面存在位移不平顺 $Z_0(t)$ 时，轮轨力可以表示为

$$p(t) = \begin{cases} \left\{\frac{1}{G}\left[Z_{wi}(t) - Z_{ri}(t) - Z_0(t)\right]\right\}^{3/2} \\ 0 \text{（轮轨脱离时）} \end{cases} \tag{3-39}$$

2) 轮轨切向力

车轮与钢轨之间由于摩擦力的存在会产生轮轨切向力，即轮轨蠕滑力。本书采用 Kalker 线性理论计算。蠕滑力 T_x，T_y，M_z 与蠕滑率 ξ_x，ξ_y，ξ_{sp} [sp 是自旋蠕滑（spin）的英文简称] 之间的线性关系具体如下：

$$\left.\begin{array}{l} T_x = -f_{11}\xi_x \\ T_y = -f_{22}\xi_y - f_{23}\xi_{sp} \\ M_z = -f_{32}\xi_y - f_{33}\xi_{sp} \end{array}\right\} \tag{3-40}$$

式中　f_{11}——纵向蠕滑系数；

　　　f_{22}——横向蠕滑系数；

　　　f_{23}——自旋/横向蠕滑系数；

　　　f_{33}——自旋蠕滑系数。各蠕滑系数可根据下式确定：

$$\left.\begin{array}{l} f_{11} = EabC_{11} \\ f_{22} = EabC_{22} \\ f_{23} = E(ab)^{2/3}C_{23} \\ f_{33} = E(ab)^2 C_{33} \end{array}\right\} \tag{3-41}$$

式中　a，b——轮轨接触椭圆的长半轴和短半轴；

　　　E——轮对与钢轨材料的弹性模量；

C_{ij} ——Kalker 系数,可以通过查表获得。

Kalker 线性蠕滑理论在被用于分析轮轨切向力时只适用于小蠕滑率以及小自旋的情形。而在大蠕滑率、大自旋甚至完全滑动的情况下,蠕滑力的线性关系是不成立的。因此,为了更好地满足轮轨相互作用的实际情况,用沈氏理论做以下非线性修正。

T_x 和 T_y 的合力 T_r 为 $T_r = \sqrt{T_x^2 + T_y^2}$。

$$T'_r = \begin{cases} \mu N \left[\dfrac{T_r}{\mu N} - \dfrac{1}{3}\left(\dfrac{T_r}{\mu N}\right)^2 + \dfrac{1}{27}\left(\dfrac{T_r}{\mu N}\right)^3 \right], & T_r \leqslant \mu N \\ \mu N, & T_r > \mu N \end{cases} \quad (3-42)$$

式中 μ ——轮轨间的最大静摩擦系数;

N ——轮轨接触点处的法向力。

引入修正系数 $\varepsilon = T'_r / T_r$,则得到修正后的蠕滑力(力矩)为

$$\left.\begin{aligned} T'_x &= \varepsilon T_x \\ T'_y &= \varepsilon T_y \\ M'_x &= \varepsilon M_z \end{aligned}\right\} \quad (3-43)$$

3. 钢轨滚动接触疲劳

车轮在钢轨上滚动这一过程具有复杂的物理和力学特性,因轮轨滚动接触而导致钢轨出现疲劳破坏的现象时有发生。轮轨之间接触面积一般约为 100 mm²,而钢轨的接触应力常常会超过钢轨的屈服强度,这就容易引起轨头压溃,形成轨面鱼鳞状裂纹和剥离掉块等钢轨滚动接触疲劳(Rolling Contact Fatigue,RCF),如图 3-25 所示。

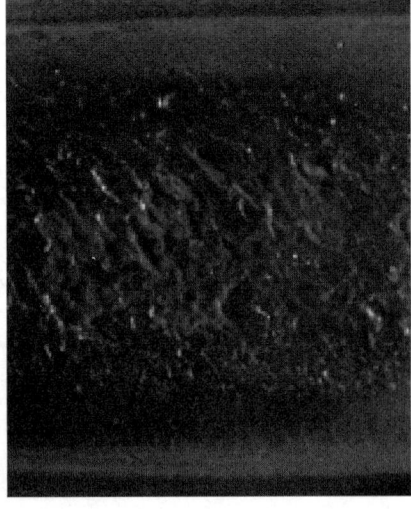

图 3-25 轨顶面滚动接触疲劳

目前，针对钢轨 RCF 预测的模型和方法有很多，且各有优劣。本节着重介绍两种较为成熟的用于磨耗和疲劳裂纹发生的预测模型。

1) 钢轨磨耗预测模型

Archard 磨耗模型是摩擦磨耗领域广泛应用的滑动磨耗模型，被广泛应用于轮轨磨耗量（磨耗深度）的计算中。模型中材料的磨耗体积与法向力、滑动距离成正比，与材料的硬度成反比，如式（3-44）所示：

$$\frac{V_m}{D} = K \cdot \frac{N}{H} \tag{3-44}$$

式中 V_m ——磨耗的体积；

D ——单元上的滑动量；

K ——磨耗系数，其值由单元上的滑动量和正压力决定；

N ——轮轨法向力；

H ——材料的硬度，MPa。

根据 Archard 理论模型，磨耗系数 K 与单元的正压力和滑动量密切相关，其取值可参考图 3-26。

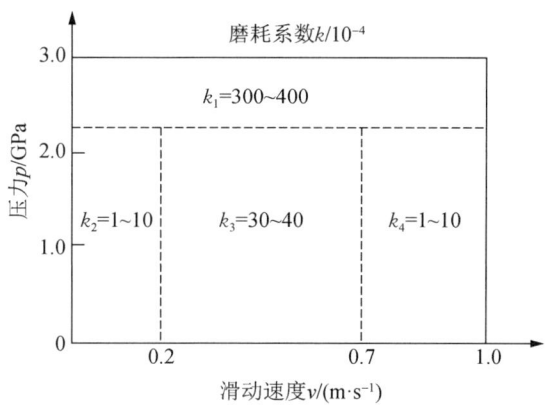

图 3-26　Archard 磨耗系数

2) 钢轨疲劳裂纹萌生预测模型

临界平面法是目前最常用的疲劳裂纹预测模型，它是基于裂纹萌生和扩展的物理观察基础上提出的，认为裂纹的萌生与破坏面以及该面上的应力、应变有关。故该方法在疲劳裂纹预测中有较大优势。图 3-27 为临界平面法图解。

在裂纹萌生（扩展）阶段，如果仅有剪应力和剪应变作用在裂纹面上[图 3-27(a)]，由于摩擦力的作用，裂纹面承担了一部分剪切力，作用在裂纹端部的剪切力减小了，因此裂纹萌生（扩展）缓慢。若裂纹面受到剪应力和拉应力的共同作用[图 3-27(b)]，由于拉应力的存在使裂纹面分开，裂纹面间的摩擦力遂消失，则剪力荷载作用于裂纹端部的材料，加快了裂纹的扩展速度。临界平面法就是根据裂纹萌生与扩展的机理来确定一个物理量，认为该物理量最大值所在的平面即为临界平面。

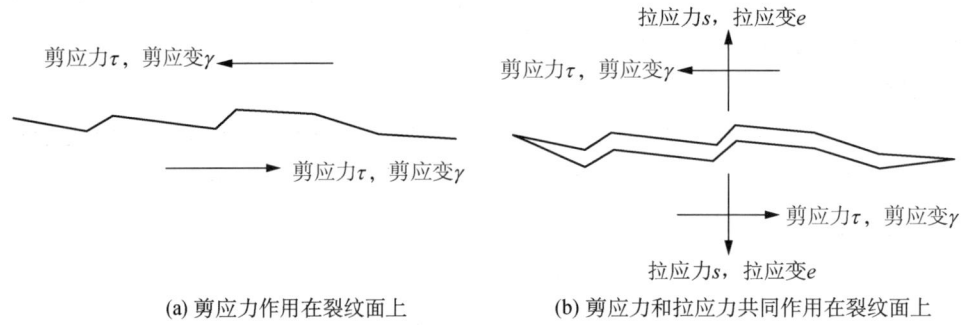

(a) 剪应力作用在裂纹面上　　(b) 剪应力和拉应力共同作用在裂纹面上

图 3-27　临界平面法图解

当然,在临界平面法中,选用何种物理量作为疲劳参量,学者们的意见并不一致。常用的几种疲劳参量的数学模型如表 3-11 所列。

表 3-11　疲劳参量数学模型

模型名称	疲劳参量表达式	备注
Brown-Miller 模型	$FP = \dfrac{\Delta\gamma_{\max}}{2} + S\Delta\varepsilon_n$	以最大剪切应变幅及其所在平面上的法向应变幅作为疲劳参量
Fatemi-Socie 模型	$FP = \dfrac{\Delta\gamma_{\max}}{2}\left(1 + k\dfrac{\sigma_{n,\max}}{\sigma_y}\right)$	以最大剪切应变幅及其所在平面上的法向应力作为疲劳参量
修正的 Smith-Watson-Topper (SWT)模型	$FP = \sigma_{1,\max}\dfrac{\Delta\varepsilon_{1,\max}}{2}$	将临界平面法与能量准则相结合,主要针对拉伸型裂纹
Chen-Xu-Huang 等模型	$FP = \begin{cases}\Delta\varepsilon_{1,\max}\cdot\Delta\sigma_1 + \Delta\gamma_1\cdot\Delta\tau_1 \\ \Delta\gamma_{\max}\cdot\Delta\tau + \Delta\varepsilon_n\cdot\Delta\sigma_n\end{cases}$	在 SWT 模型的基础上,引入剪应力和剪应变
Jiang-Sehitoglu 模型	$FP = \langle\sigma_{\max}\rangle\dfrac{\Delta\varepsilon}{2} + J\Delta\tau\Delta\gamma$	基于应变能的疲劳参量,认为只有拉应力对裂纹萌生做功
修正的 Jiang-Sehitoglu 模型	$FP = \langle\tau_{\max}\rangle\dfrac{\Delta\gamma}{2} + J\Delta\sigma\Delta\varepsilon$	基于应变能的疲劳参量,认为只有正的剪应力对裂纹萌生做功

3.5　车辆-轨道耦合动力学

目前,我国运营的钢轮钢轨制式现代有轨电车主要分为两种:70%低地板现代有轨电车和 100%低地板现代有轨电车。其主要区别在于轮对的耦合和独立。本节以钢轮钢轨式 100%低地板现代有轨电车列车为例进行动力学分析。

1. 车辆模型

钢轮钢轨式 100%低地板现代有轨电车整车系统通常编组形式为三节车体铰接而成,列车两端为动车,中间为拖车,列车简图如图 3-28 所示。动车下面装有一个独立轮对转向架,主要由构架、独立轮对、牵引驱动装置、磁轨制动装置、悬挂系统组成。拖车装有无摇枕的独立旋转车轮转向架，主要由构架、轴桥轮组、磁轨制动装置、悬挂装置组成。动车和拖车转向架都具有两系悬挂，一系悬挂采用橡胶弹簧（动车为人字形橡胶弹簧，拖车为锥形橡胶弹簧），二系悬挂采用钢弹簧。在动力学建模中，应用多刚体动力学理论可以将现代有轨电车车辆简化为由车体、转向架构架、轮对组成的多刚体系统，车辆悬挂系统采用三维弹簧-阻尼单元模拟，考虑悬挂部件的非线性特性，车间连接机构采用铰接建模，车间减振器采用空间非线性阻尼单元模拟。100％低地板现代有轨电车的主要结构和悬挂参数见表 3-12。

图 3-28　100％低地板现代有轨电车

表 3-12　有轨电车车辆主要技术参数

参数	拖车	动车
轮对质量/kg	1 300	1 500
构架及附件质量/kg	2 800	4 500
车体额定载荷重量/kg	5 000	11 000
轮径/mm	660	660
轴距/mm	1 800	1 900
轮对内侧距/mm	1 380	1 380
一系悬挂刚度 $(X/Y/Z)/(\text{MN} \cdot \text{m}^{-1})$	6.3/6.3/1.8	15.7/2.8/0.975
一系垂向阻尼/$(\text{kNs} \cdot \text{m}^{-1})$	10	5
二系悬挂刚度 $(X/Y/Z)/(\text{MN} \cdot \text{m}^{-1})$	0.35/0.35/0.98	0.17/0.17/0.62
二系垂向阻尼/$(\text{kNs} \cdot \text{m}^{-1})$	50/45	50/45

100％低地板现代有轨电车是一个复杂多体系统，根据车辆-轨道耦合动力学理论以及多刚体动力学理论，列车系统可以简化为由轮对、构架、摇枕、两系悬挂系统和车体组成，其动力学模型简图如图 3-29 所示。车体与转向架构架之间采用二系悬挂系统连接，轮对轴箱和转向架构架之间则采用一系悬挂系统连接。车体质量由转向架构架上的二系悬挂系统支承，二系悬挂系统模型包括由钢弹簧提供的三个方向刚度及阻尼，减振器提供的垂向和横向阻尼，横向止挡提供的横向刚度；车体和转向架构架的质量由轮对轴箱上的一系悬挂系统支承，一系悬挂模型包括轴箱橡胶弹簧提供的三个方向刚度和阻尼。

在建立 70％低地板现代有轨电车车辆动力学模型时，车辆系统考虑由四个传统轮对、两个独立轮组、三个转向架构架、两个摇枕、三个车体等刚体组成。每个传统轮对、构架和车体只考虑垂向、横向、点头（旋转）、摇头和侧滚 5 个方向的自由度。每个摇枕仅考

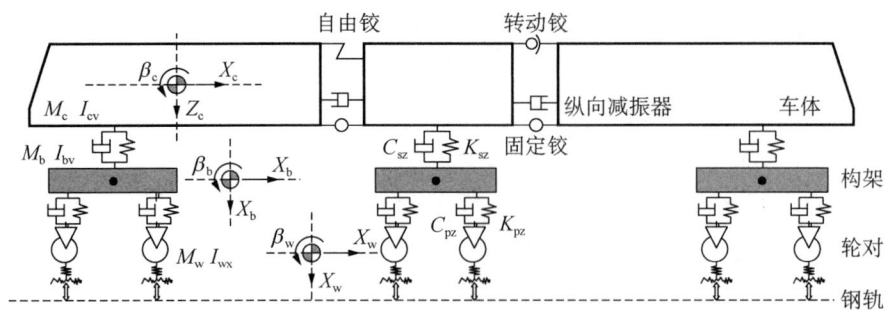

图 3-29　有轨电车动力学模型简图

虑摇头自由度;每个轴桥轮组考虑横向、垂向、摇头和侧滚 4 个方向的自由度;独立轮对考虑垂向、横向、点头(旋转)、摇头和侧滚 5 个方向的自由度。整个 70% 低地板现代有轨电车的车辆动力学模型共有 80 个自由度,如表 3-13 所列。

表 3-13　有轨电车车辆自由度

车辆部件	自由度				
	横移	沉浮	侧滚	旋转/点头	摇头
车体 ($i=1,3$)	Y_{ci}	Z_{ci}	ϕ_{ci}	β_{ci}	ψ_{ci}
构架 ($i=1,3$)	Y_{bi}	Z_{bi}	ϕ_{bi}	β_{bi}	ψ_{bi}
摇枕 ($i=1,2$)	—	—	—	—	ψ_{bsi}
传统轮对 ($i=1,4$)	Y_{wi}	Z_{wi}	ϕ_{wi}	β_{wi}	ψ_{wi}
独立轮组轴桥 ($i=1,2$)	Y_{wbi}	Z_{wbi}	ϕ_{wbi}	—	ψ_{wbi}
独立车轮 ($i=1,4$)	Y_{iwi}	Z_{iwi}	ϕ_{iwi}	β_{iwi}	ψ_{iwi}

100% 低地板现代有轨电车车体间的连接装置不同于传统的铁道车辆或者地铁车辆,它采用的是一种较为独特的铰接结构,不仅能保证中间车辆的转向架能很好地承受邻车的重量,而且能保证列车的运行稳定性,同时既能兼顾车辆的承载性能而又不影响相邻车体之间的转动,有轨电车车间铰接简图如图 3-30 所示。此外,为了确保车辆运行的稳定性,改善列车运行的平稳性,列车在设计时还会在车体间布置纵向减振器。模型中,可以用阻尼来模拟车间纵向减振器。

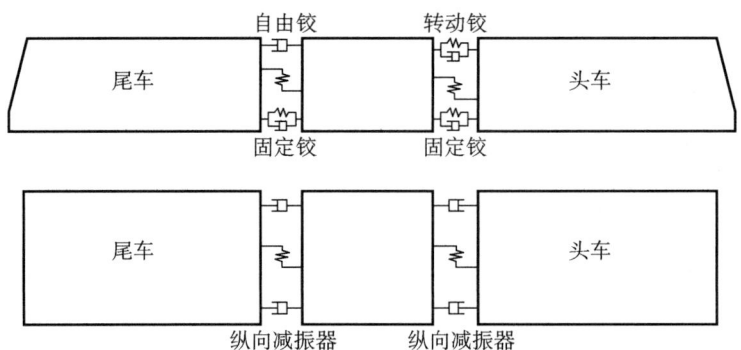

图 3-30　有轨电车车间铰接简图

2. 轨道结构动力学模型

轨道结构动力学模型可以采用本书 3.1 节中的弹性地基梁板模型。其中,利用铁木辛柯梁(Timoshenko 梁)模拟钢轨,并考虑钢轨三个方向的平动和扭转运动。此外,采用具有一定间距的三维黏弹性弹簧-阻尼单元模拟扣件系统或轨旁填充材料对钢轨的约束,道床板与基础之间通过与基础刚度等效的弹簧-阻尼单元模拟,如图 3-31 所示。

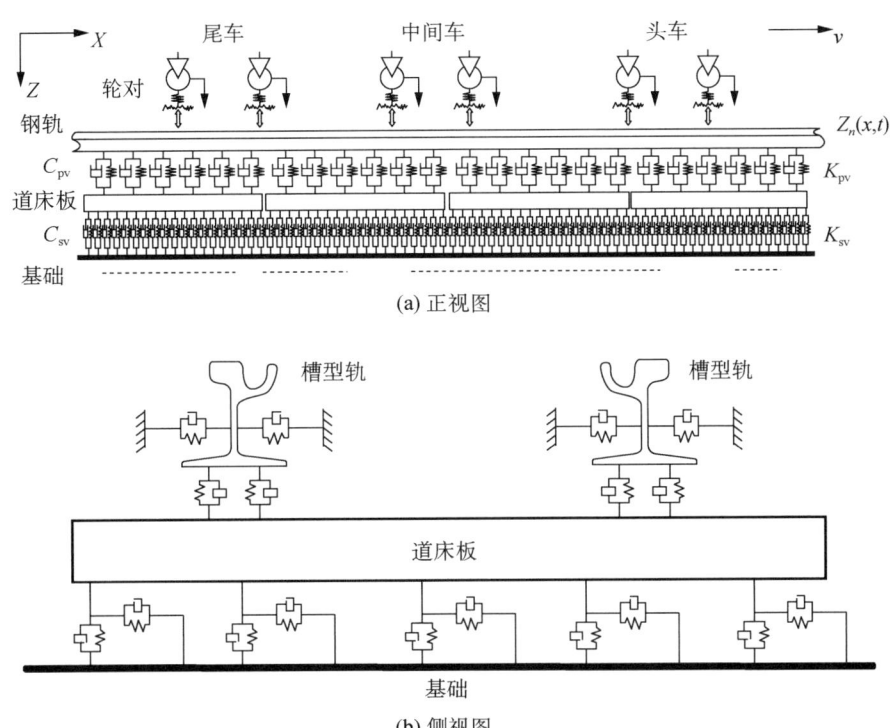

图 3-31 埋入式轨道结构力学分析模型

1) 钢轨结构建模

利用 Timoshenko 梁模拟钢轨,并考虑钢轨三个方向的平动和扭转运动,模型中钢轨振动频率最高为 1 000 Hz。钢轨运动方程可由 Timoshenko 理论得出,如下所示。

$$EA\frac{\partial^2 u}{\partial x^2} - \rho A\frac{\partial^2 u}{\partial t^2} = F_x(t)\delta[x - x_w(t)] + \sum_{i \in N}\delta(x - x_i^s)F_{x_i}^f(t) \quad [3\text{-}45(a)]$$

$$k_y AG\left(\frac{\partial^2 v}{\partial x^2} - \frac{\partial \theta}{\partial x}\right) - \rho A\frac{\partial^2 v}{\partial t^2} - \rho z_s A\frac{\partial^2 \varphi}{\partial t^2}$$
$$= F_y(t)\delta[x - x_w(t)] + \sum_{i \in N}\delta(x - x_i^s)F_{y_i}^f(t) \quad [3\text{-}45(b)]$$

$$k_z AG\left(\frac{\partial^2 w}{\partial x^2} + \frac{\partial \psi}{\partial x}\right) - \rho A\frac{\partial^2 w}{\partial t^2} + \rho y_s A\frac{\partial^2 \varphi}{\partial t^2}$$
$$= F_z(t)\delta[x - x_w(t)] + \sum_{i \in N}\delta(x - x_i^s)F_{z_i}^f(t) \quad [3\text{-}45(c)]$$

$$EJ_y \frac{\partial^2 \psi}{\partial x^2} - k_z AG(\frac{\partial w}{\partial x} + \psi) - \rho J_y \frac{\partial^2 \psi}{\partial t^2} = 0 \qquad [3\text{-}45(d)]$$

$$EJ_z \frac{\partial^2 \theta}{\partial x^2} + k_y AG(\frac{\partial v}{\partial x} - \theta) - \rho J_z \frac{\partial^2 \theta}{\partial t^2} = 0 \qquad [3\text{-}45(e)]$$

$$EJ_w \frac{\partial^{IV} \varphi}{\partial x^{IV}} - GJ_x \frac{\partial^2 \varphi}{\partial x^2} - \rho J_w \frac{\partial^4 \varphi}{\partial x^2 \partial t^2} + \rho z_s A \frac{\partial^2 v}{\partial t^2} - \rho y_s A \frac{\partial^2 w}{\partial t^2} + \rho J_p \frac{\partial^2 \varphi}{\partial t^2}$$
$$= \partial[x - x_w(t)] M_x(t) + \sum_{i \in N} \partial(x - x_i^s) M_{x_i}^f(t) \qquad [3\text{-}45(f)]$$

式中 u——钢轨沿着 x 方向的位移；

v——钢轨沿着 y 方向的位移；

w——钢轨沿着 z 方向的位移；

θ——钢轨绕 x 轴的转角，rad；

φ——钢轨绕 y 轴的转角，rad；

ψ——钢轨绕 z 轴的转角，rad；

G——钢轨的剪切模量，MPa；

E——钢轨的弹性模量，MPa；

ρ——钢轨的密度，kg/m；

A——钢轨的截面面积，m^2；

J_y——钢轨截面对 y 坐标轴的惯性矩，m^4；

J_z——钢轨截面对 z 坐标轴的惯性矩，m^4；

J_p——钢轨的极惯性矩，m^4；

J_x——圣维南扭力常数；

J_w——翘曲常数；

k_y——钢轨截面 y 方向的剪切形状因子；

k_z——钢轨截面 z 方向的剪切形状因子；

$F_x(t)$——车轮作用在钢轨上的纵向荷载，N；

$F_y(t)$——车轮作用在钢轨上的横向荷载，N；

$F_z(t)$——车轮作用在钢轨上的垂向荷载，N；

$\partial(\cdot)$——狄拉克函数。

2）道床板建模

根据有限元原理，道床板的运动方程可表示为

$$[M]_i \{\ddot{x}\}_i + [C]_i \{\dot{x}\}_i + [K]_i \{x\}_i = [F^{rs}]_i + [F^g]_i \quad (i = 1 \sim N_{slab}) \tag{3-46}$$

式中 $[M]_i$——道床板的质量矩阵；

$[C]_i$——道床板的阻尼矩阵；

$[K]_i$——道床板的刚度矩阵；

N_{slab} ——模型中道床板的总数；

$\{x\}_i$ ——道床板节点的位移列阵；

$\{\dot{x}\}_i$ ——道床板节点的速度列阵；

$\{\ddot{x}\}_i$ ——道床板节点的加速度列阵；

$[F^{\text{rs}}]_i$ ——钢轨与道床板作用力的等效节点的载荷列阵；

$[F^{\text{g}}]_i$ ——地基与道床板作用力的等效节点的载荷列阵。

根据模态叠加的原理，道床板的运动方程可简化为

$$[M_n]_i\{\ddot{x}_n\}_i + [C_n]_i\{\dot{x}_n\}_i + [K_n]_i\{x_n\}_i = \{P_n\}_i \quad (i=1\sim N_{\text{slab}}, n=1\sim N_{\text{mode}}) \tag{3-47}$$

式中　$[M_n]_i$ ——道床板的广义正则质量矩阵；

$[C_n]_i$ ——道床板的广义正则阻尼矩阵；

$[K_n]_i$ ——道床板的广义正则刚度矩阵；

n ——正则模态的阶数；

N_{mode} ——模型中正则模态的总阶数；

$\{x_n\}_i$ ——道床板第 i 处坐标节点的位移列阵；

$\{\dot{x}_n\}_i$ ——道床板第 i 处坐标节点的速度列阵；

$\{\ddot{x}_n\}_i$ ——道床板第 i 处坐标节点的加速度列阵；

$\{P_n\}_i$ ——道床板的广义正则外载荷矩阵。

广义正则质量、阻尼、刚度和外载荷矩阵的表达式如下：

$$\left.\begin{array}{l}[M_n]_i = \{\Phi\}_n^{\text{T}}[M]_i\{\Phi\}_n, [C_n]_i = \{\Phi\}_n^{\text{T}}[C]_i\{\Phi\}_n, [K_n]_i = \{\Phi\}_n^{\text{T}}[K]_i\{\Phi\}_n \\ [P_n]_i = \{\Phi\}_n^{\text{T}}\{F^{\text{rs}}\}_i + \{\Phi\}_n^{\text{T}}\{F^{\text{g}}\}_i \quad (i=1\sim N_{\text{slab}}, n=1\sim N_{\text{mode}})\end{array}\right\} \tag{3-48}$$

上述方程中，通过有限元软件对道床板进行模态分析，可以得到 $\{\Phi\}_n$ 的正则模态向量。

3. 轨道几何不平顺

在线路运营区段内，实际的钢轨并不是呈理想的平直状态，两条钢轨在高低方向和水平方向相对于理想状态都会有所偏差，这种偏差被称为轨道几何不平顺。轨道几何不平顺对车辆系统是一种输入激扰，它是车辆产生各种振动响应的主要原因。轨道几何不平顺的类型主要有以下四种：垂向不平顺、水平不平顺、方向不平顺和轨距不平顺，图 3-32 为各种类型的轨道随机激扰示意图。

1）垂向不平顺

轨道中心线上下的不平顺被称为垂向不平顺。线路经过长期使用后，由于路基的坚实程度并非完全均匀，加之扣件松动、钢轨磨耗等原因都会引起轨道垂向不平顺。

2）水平不平顺

轨道水平不平顺指的是两股钢轨顶面水平方向存在的高度差。它是由轨道高低不平

顺所派生出来的。轨道水平不平顺是引起车辆在运行过程中产生横向滚摆耦合振动的主要因素。

3) 方向不平顺

实际的轨道中心线和理想的轨道中心线的左右差被称为轨道方向不平顺。它是由轨道铺设时的初始弯曲、养护和运用中积累的轨道横向弯曲变形等因素造成的。轨道方向不平顺会引起车辆横向振动。

4) 轨距不平顺

轨道的实际轨距与名义轨距之间的偏差被称为轨距不平顺。轨距的大小对轮轨磨耗、车辆运行性能等都有一定的影响。

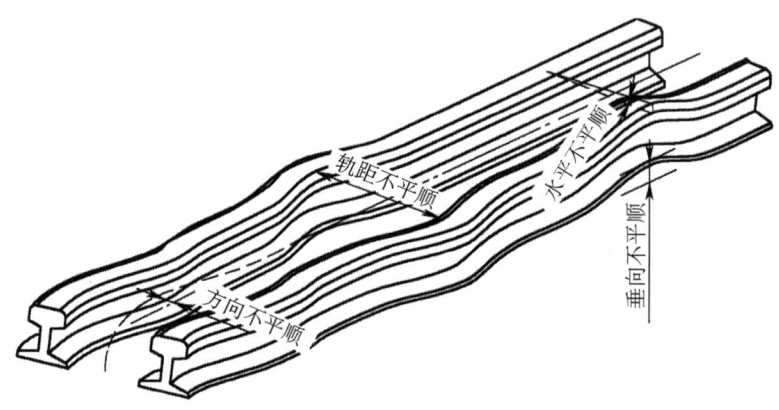

图 3-32　轨道几何不平顺

4. 轨道动力学性能评价指标

现代有轨电车也属于城市轨道交通工具之一，我国目前仍缺少与嵌入式轨道上有轨电车的安全性、稳定性、运行品质评价相关的行业标准，因此只能暂时参考目前我国城市轨道交通的相关标准，其中动力学评价标准以《城市轨道交通车辆组装后的检查与试验规则》(GB/T 14894—2005)为主，以《轨道车辆动力学性能试验及验收-运行安全性-轨道疲劳-乘坐舒适性》(UIC 518—2009)、《铁路车辆乘坐舒适性评估》(UIC 513—1994)、《机车车辆动力学性能评定和试验鉴定规范》(GB/T 5599—2019)等相关动力学标准为辅。

1) 车辆运行安全性评价指标

运行安全性是车辆系统最为关键的动力学性能。目前，世界各国根据各自的研究成果与实际运用经验，一般采用脱轨系数、轮重减载率、轮轨横向力和轮轨垂向力等指标对铁道车辆的运行安全性进行评价。

(1) 脱轨系数

轨道交通领域列车安全性评价指标应用最多的是脱轨系数。对于有轨电车则参考《城市轨道交通车辆组装后的检查与试验规则》(GB/T 14894—2005)。

$$\left.\begin{array}{l} L/V \leqslant 0.8(R \geqslant 250 \text{ m}) \\ L/V \leqslant 1.2(R < 250 \text{ m}) \end{array}\right\} \tag{3-49}$$

式中　L ——车轮作用于钢轨上的横向力；
　　　V ——车轮作用于钢轨上的垂向力。

(2) 轮重减载率

轮重减载率是评判列车通过曲线时或在复杂运行环境状态下的倾覆危险性。通常把减载侧车轮的轮重减载量 ΔP 与轮对两侧平均轮重 P 之比定义为轮重减载率，记作 $\Delta P/P$，其安全标准为

$$\left.\begin{array}{l} \Delta P/P \leqslant 0.65,\text{危险限度} \\ \Delta P/P \leqslant 0.60,\text{允许限度} \end{array}\right\} \tag{3-50}$$

式中　ΔP——轮重减载量；
　　　P——增载侧和减载侧车轮的平均轮重。

2) 车辆运行平稳性评价指标

在评价车辆运行平稳性和舒适性方面，各国标准不一。目前，欧洲采用的是 UIC513 舒适度指标，而日本则使用 Janeway 舒适度系数 J 标准。我国铁路行业舒适度的评定准则是 sperling 平稳性指标。本书选取的是车体振动加速度和 Sperling 平稳性指标。

(1) 车体振动加速度

《机车车辆动力学性能评定和试验鉴定规范》(GB/T 5599—2019) 规定：当采用车体平均最大振动加速度来评定客车运行平稳性时，在运行速度 $v \leqslant 140$ km/h 时，车体平均最大振动加速度应符合的要求根据式 (3-52) 计算得出：

$$\bar{A}_{\max} \leqslant 0.00027v + C \tag{3-51}$$

式中　$\bar{A}_{\max}$——客车车体平均最大振动加速度；
　　　v——客车运行速度，km/h；
　　　C——常数，取值见表 3-14。

表 3-14　客车车体平均最大振动加速度计算常数

运行平稳性等级	C	
	垂向振动	横向振动
优	0.025	0.010
良好	0.030	0.018
合格	0.035	0.025

对于本书所研究的 70% 低地板现代有轨电车，参考国内外研究经验，车体振动加速度的限值可取为：垂向振动加速度 $0.13g$（g 为重力加速度），横向振动加速度 $0.10g$。

(2) Sperling 平稳性指标 W_Z

平稳性指标 W_Z 用式 (3-52) 表示：

$$W_Z = 3.57 \sqrt[10]{A^3 F(f)/f} \tag{3-52}$$

式中 $F(f)$——有关频率的修正项；

f——频率。

表 3-15 中所示为不同频率范围时垂向和水平方向的修正系数。

表 3-15 修正系数

垂直方向		水平方向	
频率 f/Hz	修正项 $F(f)$	频率 f/Hz	修正项 $F(f)$
0.5~5.9	$0.325f^2$	0.5~5.4	$0.8f^2$
5.9~20	$400/f^2$	5.4~26	$650/f^2$
20 以上	1	26 以上	1

由于车辆的振动是随机振动，因此其加速度和频率随时都在变化。实际计算时通常将需要分析的加速度波形按频率分组，然后根据每一组的加速度和频率来计算该组的平稳性指标 W_i，整个波形的平稳性指标根据式(3-53)计算：

$$W = \sqrt[10]{W_1^{10} + W_2^{10} + \cdots + W_n^{10}} = \sqrt[10]{\sum_{i=1}^{n} W_i^{10}} \tag{3-53}$$

式中，n 为整个波段的分组总数。

《铁道机车动力学性能试验鉴定方法及评定标准》(TB/T 2360—1993)及《机车车辆动力学性能评定和试验鉴定规范》(GB/T 5599—2019)中关于机车车辆的平稳性等级如表 3-16 所列，其中垂向和横向平稳性采用相同的评定等级。

表 3-16 我国机车车辆平稳性评定等级

平稳性等级	评定结果	机车	客车	货车
一级	优	<2.75	<2.5	<3.5
二级	良好	2.75~3.10	2.5~2.75	3.5~4.0
三级	合格	3.10~3.45	2.75~3.0	4.0~4.25

5. 有轨电车车辆和嵌入式轨道动力学性能测试

为了全面系统地研究有轨电车车辆和嵌入式轨道的动力学性能，通常会针对所研究的线路，对该线路轨道上运行的有轨电车车辆的安全性和乘坐舒适性进行评估，以校准和完善嵌入式轨道结构的设计，优化嵌入式轨道的设计参数。本节以成都市某有轨电车线路测试为例进行介绍。

1) 测试车辆

试验段测试电车如图 3-33 所示，试验有轨电车为 100% 低地板车辆，整车系统由五节车体铰接而成，结构形式为 Mc1+F1+Tp+F2+Mc2(Mc 为动车，F 为浮车，Tp 为拖车)，包括 2 个动车模块、1 个拖车模块和 2 个浮车模块。同时，每个动车模块配置 1 个动车转向架，每个拖车模块配置 1 个拖车转向架，浮车模块下方无转向架配置。动车转向架为横向耦合轮组(特性可视为与传统轮对一致),拖车转向架为独立轮组。该车的设计最高运营速度为 70 km/h,车辆测试速度范围为 30~77 km/h,线路包括直线段与曲线段(R500,R40)。

图 3-33 测试车辆

2) 测点布置

测试转向架包括 1 个动车转向架和 1 个拖车转向架,在 Mc1 车和 Tp 车对应的动车转向架和拖车转向架布置测点,并在车内布置测点,测点布置方案如图 3-34 所示,图 3-35 为测试车辆测睞评细位置。

3) 测试结果

分别让被试车辆以空车(AW0)或满载(AW3)状态下通过 R40 和 R500 曲线,测量其安全性和舒适性指标,图 3-36 为某次实测曲线,表 3-17 为安全性测试指标汇总。

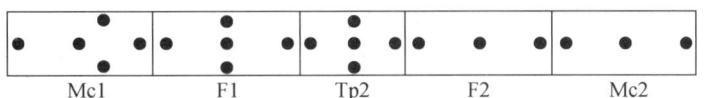

图 3-34 车辆测点布置图

(a) 一轴左节点垂向位移测点

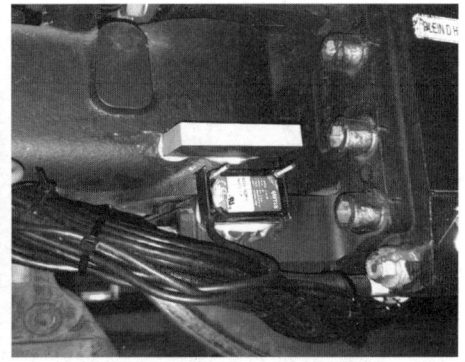
(b) 一轴右节点垂向位移测点

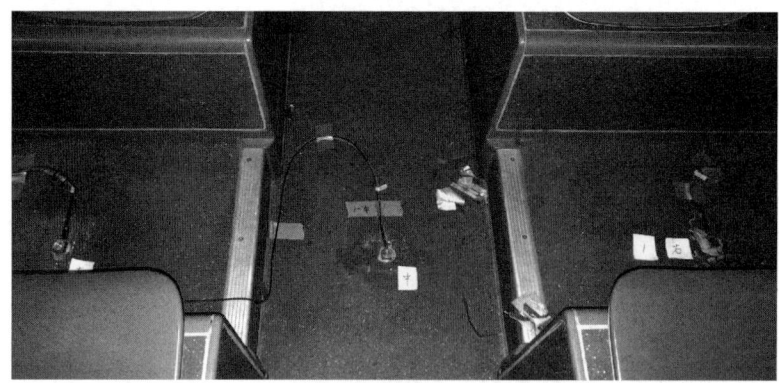

(c) 车体测点左、中、右位置

图 3-35 测试车辆测点详细位置

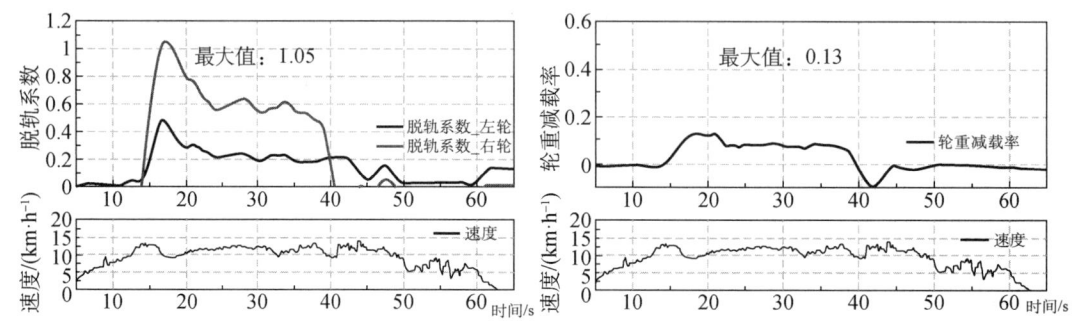

图 3-36 动车安全性指标实测曲线

表 3-17 安全性测试结果汇总

车辆状态	安全性指标	R40+15km/h			R500+50km/h		
		动轴	拖轴	安全限值	动轴	拖轴	安全限值
AW0	轮轴横向力/kN	28.26	10.35	动：33.80kN 拖：33.49kN	7.00	10.83	动：33.80kN 拖：33.49kN
	轮轨垂向力/kN	49.08	42.87	动：125.70kN 拖：125.24kN	47.34	45.42	动：125.70kN 拖：125.24kN
	脱轨系数	1.05	0.51	1.2	0.58	0.62	0.8
	轮重减载率	0.13	0.05	0.6	0.07	0.14	0.6
AW3	轮轴横向力/kN	32.95	9.99	动：46.32kN 拖：46.01kN	15.70	12.00	动：46.32kN 拖：46.01kN
	轮轨垂向力/kN	71.62	61.28	动：144.49kN 拖：144.02kN	71.03	65.57	动：144.49kN 拖：144.02kN
	脱轨系数	0.67	0.73	1.2	0.63	0.55	0.8
	轮重减载率	0.13	0.07	0.6	0.02	0.04	0.6

从表 3-17 中不难看出测试线路有轨电车的轮轴横向力、轮轨垂向力、轮重减载率和脱轨系数的最大值均小于各自的限值，车辆的各项安全性指标均满足《机车车辆动力学性能评定和试验鉴定规范》(GB/T 5599—2019) 的限值要求。

第 4 章 道　　岔

　　道岔是机车车辆从一股轨道转入或越过另一股轨道的线路设备,是铁路轨道的一个重要组成部分。由于道岔具有数量多、构造复杂、使用寿命短、限制列车速度、行车安全性低、养护维修投入大等特点,与曲线、接头并称为轨道三大薄弱环节。其中,曲线和接头可以用优化线形以及无缝线路等方式进行规避,唯有道岔必须从其本身进行研究和改进。

　　有轨电车道岔相对于其他轨道交通的道岔又有其特殊性:

　　(1) 受线形限制,道岔号数较小,正线普通地段一般采用 6 号道岔,而同为正线,地铁则采用 9 号或 12 号道岔,高铁一般采用 12 号或 18 号道岔;

　　(2) 由于线路设计灵活,道岔种类较多,特殊地段会有曲线型道岔、三开不对称道岔等特制道岔;

　　(3) 线路平面交叉,交叉的形式根据实际线形情况进行布置;

　　(4) 道岔采取埋入式结构,使用槽型轨,养护维修困难。

　　本章介绍了有轨电车道岔的种类和功用,单开道岔、交叉以及梯形道岔等有轨电车常用道岔的构造,以及道岔的主要设计参数。

　　关于道岔的总平面布置图设计,本章仅简要介绍设计内容,相关的计算方法在各高校相关教材均有涉及,本章不再赘述。

4.1　有轨电车道岔类型及特点

　　1. 道岔类型

　　同其他轨道交通形式一样,有轨电车道岔的基本形式有三种:连接、交叉、连接与交叉的组合。常用的线路连接有各种类型的单开道岔、双开道岔、三开道岔以及单渡线;交叉有直角交叉和菱形交叉;连接与交叉的组合有交叉渡线、梯形道岔以及其他特殊组合等。需要注意的是,有轨电车受道岔号数以及其他限制,一般不设置交分道岔。有轨电车道岔类型细分如图 4-1 所示。

　　2. 各类型道岔特点

　　1) 单开道岔

　　单开道岔是最常见的道岔类型,其主线为直线,侧线由主线向左侧(称左开道岔)或右侧(称右开道岔)岔出。普通单开道岔的侧线平面线形为直线(如图 4-2 所示,中间粗虚线为道岔的平面线形,余同),但在交叉口转弯处等地,受道路场地的制约以及小半径线路条件影响，侧线采用与后面线路同半径的曲线，称为曲线型道岔，该种布置形式可使道岔全长缩短，减小占地，如图 4-3 所示。

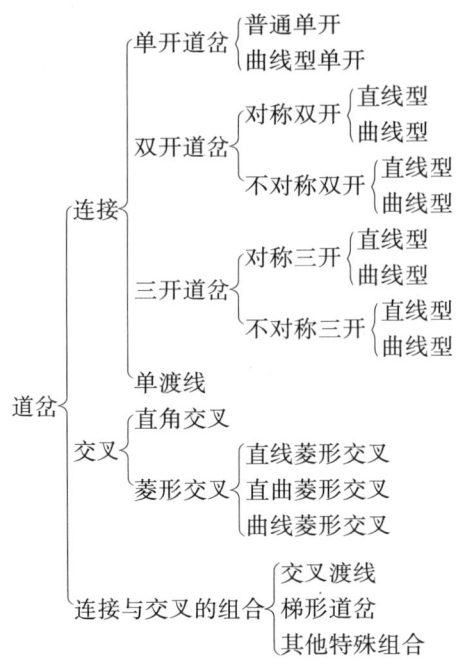

图 4-1　有轨电车道岔分类

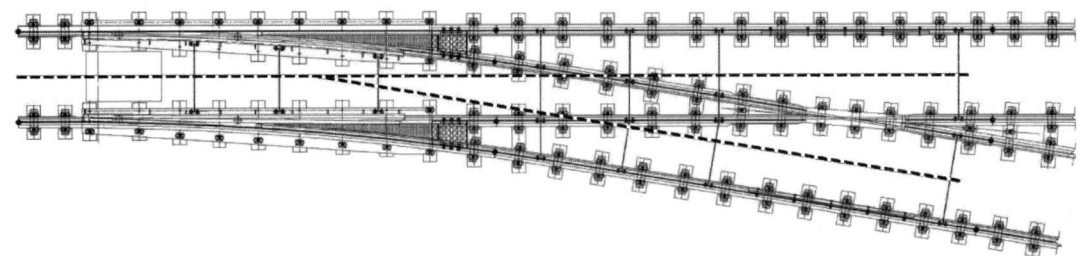

图 4-2　普通单开道岔

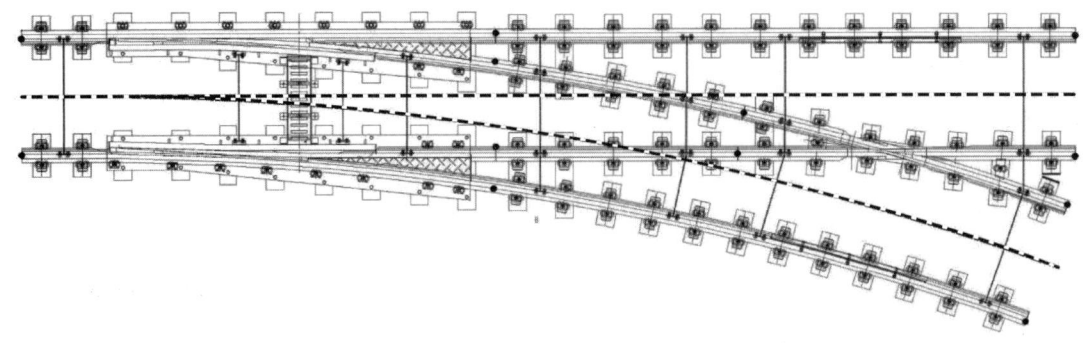

图 4-3　曲线型单开道岔

2) 双开道岔

双开道岔是单开道岔的一种特殊形式,整个道岔分布于主线的中线两侧,列车通过时无直向与侧向之分。根据是否对称于主线的中线,双开道岔又可分为对称道岔和不对称道岔。如果受道路及线路条件的制约,双开道岔同样可以布置成曲线型。图 4-4 为直线型对称双开道岔布置示意图,图 4-5 为曲线型不对称双开道岔布置示意图。

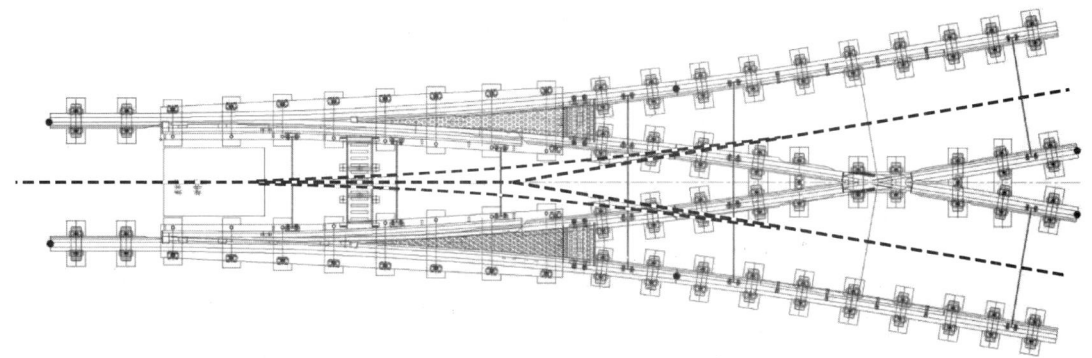

图 4-4　直线型对称双开道岔

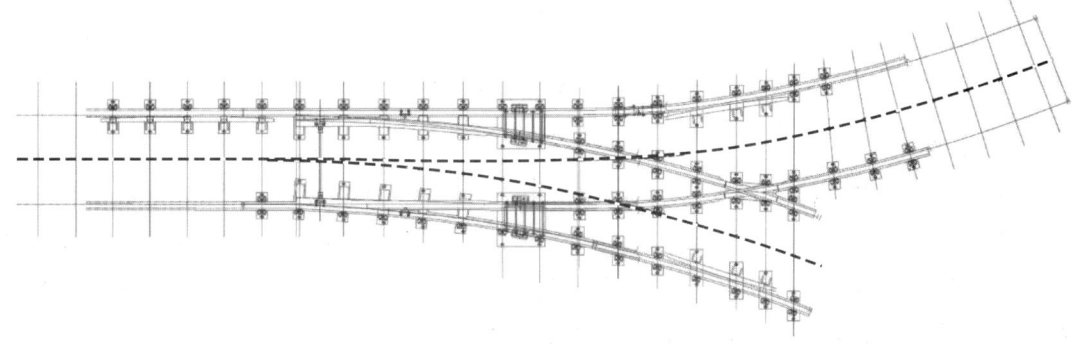

图 4-5　曲线型不对称双开道岔

3) 三开道岔

三开道岔,又称复式异侧道岔,是复式道岔中较常用的一种形式。它相当于两组异侧顺接的单开道岔,但其长度却远比两组单开道岔的长度之和要短。三开道岔运行条件较差,若非万不得已,不轻易采用。三开道岔同样有对称和不对称以及直线型和曲线型之分,图 4-6 为曲线型不对称三开道岔布置示意图。

4) 交叉

线路平交时,两条线路相交处的道岔结构称为交叉。有轨电车基本采用地面线,交叉的使用是有轨电车网络化运营的基础。根据线路相交的角度,交叉可分为直角交叉和菱形交叉。其中,菱形交叉根据相交线路的线形又可以细分为直线菱形交叉、直曲菱形交叉和曲线菱形交叉。图 4-7 为直曲菱形交叉的布置示意图。

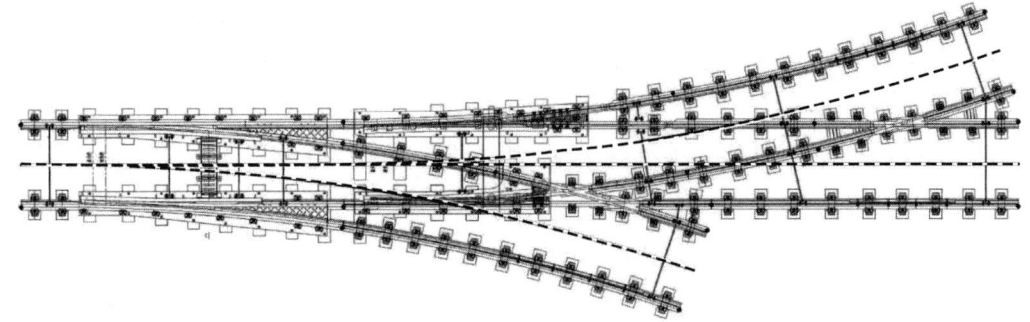

图 4-6 曲线型不对称三开道岔

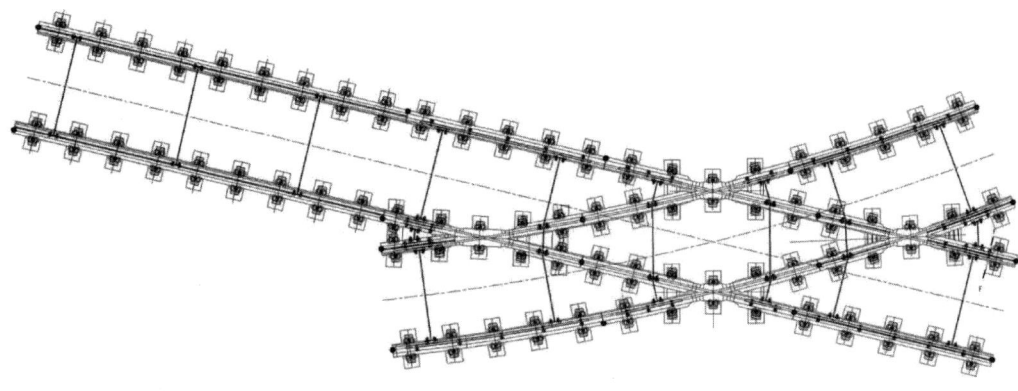

图 4-7 直曲菱形交叉

5) 渡线

渡线是指用以连接两条平行钢轨,使行驶于某路线的列车可以换轨至另外一条路线的一种道岔形式。有轨电车常用的渡线可以分为单渡线和交叉渡线。单渡线布置示意图如图 4-8 所示,可以看出其相当于两组单开道岔。交叉渡线布置示意图如图 4-9 所示,可以看出其相当于四组单开道岔以及中间一组菱形交叉。

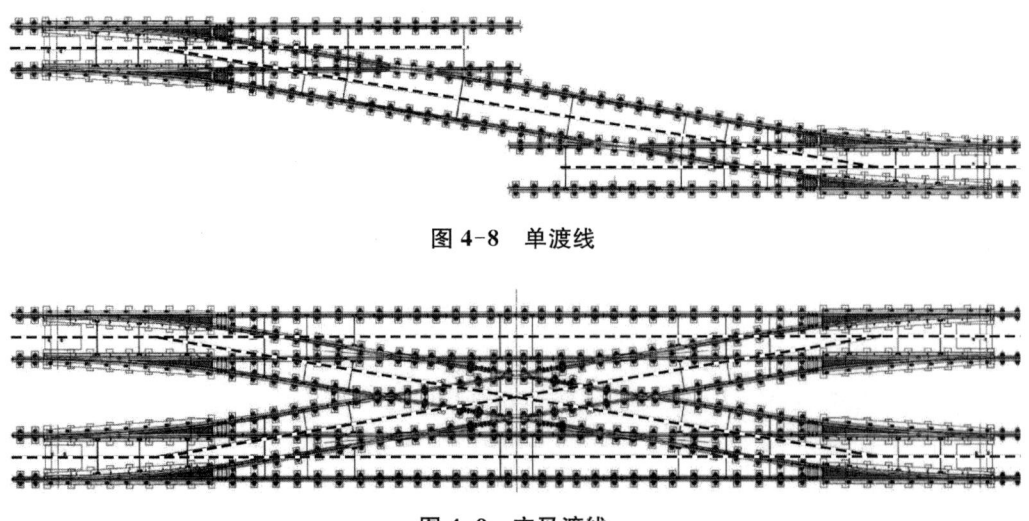

图 4-8 单渡线

图 4-9 交叉渡线

6) 梯形道岔

梯形道岔是将一直股钢轨和多个曲股钢轨相结合的道岔,因其形状像梯子或者梳子,因此被称为梯形道岔或梳子形道岔。该类道岔布置灵活,平面紧凑,可以在短距离内将车辆引导至各股岔道上,从而有效减小占地,所以其在车辆基地中被广泛使用。图 4-10 为一组 3 侧口梯形道岔布置示意图。

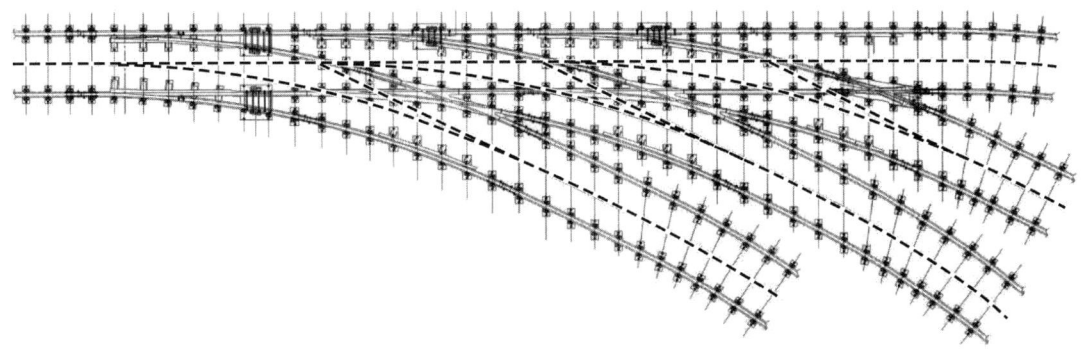

图 4-10 梯形道岔(3 侧口)

7) 特殊组合

有轨电车线位布置灵活,在一些特殊位置会根据实际情况采取一些特殊的道岔组合形式来满足线路以及运营等要求。图 4-11 为某种单开道岔与交叉的特殊组合布置示意图。

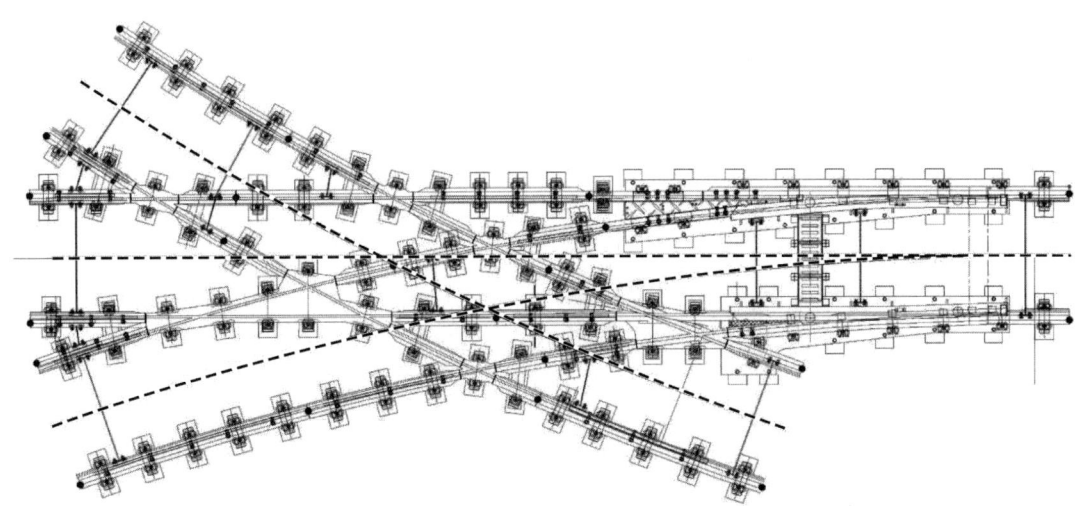

图 4-11 某种单开道岔与交叉的特殊组合

4.2 普通单开道岔构造

普通单开道岔是各类道岔中最简单、最基本的形式,由于其构造相对简单,由转辙器、辙叉及护轨以及连接部分组成(图 4-12),因而具有一定的代表性。道岔中所用的轨枕称为岔枕。

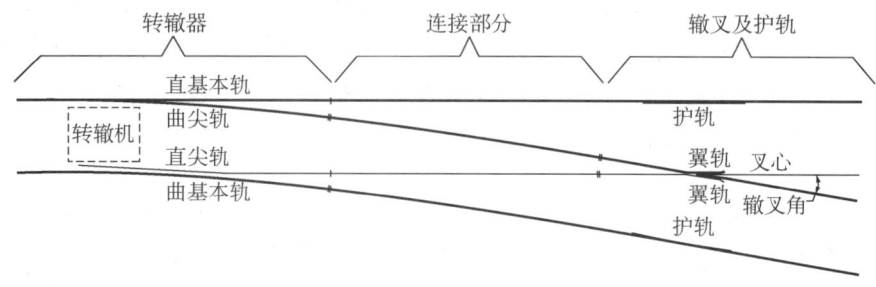

图 4-12　普通单开道岔的组成

1. 转辙器

转辙器是引导机车车辆沿主线方向或侧线方向行驶的一种线路设备，其由两根基本轨、两根尖轨、各种连接零件及道岔转换设备组成。

有轨电车一般采用埋入式结构，道岔面需进行铺装处理，因此道岔转辙器部分需进行特殊设计，主要有两种结构形式：拼装焊接型和整体型。

拼装焊接型转辙器设置通长垫板、通长滑台，它们与基本轨以及立墙联结成一体，构成封闭式结构，尖轨放置于通长滑台上。该类转辙器部件多，公差大，后期养护维修成本高，但造价较低，如图 4-13 所示。

整体型转辙器框架由钢坯机加工而成，一体化构造，该类转辙器整体性强、结构公差小，所用部件硬度相同，材质质密一致，后期易于维护，但是加工量大且复杂，造价较高，如图 4-14 所示。

图 4-13　拼装焊接型转辙器

图 4-14　整体型转辙器

为了防止杂物从转辙器上方进入,采用盖板挡住转辙器中后部空间,这也是为将来尖轨更换提供作业空间。

1) 基本轨

在拼装焊接型转辙器中,基本轨由标准断面的钢轨制成,通常采用与区间线路相同材质、相同型号的钢轨。一侧为直基本轨,一侧为曲基本轨。为了满足埋入式要求,需要将通长垫板、通长滑台以及立墙与基本轨焊接成框架,通长滑台具有滑床板功能,尖轨可在框架中滑动,如图 4-15 所示。

在整体型转辙器中,基本轨框架是一体化构造的,如图 4-16 所示。

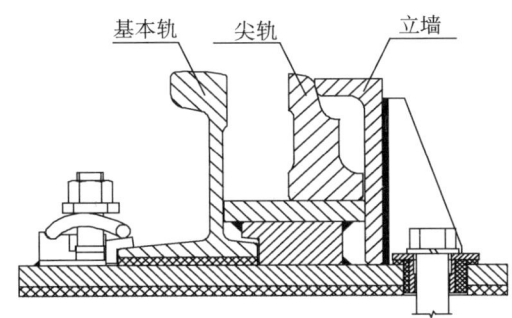

图 4-15 拼装焊接型转辙器基本轨和尖轨　　图 4-16 整体型转辙器基本轨和尖轨

基本轨除了承受车轮的垂直压力外,还与尖轨共同承受车轮的横向水平力。为了防止基本轨的横向移动,可在框架另一侧设置肋板或挡块,同时框架用螺栓固定。

为了增加钢轨表面硬度、提高耐磨性,并保持与尖轨良好的密贴状态,一般还会对基本轨的轨头顶面进行淬火处理。

立墙采用了特殊的折线形结构,此结构既能保证转辙器安装区域方正,又保证了尖轨所需的转换空间。另外,立墙起到了隔离路面材料、防止杂物入侵并为电动转辙机提供支承的作用。

2) 尖轨

尖轨是转辙器中的重要部件,依靠尖轨的扳动将列车引入正线或侧线方向。

(1) 尖轨平面线形

尖轨在平面上可分为直线型和曲线型。

直线型尖轨的工作边为一直线,可用于左开或右开单开道岔。其优点是结构简单,维修方便,现场备品数量少。其缺点是尖轨尖端轨距需要较大的加宽,从而影响列车沿正线运行的平稳性;转辙角较大,当列车逆向进入侧线时,轮缘对尖轨的冲击较大,会使列车产生较大晃动,导致旅客舒适度差。道岔较长,导曲线半径较小,直线尖轨一般较短。

曲线型尖轨的工作边除尖端前部有一小段直线外,其余均为圆曲线。曲线型尖轨有切线型、半切线型、割线型、半割线型几种。曲线型尖轨的优点是其冲击角小于直线型尖轨,列车运行平稳,旅客舒适度好,并且曲线型尖轨与导曲线的衔接较为圆顺,与同号码直线型尖轨相比,导曲线半径可以增大,侧向通过速度可以提高,道岔全长可以缩短。其缺点是左右开道岔不能通用互换,现场备品数量增加,加工较复杂。

两种尖轨形式各有优缺点,均可满足使用要求,从提高旅客舒适度、减少养护维修量等角度来看,曲线型尖轨对道岔结构更为有利,目前国内有轨电车道岔大多采用曲线型尖轨。

(2) 尖轨材质

目前,国内有轨电车已铺设的道岔尖轨按其材质主要分为 AT 尖轨、合金钢尖轨等,各种材质尖轨均能满足使用要求。我国地铁和国铁大多采用 AT 尖轨,且使用情况良好。合金钢尖轨相比于 AT 尖轨而言,具有硬度高、耐磨性好的优点,但造价较高。针对有轨电车轨道维修困难等情况,在造价允许的情况下,可选用耐磨性能更好的合金钢尖轨以延长尖轨的使用寿命。

(3) 尖轨结构形式

目前,国内有轨电车道岔正线普遍采用弹性可弯式结构。为了满足尖轨的可更换要求,有轨电车正线道岔尖轨处理过程中将尖轨嵌入滑床台或转辙器框架中(不同厂商设计不同),进行扣压固定,以方便维修或更换。弹性可弯式尖轨结构简单、坚固,易于现场维护保养,但需要的尖轨扳动力相对较大。

尖轨跟端采用新型斜接头可实现线路无缝连接,从而提高旅客的舒适度;当尖轨磨损后,拆卸起来较为方便,可快速更换尖轨。

为了限制尖轨尖端的伸缩位移,在尖轨跟端需设置限位装置,把温度力传递给基本轨。图 4-17 和图 4-18 分别为整体型及拼装焊接型转辙器弹性可弯式尖轨。

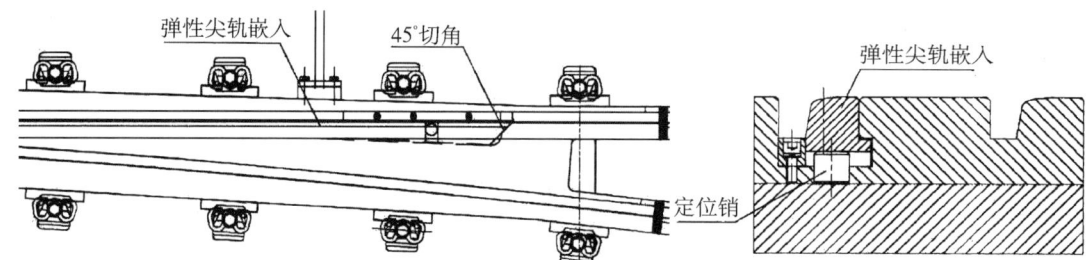

图 4-17　整体型转辙器弹性可弯式尖轨

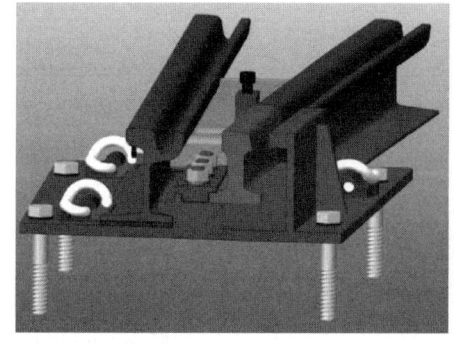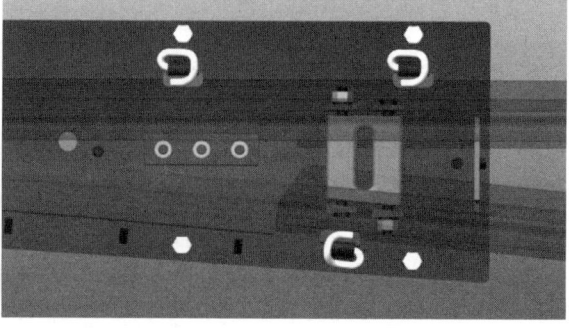

图 4-18　拼装焊接型转辙器弹性可弯式尖轨

3) 道岔转换设备

道岔转换设备一般由转辙机、连杆以及锁闭机构等组成。道岔拉杆连接 2 根尖轨并与转辙设备相连,以实现尖轨的摆动,又被称为转辙杆。

有轨电车转辙机同样是埋入式,需要预留转辙机坑,且坑底做好排水孔。

锁闭机构有内锁和外锁两种形式:内锁是通过转辙连杆在转辙机内部锁定,轮轨横向力由转辙机承受;外锁则是通过锁闭器实现尖轨与基本轨在牵引点处的锁闭,列车荷载由锁闭器承受。锁闭机构应具有使尖轨牢固锁闭和满足无缝线路尖轨伸缩的双重功能。由于有轨电车速度低,国内有轨电车道岔一般均采用内锁闭方式。

我国国铁和地铁道岔转辙机一般设于股道外侧,安装时占用道外空间。针对有轨电车埋入式轨道,有轨电车道岔采取将转辙机埋设安装于两股钢轨之间,以减少对道外空间的占用,如图 4-19 所示。

图 4-19 转辙机位置图

4) 转辙器排水

有轨电车道岔转辙器经特殊设计后形成封闭框架结构,但容易积水,故需增加排水装置。常规做法是在基本轨框架底部设置排水孔,其中尖轨尖端部位的水直接排入转辙器坑,然后在中间选择合适的部位,在其下方设置横沟,接入外部排水系统,如图 4-20 所示。

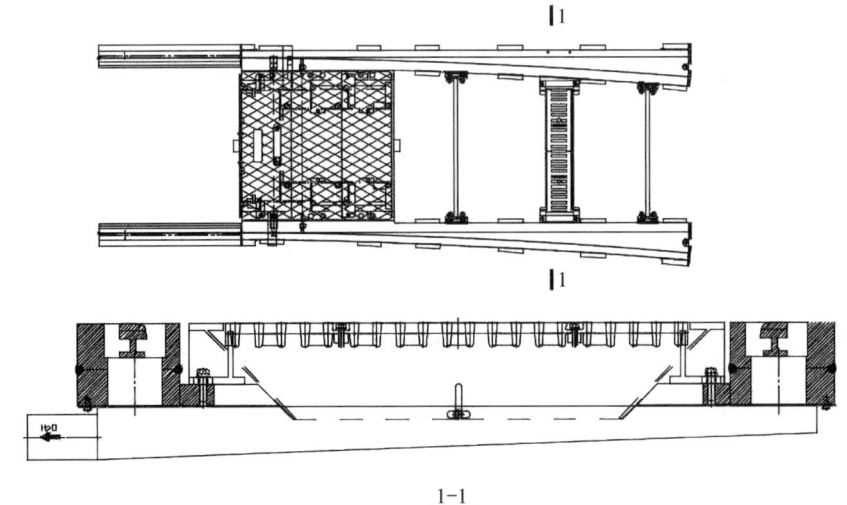

图 4-20 转辙器排水装置示意图

2. 辙叉及护轨

1) 辙叉

辙叉是使车轮由一股钢轨越过另一股钢轨的设备。辙叉由叉心、翼轨和连接零件组成。

(1) 辙叉平面线形

按平面线形分,辙叉有直线辙叉和曲线辙叉两类。曲线型道岔与普通道岔的主要区别就在于采用曲线型辙叉。直线型辙叉两工作边均为直线,其线形示意图以及实际构造示意图如图 4-21 和图 4-22 所示。

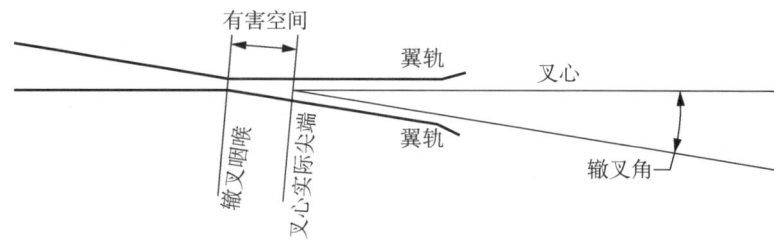

图 4-21 辙叉线形示意图

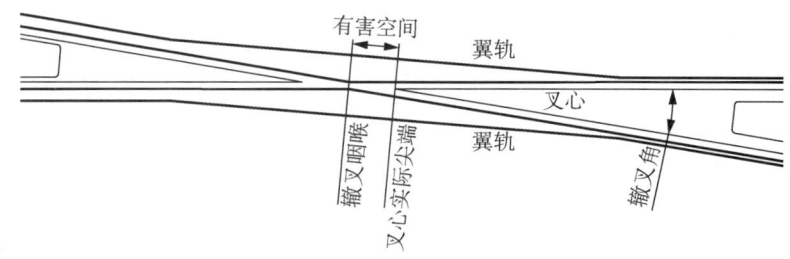

图 4-22 辙叉实际构造示意图

叉心两侧作用边之间的夹角称为辙叉角 α,其交点称为辙叉理论中心(理论尖端)。

单开道岔中,辙叉角小于 90°,所以将这类辙叉称为锐角辙叉。交叉渡线中有辙叉角大于 90°的钝角辙叉。

辙叉角 α 与道岔号数 N 之间的关系为

$$N = \cot \alpha \tag{4-1}$$

通常道岔号码越大,辙叉角越小;导曲线半径越大,侧向允许通过速度越高。

正线道岔号数的选用主要根据道岔的直、侧向容许通过速度的要求来确定。道岔直向通过速度一般根据道岔轨型、道岔结构、道岔锁闭的可靠性综合分析确定;道岔的侧向通过速度,一般受导曲线半径、尖轨冲击角等条件控制,通常不超过 20 km/h。目前,国内有轨电车正线均采用 6 号系列道岔,道岔全长约 15 m,导曲线半径为 50 m。

翼轨作用边开始弯折处被称为辙叉咽喉,是两翼轨作用边之间的最窄距离。从辙叉咽喉至实际尖端之间,有一段轨线中断的空隙,称为道岔的"有害空间"。道岔号数越大,辙叉角越小,有害空间就越大。当车轮通过较大的有害空间时,叉心容易受到撞击。为了保证车轮安全通过有害空间,必须在辙叉相对位置的两侧基本轨内侧设置护轨,借以引导车轮正确的行驶方向。

当车轮沿翼轨向叉心方向滚动时,轮轨接触点逐渐外移,锥形或磨耗踏面车轮重心将逐渐下降,当车轮离开翼轨完全滚到心轨后,又恢复到原来的高度,因此,产生了相当于轨道高低及横向不平顺,这种不平顺是由道岔结构引起的,称为结构不平顺。反之,列车顺向运行时,也会产生结构不平顺,这是限制列车过岔速度的主要因素之一。为了减少结构不平顺,同时防止叉心前端较薄弱的部分承受列车荷载,采用了提高翼轨顶面和降低叉心前端顶面的做法,使翼轨和叉心顶面之间保持必要的相对高差。

(2) 辙叉构造类型

辙叉按构造类型分,有固定型辙叉和可动型辙叉两种。目前,国内地铁使用的道岔主要采用固定型整铸辙叉,它具有整体性好、养护维修方便、价格低的优点,但存在轨线中断的有害空间,因而列车通过时的冲击振动较大。

可动型辙叉由于消除了有害空间,故可减轻列车冲击和噪声,并且提高直向通过速度,旅客舒适度好,但可动型辙叉比固定型辙叉在长度上有所增加,且需增加转换设备,故造价高。我国高铁普遍采用可动型辙叉。

有轨电车道岔号数小,可动辙叉工电接口复杂,埋入式轨道结构不利于工电结合部的处理,后期养护维修困难,且造价高。鉴于有轨电车旅行速度低,固定型辙叉能够满足使用要求,因此目前国内有轨电车均采用固定型辙叉,如图 4-23 所示。

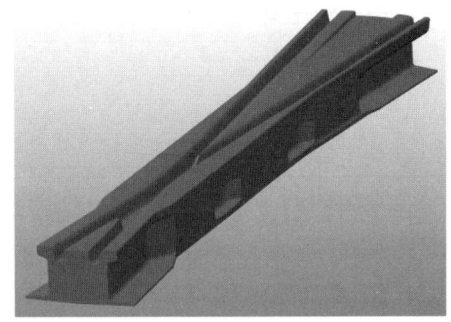

图 4-23　固定型辙叉

(3) 辙叉材质

辙叉材质主要有高锰钢和合金钢两种。高锰钢材质以其较低的成本、优秀的裂纹延展性等特点被广泛应用于地铁和国铁辙叉中。高锰钢具有加工硬化的特性,由于有轨电车轴重轻、速度慢,高锰钢硬度提高慢,故易造成辙叉初期严重磨耗,但可通过喷丸、爆炸硬化等手段对高锰钢进行预硬化,加厚硬化层厚度,以降低初期磨耗。合金钢硬度高,具有较强的耐磨性,但成本较高。结合埋入式轨道养护维修困难的特点,辙叉在材质上可选用耐磨好、硬度高的合金钢,也可选用经过预硬化处理的高锰钢。目前,国内有轨电车道岔辙叉对于这两种材质均有所采用。

2) 护轨

有轨电车道岔护轨大体可分为两种形式:焊接式和组装式。焊接式护轨主要在基本轨 U 形侧边进行堆焊,如图 4-24 所示;组装式护轨主要采用钢板或钢轨与基本轨组装整合在一起,如图 4-25 所示。组装式护轨的结构与种类较多。两种形式的护轨在国内有轨电车中均有所采用。

3. 连接部分

连接部分是转辙器和辙叉之间的连接线路,包括直股连接线和曲股连接线(亦称为导曲线或导轨)。直股连接线与区间线路

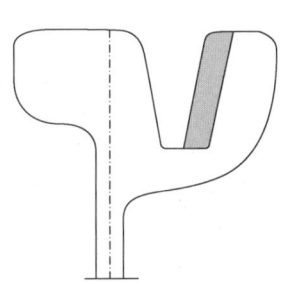

图 4-24　焊接式护轨

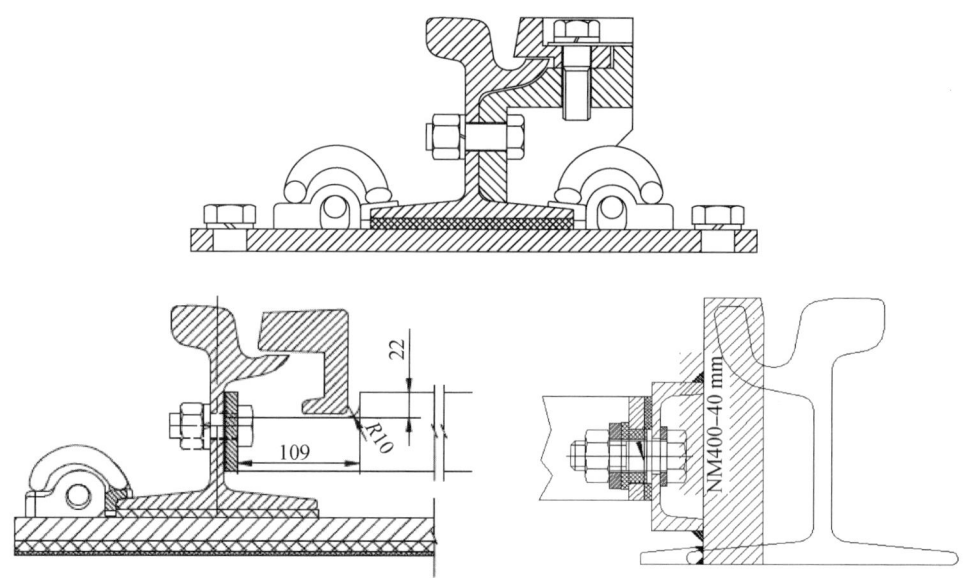

图 4-25 组装式护轨

构造基本相同。

导曲线的平面形式一般是圆曲线。当转辙器尖轨或辙叉为曲线型时,尖轨或辙叉本身就是导曲线的一部分,在确定导曲线平面形式时,应将尖轨或辙叉的平面形式一并考虑,圆曲线两端一般不设缓和曲线。

导曲线由于长度及限界的限制,一般不设超高。为了防止导曲线钢轨在动荷载作用下的外倾及轨距扩大,可设置一定数量的轨撑或轨距拉杆。

连接部分配轨时要满足对接接头的要求,并尽量采用 12.5 m 或 25 m 长的标准钢轨。

4. 跨区间无缝线路的适应性

为了减少轮轨冲击的振动和噪声,以及埋入式轨道带来的养护维修困难,提高轨道的平顺性和旅客舒适度,延长轨道使用寿命,有轨电车轨道有必要实施跨区间无缝线路。

跨区间无缝线路的关键技术是无缝道岔。无缝道岔内所有的钢轨接头都被焊接或冻结在一起,而道岔与相邻两端线路也必须焊接。随着轨温升降,无缝道岔将相邻两端线路钢轨承受的温度力,通过相关部件在无缝道岔各钢轨间传递。同时,无缝道岔还承受着附加温度力的作用。由于无缝道岔受力复杂,因此需要进行道岔强度和稳定性的检算。另外,在温度变化下还要限制道岔尖轨的过量伸缩,以免影响尖轨的正常扳动,通常在辙跟结构采取设置限位器、间隔铁等措施来限制尖轨伸缩位移,如图 4-26 所示。

虽然可以通过焊接、冻结、胶接等手段实现无缝化,但冻结和胶接效果不佳,未被推广使用。焊接无

图 4-26 尖轨跟部限位器

缝道岔的关键技术是辙叉与钢轨的焊接,由于二者材质不同,焊接时需加中间过渡材料,目前国内可通过铝热焊实现二者的焊接。

5. 道岔轨枕与道床

目前,国内有轨电车正线道岔一般采用整体道床;车辆段、停车场一般采用碎石道床,偶尔根据景观要求,也有采用整体道床的情况。碎石道床线路目前普遍采用混凝土岔枕。整体道床线路目前主要有短岔枕式、长岔枕式和无枕式三种。

短岔枕为钢筋混凝土结构,其底部伸出的钢筋与整体道床相连。短岔枕的尺寸依据道岔不同平面位置进行配置。短岔枕的优点是结构简单、造价低,但其种类多,组装不方便,施工速度较慢,在道岔道床施工过程中对短轨枕的平整性提出了较高要求,若遗留短轨枕倾斜等病害,在后期运营过程中,由于短轨枕不平整,将对道岔转辙增加附加阻力,致使尖轨磨耗较快。道岔的铺设施工精度将对道岔的养护维修工作量起到决定性的控制作用。因此,道岔在施工过程中应严格保证短轨枕岔枕的铺设精度(图4-27)。

图4-27 短岔枕式整体道床

图4-28 长岔枕式整体道床

长岔枕为预应力钢筋混凝土结构,岔枕下部预留有桁架钢筋,从而加强与整体道床的连接。其优点是结构强度高、稳定性好,有利于保持道岔几何形位,保证道岔施工质量,施工速度快;缺点是造价偏高(图4-28)。

无枕式为不设置轨枕,直接将道岔扣件浇筑于整体道床上。其优点是节省岔枕费用,减少岔枕与道床界面裂缝的产生;缺点是道岔结构强度及稳定性不如岔枕式好,且有必要加强施工质量,控制道岔铺设精度(图4-29)。

以上三种形式国内有轨电车均有所采用,具体选型时应结合道岔设计、造价等因素综合考虑。

图4-29 无枕式整体道床

6. 现代有轨电车槽型轨 6 号标准单开道岔

6 号标准单开道岔一般用在轨道正线,直线通过速度最高为 80 km/h,侧向通过速度要求为 20 km/h,轨下基础为混凝土整体道床,是目前有轨电车线路上应用最为广泛的一种道岔。

1) 平面几何尺寸

有轨电车槽型轨 6 号标准单开道岔平面示意图如图 4-30 所示,具体的平面几何尺寸如下:

(1) 轨距为 1 435 mm,轨距测量点距轨顶面 14 mm;

(2) 道岔全长 15.650 m,道岔前长 4.226 m,道岔后长 11.424 m,不同厂商尺寸略有不同;

(3) 导曲线半径 $R=50$ m,采用单圆曲线;

(4) 尖轨采用半切线型,切点在 20 mm 断面。

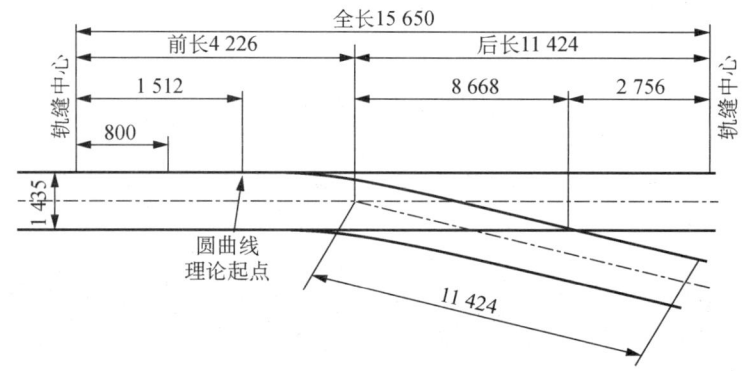

图 4-30　6 号标准单开道岔平面示意图(单位:mm)

2) 牵引点设置

在道岔尖轨处设一个牵引点,牵引点距尖轨尖端 450 mm,距理论弯折中心 2 700 mm。牵引点设计动程 50 mm,尖轨尖端开口 58 mm。

4.3　交叉及梯形道岔

交叉和梯形道岔是有轨电车线路中的常见道岔,也是有轨电车的"特色"道岔。

1. 交叉

轨道交通中的专业术语交叉是指两条直线轨道在同一平面上相交所形成的区域。交叉由四副辙叉和连接钢轨组成,一般分为直角交叉和菱形交叉。交叉在有轨电车中的应用主要分为两种:一种是交叉渡线中有一组菱形交叉;另一种是两条或两条以上不同线路的平面交叉,可细分为垂直交叉和菱形交叉(图 4-31)。交叉的具体形式主要还是依据多条线路实际交叉线型进行设计。

交叉中的辙叉可分为深槽设计和浅槽设计。辙叉深槽设计意味着车轮以常规方式,即以其踏面接触钢轨轨头面通过辙叉,如图 4-32 所示;辙叉浅槽设计是指车轮以其轮缘

(a) 菱形交叉

(b) 垂直交叉

图 4-31　有轨电车中的交叉分类

接触钢轨轮缘槽通过辙叉，如图 4-33 所示。辙叉浅槽设计降低了列车通过的安全性，对过岔速度会有较大限制，因此要尽可能减少交叉中浅槽辙叉的使用。

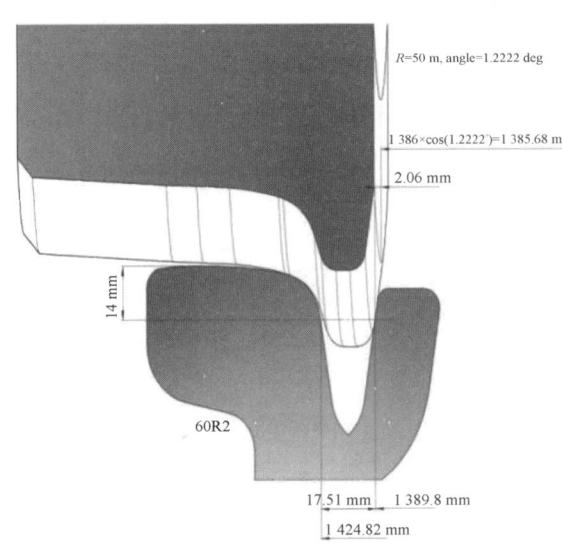

图 4-32　深槽设计

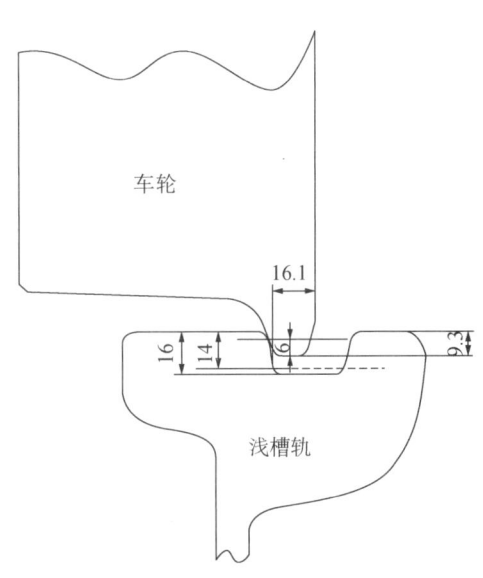

图 4-33　浅槽设计(单位：mm)

　　但当交叉角度过大时，车轮在脱离叉心后，将首先落入轮缘槽，然后再冲上翼轨（或心轨），即出现"轨线中断"的现象。此时需要将交叉范围内的轮缘槽深度改为浅槽，以保证列车运行的平顺性及安全性。具体应依据轮对参数、辙叉角及辙叉尺寸等进行线槽设计。图 4-34 为菱形交叉中的浅槽和深槽。

(a) 浅槽

(b) 深槽

图 4-34　菱形交叉中的浅槽和深槽

对于辙叉浅槽设计,为了保证从车轮内侧踏面过渡到轮缘及由轨缘过渡到内侧踏面时乘客的舒适性,过车速度限制在 15 km/h。

直角交叉中,轮对进入轮缘槽后会冲击钢轨,如图 4-35 所示,故辙叉一般为浅槽设计,如图 4-36 所示。

图 4-35　直角交叉轮对通过情况

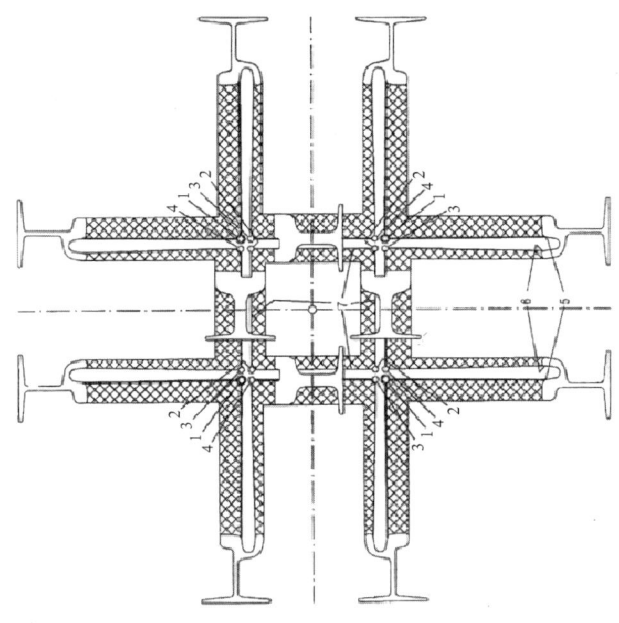

图 4-36　直角交叉浅槽设计

2. 梯形道岔

梯形道岔是将一直股钢轨和多个曲股钢轨相结合的道岔,如图 4-37 所示。一般用在车辆基地中。

在梯形道岔中,第一个转辙机部分正常设置两个尖轨,在其后的转辙机中,只有外侧

(a) 梯形道岔实物　　　　(b) 车辆基地中使用梯形道岔

图 4-37　梯形道岔

尖轨保留,以引导车辆转弯,内侧尖轨与辙叉共同组成了一个有三个叉心的"辙叉",如图 4-38 所示。

为了能够对三叉心"辙叉"进行保护,避免护轨处在邻近尖轨扳动范围内,对尖轨转换造成影响,故一般每个出岔口曲线半径为 25 m、曲线间距为 5.5 m,侧向允许最大通过速度为 10 km/h。由于需求统一,故可采用标准化制造,经济性好。当受场地等因素制约,出岔口曲线线型变动时,梯形道岔需进行特殊设计。

梯形道岔的选型不同于普通单开道岔,其与站场线形相互制约,因此必须结合站场线形、建筑布局、车辆等因素综合考虑,避免因线型的不协调导致梯形道岔设计难度和制造成本的增加,这样才能充分发挥梯形道岔真正的综合经济效益。

图 4-38　三叉心"辙叉"

4.4　道岔主要设计参数

1. 查照间隔

查照间隔包含 D_1 及 D_2 两个参数。

D_1 是护轨作用边至心轨作用边的距离,其确定的原则是最大宽度的轮对通过辙叉时,一侧轮缘受护轨的引导,而另一侧轮缘不冲击叉心或滚入另一线。这时最不利的组合为

$$D_1 \geqslant (T+d)_{\max} \tag{4-1}$$

式中 T——轮背距；

d——轮缘厚度。

实际计算时须考虑最大正公差，以及由车辆荷载等原因导致的轮背距增大的情况。

D_2 是护轨作用边至翼轨作用边的距离，其确定的原则是最小宽度的轮对直向通过时不被卡住，必须有：

$$D_2 \leqslant T_{\min} \tag{4-2}$$

式中，$T_{\min}$ 为最小轮背距。实际计算时须考虑最大负公差，以及由车辆荷载等原因导致的轮背距减小的情况。

显然，D_1 只能有正误差，不能有负误差；D_2 只能有负误差。

深槽状态下，车轮以常规方式通过辙叉，T 和 d 均取正常接触踏面上的轮背距和轮缘厚度。浅槽状态下，考虑磨耗后的轮缘槽深度不应大于受压变形后的轮缘高度。此时，车轮由踏面接触改为轮缘接触，T 和 d 应取轮缘接触面处的轮背距和轮缘底部的厚度。辙叉及护轨相关设计参数如图 4-39 所示。

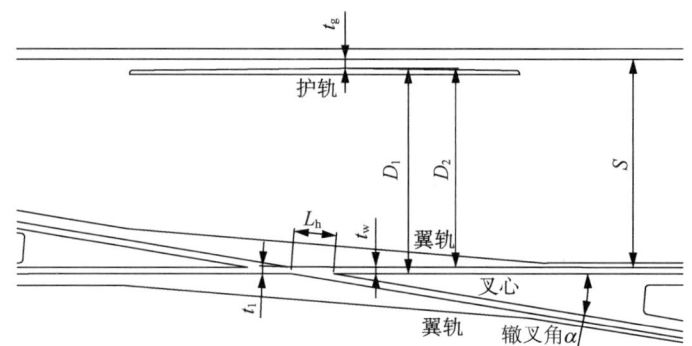

图 4-39　辙叉及护轨相关设计参数

2. 辙叉咽喉轮缘槽

辙叉咽喉轮缘槽确定的原则是保证最小宽度的轮对一侧车轮轮缘紧贴基本轨时，另一侧车轮轮缘能够顺利通过而不冲击翼轨咽喉弯折点（图 4-39）。这时最不利的组合为

$$t_1 \geqslant S_{\max} - (T+d)_{\min} \tag{4-3}$$

式中 t_1——辙叉咽喉轮缘槽宽度；

$S_{\max}$——考虑最大正公差后的轨距；

$(T+d)_{\min}$——最小轮背距与最小轮缘厚度之和。

实际计算时须考虑最大负公差，以及由车辆荷载等原因导致的轮背距减小的情况。

另外，t_1 不宜过宽，否则将增大有害空间，这是十分没有必要的。同时，在浅槽状态下考虑车轮自护，t_1 应根据情况适当缩小。

3. 护轨平直段轮缘槽

护轨中间平直段轮缘槽应确保查照间隔 D_1 不超出规定的容许范围（图 4-39），计算公式为

$$t_g = S - D_1 - 2 \tag{4-4}$$

式中,S 为标准轨距 1 435 mm;定值 2 mm 为护轨侧面磨耗限度。深槽和浅槽计算时应分别根据各状态下的轮背距和轮缘厚度计算查照间隔 D_1。

4. 辙叉翼轨平直段轮缘槽

在护轨平直段轮缘槽已经确定的前提下,能使具有最小内侧距的轮对自由地通过辙叉,即满足辙叉查照间隔 D_2 的要求(图 4-39),则

$$t_w \geqslant S - (D_2 + t_g) \tag{4-5}$$

深槽和浅槽计算时应分别根据各状态下的轮背距和轮缘厚度计算查照间隔 D_2。

5. 有害空间

辙叉的有害空间长度可采用式(4-6)计算:

$$L_h = (t_1 + b_1)/\sin\alpha \tag{4-6}$$

式中,b_1 为叉心实际尖端宽度。因为辙叉角 α 很小,可近似地取 $1/\sin\alpha = 1/\tan\alpha = \cot\alpha = N$,所以式(4-6)可改写成:

$$L_h = (t_1 + b_1)N \tag{4-7}$$

式中,N 为道岔辙叉角。

6. 浅槽状态轨距

在深槽设计的标准轨距(1 435 mm)下,单侧轮轨的游离间隙如图 4-40 所示。

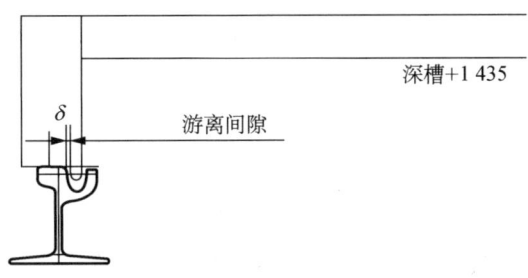

图 4-40 深槽游离间隙示意图

当轮缘槽设置为浅槽时,轮对抬高,轮缘厚度减小,轮轨游离间隙变大,如图 4-41 所示。

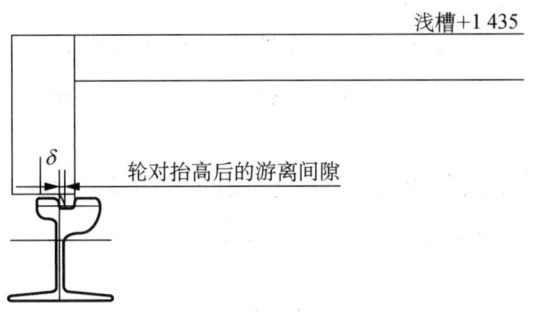

图 4-41 浅槽游离间隙示意图

为了使浅槽的车辆游离间隙与深槽一致，需将每侧工作边向中心缩减，并根据实际情况选取合适的轨距。

7. 过岔速度引起的安全性参数

1) 尖轨及护轨的冲击角

机车车辆进入尖轨或护轨时，车辆与钢轨必然会发生撞击，此时车体中的一部分动能将转变为对钢轨的挤压和机车车辆走行部分横向弹性变形的势能，即动能损失。动能损失过大会影响旅行的舒适度和道岔结构的稳定性，并降低其使用寿命，因此动能损失必须被限制在容许范围之内。

假定撞击前后车体质量 m 为常量，并近似地把车体视为一个作用于冲击部位的质点，同时略去道岔被冲击后的弹性变形，那么车辆与钢轨撞击时的动能损失将正比于车体运行速度损失的平方。如图 4-42 所示，当机车车辆逆向进入曲线时，车轮在 A 点与尖轨撞击后，运行方向被迫发生改变，运行方向上的速度由 v 变成 $v\cos\beta$（β 为冲击角），速度损失为 $v\sin\beta$，因此撞击时的动能损失 ω 为

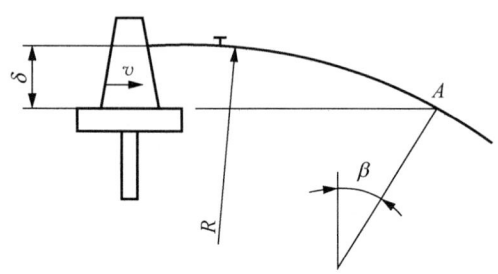

图 4-42 曲线尖轨冲击角

$$\omega = \frac{1}{2} m v^2 \sin^2\beta \qquad (4-8)$$

从工程实用的角度出发，取与速度有关的部分表示动能损失，即动能损失表示为

$$\omega = v^2 \sin^2\beta \qquad (4-9)$$

则冲击角的表达式为

$$\beta = \sin^{-1}\frac{\sqrt{\omega}}{v} \qquad (4-10)$$

为了防止轮轨撞击导致动能损失过大，必须把 ω 限制在一个容许范围内，即有了一个容许值 ω_0。目前，我国的道岔设计中规定动能损失的容许值 $\omega_0 = 0.65 \text{ km}^2/\text{h}^2$。由此可得到冲击角的取值范围。

2) 未被平衡的离心加速度及其增量

除了动能损失以外，道岔设计中还用未被平衡的离心加速度、未被平衡的离心加速度增量来表示列车运行在道岔侧线上所产生的横向力的不利影响。

（1）未被平衡的离心加速度 a

道岔导曲线一般采用圆曲线，且导曲线一般不设超高。因此，列车在导曲线上运行时，将产生未被平衡的离心加速度 a，其计算式为

$$a = \frac{v^2}{R} \qquad (4-11)$$

为了保证列车能平稳地通过道岔,并满足乘客舒适度的要求,离心加速度 a 必须小于容许值 a_0。我国建议 a_0 取值范围为 $0.5\sim 0.65\ \mathrm{m/s^2}$。离心加速度建立起了速度与道岔导曲线半径的直接联系,可以反映列车通过圆曲线时的舒适度,国内外在道岔平面设计中均采用了该指标。有轨电车道岔号码较小,a_0 可取为 $0.65\ \mathrm{m/s^2}$。

(2)未被平衡的离心加速度增量 ψ

车辆从直线进入圆曲线时,未被平衡的离心加速度是渐变的,其单位时间内的增量 $\psi=\dfrac{\mathrm{d}a}{\mathrm{d}t}$。同样,$\psi$ 也必须控制在一个容许值 ψ_0 之内,我国规定 $\psi_0=0.5\ \mathrm{m/s^3}$。未被平衡的离心加速度增量可以近似地假定为在车辆全轴距范围内完成,当导曲线不设超高时,ψ 可采用式(4-12)计算:

$$\psi=\frac{\mathrm{d}a}{\mathrm{d}t}=\frac{v^3}{RL} \tag{4-12}$$

式中,L 为车辆全轴距。

4.5 道岔平面总布置图

1. 道岔平面总布置图的内容

道岔平面总布置图设计包括以下主要内容:道岔主要尺寸计算、配轨计算、导曲线支距的计算、各部分轨距的计算、岔枕布置、绘制道岔布置总图和提出材料数量表。其中,道岔主要尺寸计算包括:转辙器、辙叉主要尺寸、尖轨前基本轨长度、道岔前长、道岔后长、道岔理论全长、道岔实际全长以及导曲线后插直线长等。详细的计算方法参照道岔相关教材,此处不再赘述。

2. 国内有轨电车项目道岔设计

随着有轨电车的发展,道岔种类也逐渐增多,通过对国内部分有轨电车项目道岔平面设计案例的整理,汇总结果如表 4-1 所列。

表 4-1 国内部分有轨电车道岔设计

编号	轨型	全长/mm	尖轨前基本轨长度/mm	道岔前长/mm	道岔后长/mm	辙叉角	导曲线半径/mm	设计年月	工程名
1	50-3 单开	9 860	810	5 025	4 835	22°19′16″	25 717.5	2013.8	
2	60R2-6 单开(试车线及存车线)	14 500		4 051	10 449	9°27′44″	50 717.5	2013.8	苏州有轨电车
3	60R2-6 单开	15 650	1 300	4 788	10 862	9°27′44″	50 717.5	2013.8	
4	60R2-6 单渡 4 m	33 576	1 300	4 788	10 862	9°27′44″	50 717.5	2013.8	
5	60R2-2.44 单开 I 型	14 360	3 998	8 835	5 525	22°19′16″	25 000	2017.10	松江有轨电车

(续表)

编号	轨型	全长/mm	尖轨前基本轨长度/mm	道岔前长/mm	道岔后长/mm	辙叉角	导曲线半径/mm	设计年月	工程名
6	60R2-2.44 单开Ⅱ型	12 800	2 438	7 275	5 525	22°19′16″	25 000	2017.10	松江有轨电车
7	60R2-3.26 单开Ⅰ型	15 650	1 300	8 150	7 500	17°3′42″	50 000	2016.10	松江有轨电车
8	60R2-3.26 单开Ⅱ型	18 037	1 300	8 150	9 887	17°3′42″	50 000	2016.10	松江有轨电车
9	60R2-3.26 单开Ⅲ型	15 679	1 300	9 196	2 007+4 476	17°3′42″	50 000	2017.01	松江有轨电车
10	60R2-R35 m 单开	12 821	1 395	6 778	6 043	19°33′32″	35 000	2018.04	松江有轨电车
11	60R2-3.26 单开	15 650	1 300	8 150	7 500	17°3′42″	50 000	2014.07	淮安有轨电车
12	60R2-6 交渡 7.3 m	53 375	1 300	4 788	10 862	9°27′44″	50 717.5	2014.07	淮安有轨电车
13	60R2-6 单开	15 650	800	4 226	11 424	9°27′44″	50 717.5	2015.11	汉阳有轨电车
14	60R2-6 交渡 3.8 m	31 252	800	4 226	11 424	9°27′44″	50 717.5	2015.11	汉阳有轨电车
15	60R2-6 交渡 5.95 m	44 152	800	4 226	11 424	9°27′44″	50 717.5	2015.11	汉阳有轨电车
16	50-6 单开	15 050	820	4 226	10 824	9°27′44″	50 717.5	2015.11	汉阳有轨电车
17	60R2-6 单开	16 673	1 201	4 760	11 913	9°27′44″	50 717.5	2016.06	东湖有轨电车
18	60R2-6 单开（曲尖轨）	15 216	1 201	6 610	8 606	13°38′0″	50 717.5	2016.06	东湖有轨电车
19	60R2-6 单渡 3.8 m	32 320	1 201	4 760	11 913	9°27′44″	50 717.5	2016.06	东湖有轨电车
20	60R2-6 单渡 4 m	33 520	1 201	4 760	11 913	9°27′44″	50 717.5	2016.06	东湖有轨电车
21	60R2-3.26 单开	12 420	1 491	4 734	7 686	17°3′42″	25 717.5	2016.08	东湖有轨电车
22	60R2-6 单开	15 650	1 150	4 788	10 862	9°27′44″	50 717.5	2018.07	成都有轨电车
23	60R2-6 单渡 4 m	33 576	1 150	4 788	10 862	9°27′44″	50 717.5	2018.07	成都有轨电车
24	60R2-6 交渡 7.75 m	56 076	1 150	4 788	10 862	9°27′44″	50 717.5	2018.07	成都有轨电车
25	60R2-6 双开对称	12 118	1 455	5 398	6 720	19°55′29″	50 717.5	2018.07	成都有轨电车
26	60R2-R35 m 单开	13 060	1 200	6 909	6 151	19°57′15″	35 000	2018.10	成都有轨电车
27	60R2-R50 m 单开	14 329	1 200	7 342	6 987	15°55′16″	50 000	2018.10	成都有轨电车
28	50-梯形道岔（5 开口）	31 862	723.5	5 811	4 051	26°10′9″	25 000	2018.10	成都有轨电车
29	50-梯形道岔（6 开口）	37 362	723.5	5 811	4 051	26°10′9″	25 000	2018.10	成都有轨电车
30	50-梯形道岔（7 开口）	42 862	723.5	5 811	4 051	26°10′9″	25 000	2018.10	成都有轨电车
31	50-3 单开	9 860	716	4 931	4 929	22°19′16″	25 717.5	2018.05	成都有轨电车
32	50-3 单渡 4 m	19 579	716	4 931	4 929	22°19′16″	25 717.5	2018.05	成都有轨电车

(续表)

编号	轨型	全长/mm	尖轨前基本轨长度/mm	道岔前长/mm	道岔后长/mm	辙叉角	导曲线半径/mm	设计年月	工程名
33	50-3 单渡 4.2 m	20 066	716	4 931	4 929	22°19′16″	25 717.5	2018.05	
34	50-梯形道岔（3开口）	20 862	723.5	5 811	4 051	26°10′9″	25 000	2018.10	
35	50-梯形道岔（4开口）	26 362	723.5	5 811	4 051	26°10′9″	25 000	2018.10	成都有轨电车
36	60R2-3 单开	10 380	847.5	5 288	5 092	22°10′9″	25 000	2018.10	
37	60R2-3 单渡 4 m	20 392	847.5	5 288	5 092	22°10′9″	25 000	2018.10	
38	60R2-梯形道岔（3开口）	16 493	847.5	6 200	4 793	26°10′9″	25 000	2018.10	
39	60-3.26 单开	15 454	800	7 950	7 504	17°3′42″	50 717.5	2019.09	
40	60-6 单开	16 460	800	4 588	11 872	9°27′44″	50 717.5	2019.09	东莞华为有轨电车
41	60-R40 单开	14 430	800	7 153	7 277	19°1′32″	40 717.5	2019.09	
42	60-6 单渡 4 m	33 176	800	4 588	11 872	9°27′44″	50 717.5	2019.09	
43	60-6 单渡 4.2 m	34 376	800	4 588	11 872	9°27′44″	50 717.5	2019.09	
44	60R2-6 单开	15 250	1 162	4 800	10 450	9°27′44″	50 717.5	2014.02	珠海有轨电车（50-3 单开、50-3 单渡 4 m、50-3 单渡 4.2 m 同成都有轨电车）
45	60R2-6 单渡 3.8 m	32 400	1 162	4 800	10 450	9°27′44″	50 717.5	2014.02	
46	60R2-6 单渡 4 m	33 600	1 162	4 800	10 450	9°27′44″	50 717.5	2014.02	
47	60R2-6 交渡 8.8 m	62 400	1 162	4 800	10 450	9°27′44″	50 717.5	2014.02	
48	50-6 单开	14 794	1 162	4 800	9 994	9°27′44″	50 717.5	2014.02	

4.6 道岔控制方式

通常，道岔控制可分为手动（非电动）控制及电动控制两种控制方式。

1. 手动（非电动）方式

有轨电车项目道岔号码较小、运营速度较低且运行交路固定。为了降低成本，部分道岔可以采用人工直接或间接操纵机械转换设备或采用弹性可挤机械式转辙器完成道岔的转换。

1) 顺向弹性可挤式道岔

当采用顺向弹性可挤式道岔时，折返站可以不设置道岔转辙器，利用道岔自身结构特点及附带的弹簧装置，在电车车轮侧向力的作用下，自动完成道岔直向和侧向转换，使有轨电车完成转线作业。顺向弹性可挤式道岔如图 4-43 所示。

在折返站设置弹性可挤式道岔，道岔常态为

图 4-43 顺向弹性可挤式道岔

开通侧向位置，电车从站台位置开始由岔后直向通过道岔时，道岔被挤到直向位置，电车通过道岔进入折返线后，道岔恢复至原位，然后电车从折返线进入另一侧站台位置，完成折返。

2）弹性可挤机械式转辙器

与采用弹性可挤式道岔类似，在普通道岔岔尖处安装弹性可挤机械式转辙器同样可以实现该功能。

图 4-44 弹性可挤机械式转辙器

弹性可挤机械式转辙器在欧洲有轨电车线路上被广泛使用（图 4-44），它无须电动控制，当电车从岔后经过时，通过电车轮对的侧向力，将道岔岔尖挤到需要的位置。同时，根据所处线路配置形式和道岔设置位置的不同，转辙器可调节为自动恢复原位和不恢复两种状态。

此外，在线路上设置的不需要经常搬动的道岔，如临时折返道岔，当正常运行方式为电车从岔后通过时，则大多可以配置此类转辙器。由于该类转辙器无须设置集中控制系统，故可降低成本。因此，在正线的车站配线设计时，建议折返渡线尽量按电车从岔后通过为正常的运行方向。

该转辙器可以人工对道岔进行扳动，如在临时折返道岔处，当电车因故临时反向（或面向岔尖）运行时，如果此时道岔开通位置不正确，则可由司机通过专用的铁尺伸入转辙器的缝隙，将道岔扳到所需位置。同时，该类转辙器可装在普通道岔上，道岔无须特殊设计，且道岔转到需要的位置时有锁闭功能，可保证电车安全通过。

2. 电动方式

电动控制方式也分为多种：控制中心自动控制、司机遥控控制、轨旁现地自动控制、轨旁现地手动控制、调度室手动控制等。

第 5 章 无 缝 线 路

无缝线路是把标准长度的钢轨焊连而成的长钢轨线路,又称焊接长钢轨线路(Continuous Welded Rail,CWR),是当今轨道结构的一项重要技术,是与城市轨道交通尤其是有轨电车相适应的轨道结构。

为了提高列车运行的平顺性,减少振动噪声,提高轨道结构的寿命,一般地,有轨电车除道岔区外,正线全线铺设温度应力式无缝线路。道岔区的钢轨接头采用冻结方式,以减少因钢轨接头产生的振动和噪声。车场线尽可能铺设长轨条,以减少钢轨接头。

5.1 无缝线路基本原理

5.1.1 钢轨温度应力和温度力

一根长度为 l 可自由伸缩的钢轨,当轨温变化 Δt 时,其伸缩量为

$$\Delta l = a \cdot l \cdot \Delta t \tag{5-1}$$

式中 a——钢轨线膨胀系数,一般取 $11.8 \times 10^{-6}/℃$;

l——钢轨长度,mm;

Δt——轨稳变化幅度,℃。

如果钢轨完全被固定,不能随轨温变化而自由伸缩,则将在钢轨内部产生温度应力 σ_t 为

$$\sigma_t = E \cdot \varepsilon_t = E \frac{\Delta l}{l} = E \cdot a \cdot \Delta t \tag{5-2}$$

式中 E——钢轨弹性模量,一般取 $E = 2.1 \times 10^5$ MPa;

ε_t——钢的温度应变。

若将上述 E,a 的值代入式(5-2)可得

$$\sigma_t = 2.48 \Delta t \text{ (MPa)} \tag{5-3}$$

则一根钢轨所受温度力 P_t 为

$$P_t = \sigma_t \cdot F = 2.48 \Delta t \cdot F \text{ (N)} \tag{5-4}$$

式中,F 为钢轨横截面积,mm²。

5.1.2 锁定轨温

锁定轨温实际上指的就是零应力轨温(Stress Free Temperature，SFT)，可分为设计锁定轨温、施工锁定轨温和实际锁定轨温三种。

1. 设计锁定轨温

设计锁定轨温是根据线路结构的具体条件，通过轨道强度和稳定性检算所确定的零应力轨温。在无缝线路的铺设施工中，很难在某一设计锁定轨温下把整段长轨条锁定。因此，这就需要确定一个既满足强度条件，又满足稳定条件的锁定轨温允许范围。

根据无缝线路稳定性和强度计算，可以求得允许温升$[\Delta t_u]$和允许温降$[\Delta t_d]$，再根据当地 30 年内的最高轨温 T_{max} 和最低轨温 T_{min}，按照式(5-5)、式(5-6)计算设计锁定轨温。

$$有砟轨道：T_e = \frac{T_{max}+T_{min}}{2} + \frac{[\Delta t_d]-[\Delta t_u]}{2} \pm \Delta t_k \tag{5-5}$$

$$无砟轨道：T_e = \frac{T_{max}+T_{min}}{2} \pm \Delta t_k \tag{5-6}$$

式中 Δt_k ——设计锁定轨温修正值，其数值大小考虑当地轨温的季节性变化情况，一般取 0~5 ℃，另外，应保证设计锁定轨温较中间轨温高 3~5 ℃；

$[\Delta t_u]$ ——线路允许温升；

$[\Delta t_d]$ ——线路允许温降。

2. 施工锁定轨温

目前，尚无准确测量无缝线路应力状态的手段，因此，施工时无法根据零应力的测定结果来确定实际锁定轨温，只能采用轨条落槽时的钢轨温度作为测量值。一般认为这一轨温代表了长轨条的平均零应力轨温，称之为施工锁定轨温，用 T_0 表示。

3. 实际锁定轨温

实际锁定轨温所强调的是"实际"二字，它既区别于施工锁定轨温所表示的名义上的零应力轨温，又说明零应力轨温在运营过程中是可能发生变化的。

5.1.3 线路纵向阻力

线路纵向阻力，即道床或扣件抵抗轨道纵向移动的阻力。当轨温变化时，影响钢轨两端自由伸缩的是线路的纵向阻力。在不同形式有轨电车的轨道结构中，提供纵向约束的构件亦不相同。目前，我国新建有轨电车工程主要采用无砟结构，线路纵向约束的提供者主要是扣件和道床板。

1. 扣件阻力

扣件直接提供的、抵抗钢轨沿纵向位移的阻力，称为扣件阻力。

扣件阻力是由钢轨沿轨枕垫板面、道床板板面之间的摩阻力和扣压件与轨底扣着面

之间的摩阻力所组成的。摩阻力的大小取决于扣件的扣压力和摩擦系数的大小。一组扣件的摩阻力 F 为

$$F = 2(\mu_1 + \mu_2)P \tag{5-7}$$

式中　P——一侧扣压件对钢轨的扣压力；
　　　μ_1——钢轨与垫板之间的摩擦系数；
　　　μ_2——钢轨与扣件之间的摩擦系数。

实测资料指出，在一定的扭矩下，扣件阻力随着钢轨位移的增加而增大。当钢轨位移达到某一定值后，钢轨产生滑移，阻力不再增加。

2. 道床纵向阻力

无砟轨道道床的纵向强度和刚度均显著地大于扣件，可认为纵向阻力无穷大，在设计中假设为与基础或路基固接约束。

5.1.4　线路横向阻力

线路横向阻力，即道床或扣件抵抗轨道横移的阻力，它是无缝线路在高温环境下保持稳定的关键。与纵向阻力相同，我国当代有轨电车工程常用无砟结构，故线路横向阻力的提供者因支承条件而异。在现行无缝线路相关规范中，仅对有砟结构做出了规定，而对于无砟结构（扣件式、嵌入式）均无明确规定，故可以认为此参数需要通过试验获取。

需要指出的是，目前行业内大多倾向于认为，由于无砟轨道的横向刚度非常大，所以无须将稳定性作为设计控制指标。因此，在设计时通常不考虑线路的横向阻力。但是，鉴于有轨电车线路常穿梭于城市街区，且线形较为曲折，多有特小半径（如 $R=30$ m）曲线出现，因而对于不考虑无缝线路的稳定性这一做法是否合理仍有待商榷。

5.2　无缝线路的稳定性

无缝线路最突出的问题就是在结构上限制了钢轨的伸缩。在夏季高温季节，无缝线路的钢轨内部会产生很大的温度压力，容易引起轨道横向变形。在列车动力或人工作业等的干扰下，轨道弯曲变形有时会突然增大，这一现象被称为胀轨跑道（也称胀曲），在理论上称为丧失稳定。这对于列车运行安全是一个极大的威胁。因此，无缝线路稳定性分析的主要目的是研究轨道胀曲的发生规律，分析其产生的力学条件及主要影响因素，研究它们之间的定量关系，以便对这些影响因素加以控制，并计算出保证线路稳定的允许温度压力。

实际上，影响无缝线路稳定性的因素有很多，对于不同的轨道结构，影响其稳定性的因素也各有侧重。以横向稳定性为例，对于有砟轨道来说主要的影响因素是道床横向阻力，对于无扣件嵌入式轨道来说主要的影响因素是填充材料弹性模量，对于有扣件嵌入式轨道来说主要的影响因素则是扣件横向刚度。针对不同的轨道结构应当根据实际情况分

析。接下来探讨有轨电车无缝线路的特有问题,即半径小于 300 m 的曲线轨道。

与在直线段铺设无缝线路相比,在小半径曲线段铺设无缝线路有以下不利因素:

(1) 当列车通过曲线时,施加于外轨一个横向力(推力),迫使轨道产生横向位移,这种作用随曲线半径的减小而增大,对轨道的强度和稳定性会产生不利影响。

(2) 曲线半径越小,钢轨侧面磨耗就越严重,从而影响钢轨的使用寿命。因此,铺设小半径曲线无缝线路时要考虑钢轨的磨耗情况,以保证其经济性。

早期针对小半径曲线无缝线路稳定性分析的研究方法主要有两类:试验法和解析法,具体如微分方程法、能量法(用于有砟轨道)。随后出现了用数值方法来研究无缝线路稳定性问题的研究方法,如有限元法。目前,因为有轨电车基本上采用无砟轨道结构,所以最常用的无缝线路稳定性研究方法大多为本书第 3 章中介绍的有限元法。

1. 能量法

采用势能驻值原理,即结构物处于平衡状态的充要条件是在虚位移过程中,总势能取驻值,即 $dA = 0$,总势能值与静力平衡等价。

轨道总势能 A 由以下四部分组成:钢轨受到轴向压力而引起的形变能 A_1;轨道框架弯曲产生的形变能 A_2;道床横向阻力抵抗轨道横向位移所做的功 A_3;扣件抵抗钢轨转动所做的功 A_4。于是,轨道的总势能 A 为

$$A = A_1 + A_2 + A_3 + A_4 \tag{5-8}$$

根据势能驻值原理及边界条件等即可求得轨道平衡微分方程。该微分方程的解法有精确解和近似解之分,精确解是按边界条件直接求解平衡微分方程,求解过程较麻烦,与近似方法结果相比差别并不是很大,故运用得较少。实际应用中使用较多的还是近似解法,即假设变形曲线的方法,将假设的线形代入总势能表达式,然后对它求导,根据最小势能原理建立平衡方程,把无穷自由度问题简化为有限自由度问题,使变分问题简化成求函数极值的问题。由于计算假定和计算方法不同,目前世界各国计算无缝线路稳定性的公式也各不相同,其主要代表有苏联的米辛柯公式、别尔申公式、日本的沼田实公式、匈牙利的念米兹基公式、我国的无缝线路稳定性统一计算公式(简称"统一公式")和变形曲线波长与初始弯曲波长不相等的无缝线路稳定性计算公式(简称"不等波长稳定性计算公式")等。

2. 有限元法

由于有轨电车线路多铺设于市内,受城市的地形及道路条件限制,部分线路通过路口时会采用小半径曲线,通常半径为 50 m。目前,国内尚无有轨电车铺设的相关规范,但我国现行无缝线路设计规范,即《铁路无缝线路设计规范》(TB 10015—2012)中规定允许铺设无缝线路的最小曲线半径为 300 m;《地铁设计规范》(GB 50157—2013)中规定无缝线路地下线曲线半径不小于 300 m,高架线及地面线无砟道床曲线半径不小于 400 m,允许最小曲线半径均未突破 300 m。而现代有轨电车实际运营中的最小曲线半径可达 35 m,在极困难条件下甚至可以是 25 m。这两个数值已远远突破前述两个规范的限值。

前述关于有砟轨道无缝线路稳定性分析时,采用了统一的无缝线路稳定性计算公式,该公式有特定的使用条件,不适宜有轨电车特小半径曲线段的研究。与之相比,有限元方法则不必预先假设变形曲线,且可以考虑各种材料的性质、边界条件及几何关系的线性和非线性行为,能方便地模拟各种线路状态,并可与车辆-轨道耦合动力学方法相结合来分析小半径曲线的轨道动力响应,是目前最常用的小半径无缝线路稳定性分析方法。

5.3 无缝线路结构设计方法

我国无缝线路的基本结构形式为温度应力式,其结构设计的主要内容为:确定设计锁定轨温;结构计算。

5.3.1 确定设计锁定轨温

由于长轨条锁定施工过程中轨温是不断变化的,因而施工锁定轨温是一个范围,通常为设计锁定轨温±5 ℃,在困难条件下也可严格控制施工锁定轨温的变化范围,取为设计锁定轨温±3 ℃。实际锁定轨温为零应力状态轨温。在设计检算时出于安全考虑,取最大升温为最高轨温与施工锁定轨温下限之差,最大降温为施工锁定轨温上限与最低轨温之差。

1. 根据强度条件确定允许的降温幅度

无缝线路钢轨应有足够的强度,以保证在动弯应力、温度应力及其他附加应力共同作用下不被破坏,仍能正常工作。此时,要求钢轨所承受的各种应力的总和不超过规定的容许值$[\sigma]$,即

$$\sigma_d + \sigma_t + \sigma_c \leqslant [\sigma] \tag{5-9}$$

式中 σ_d——钢轨最大动弯应力,MPa;

σ_t——钢轨温度应力,MPa;

σ_c——钢轨承受的制动应力等附加应力,在路基上一般按 10 MPa 计算,在桥上还要考虑伸缩应力或挠曲应力与制动应力的组合;

$[\sigma]$——钢轨容许应力,它等于钢轨的屈服强度σ_s除以安全系数K,即$[\sigma] = \dfrac{\sigma_s}{K}$。

允许的降温幅度$[\Delta t_s]$可由式(5-10)计算:

$$[\Delta t_s] = \frac{[\sigma_s] - \sigma_{gd} - \sigma_c}{E\alpha} \tag{5-10}$$

式中 σ_{gd}——钢轨底部下缘动弯应力,MPa;

E——钢轨弹性模量;

α——钢轨的线膨胀系数。

2. 根据稳定条件确定允许的升温幅度

根据稳定性计算求得允许的温度压力$[P]$后,可按式(5-11)计算允许升温幅度$[\Delta t_c]$:

$$[\Delta t_c] = \frac{[P] - 2P_f}{2E\alpha F} \tag{5-11}$$

式中　$[P]$——轨道允许的最大温度压力,根据无缝线路稳定性理论计算,采用"统一公式";

　　　α——钢轨线膨胀系数;

　　　P_f——附加应力,若P_f有数值,一般为桥上无缝线路,若为0,则为路基上无缝线路;

　　　F——钢轨横断面面积。

3. 根据钢轨折断时的断缝值确定的允许降温幅度

无缝线路钢轨折断后,轨缝不能超过一定限值,否则将引起轮轨间过大的作用力,严重时可能还会危及行车安全。在时速200 km及以上的铁路线上,规定有砟轨道断缝限值为70 mm,无砟轨道断缝限值为100 mm。在时速200 km以下的路基无缝线路设计中,过去未考虑钢轨断缝限值,只在桥上无缝线路设计中考虑了该限值。因此,对于无缝线路而言,只能根据固定区内钢轨折断后的断缝允许值来确定允许的降温幅度。

$$[\Delta t_s] = \frac{1}{\alpha}\sqrt{\frac{[\lambda]r}{EF}} \tag{5-12}$$

式中　$[\lambda]$——允许断缝值;

　　　r——线路纵向阻力。

该允许降温幅度与式(5-10)确定的允许降温幅度比较后,取最不利值。

4. 确定设计锁定轨温

设计锁定轨温的确定,按无砟轨道公式(5-6)计算。

5.3.2　无缝线路结构计算

1. 伸缩区长度

伸缩区长度l_s一般取50~100 m,宜取为标准轨长度的整倍数。

2. 预留轨缝

长轨条一端伸缩量$\lambda_长$:

$$\lambda_长 = \frac{(P_{tmax} - P_H)^2}{2EFr} \text{ (mm)} \tag{5-13}$$

标准轨一端伸缩量$\lambda_短$:

$$\lambda_短 = \frac{rl^2}{8EF} \text{ (mm)} \tag{5-14}$$

式中　P_{tmax}——从锁定轨温到最低或最高轨温时所产生的最大温度力,N;

l——伸缩区长度,m;

r——每股钢轨单位长度线路纵向阻力,N/cm;

P_H——接头阻力,N。

确定预留轨缝的原则与确定普通线路轨缝的原则相同;缓冲区中标准轨之间的预留轨缝与普通线路相同。长轨与标准轨之间的预留轨缝计算方法如下:

按冬季轨缝不应超过构造轨缝 a_g 的要求,可计算预留轨缝上限 $a_上$ 为

$$a_上 = a_g - (\lambda_长 + \lambda_短) \tag{5-15}$$

按夏季轨缝不顶紧的要求,其下限 $a_下$ 为

$$a_下 = \lambda'_长 + \lambda'_短 \tag{5-16}$$

式中 $\lambda_长, \lambda_短$——从锁定轨温至当地最低轨温时,长轨、短轨一端的缩短量;

$\lambda'_长, \lambda'_短$——从锁定轨温至当地最高轨温时,长轨、短轨一端的伸长量。

则预留轨缝 a_0 为

$$a_0 = \frac{a_上 + a_下}{2} \tag{5-17}$$

3. 轨节长度

无缝线路轨节布置应考虑线路平、纵面条件,以及道岔、道口、桥梁、隧道所在位置,原则上按自动闭塞区间的长度设计轨节长度,一般长度为 1 000～2 000 m。建议轨节最短长度一般情况下不短于 200 m,特殊情况下不短于 150 m。在长轨之间、道岔与长轨之间、绝缘接头处,需设置缓冲区,缓冲区一般设置 2～4 根同类型标准轨。

5.4 桥上无缝线路设计

桥上无缝线路设计的核心,在于梁轨的相互作用,它对轨道及桥梁设计均会产生影响。一方面,桥梁对轨道的作用,使得钢轨受到更多纵向附加力的影响,进而影响某些设计参数(如锁定轨温)的检算结果。另一方面,轨道对桥梁的作用通过支座传递到墩台,由此产生可观的特殊荷载,继而对墩台的刚度设计提出了要求。桥上无缝线路的设计任务就是在考虑梁轨相互作用的情形下,确定轨道、桥梁的设计参数,使之满足结构设计的要求。有轨电车桥上无缝线路的设计理论与普通铁路并无二致,可参照《铁路无缝线路设计规范》(TB 10015—2012)。

但是,如何将追求完备、精密的设计理论,应用到注重效率的工程实践中,需要设计师多加思考;同时,由于电车、普铁轨道的结构形式及工况存在较大差异,故而在运用理论进行计算时,许多计算参数无法直接参照现行标准,仍需因地制宜地具体取定。

5.4.1 桥上无缝线路设计要点

有轨电车桥上无缝线路设计与一般铁路是类似的。根据现行规范,其要点有三:

(1) 钢轨纵向力的计算包括:伸缩力、挠曲力、断轨力及牵引(制动)力。

(2) 钢轨检算:根据要点(1)中的计算结果,结合动载荷来验算钢轨强度、稳定性及断缝是否合规。

(3) 当桥梁墩台纵向力计算:要点(1)中的各项计算结果与桥梁专业计算的其他荷载一起,作为桥梁墩台构件荷载组合的计算依据,用以指导墩台的设计。

5.4.2 纵向力计算模型之实现:有限元通用计算软件二次开发

《铁路无缝线路设计规范》(TB 10015—2012)附录 F 中,提供了三种实现纵向力计算模型的方法:迭代法、微分方程法和有限单元法。实践中发现,迭代法计算所需的方程组,一旦引入线路纵向阻力的弹塑性(双线性)模型,将难以列写;而微分方程法所得到的微分方程组,在求解时也存在边值条件难以列写的问题。鉴于此,理论、技术均较为成熟的有限元方法将成为较合理的选择。

在工程实践中,我们采用基于某有限元通用计算软件编写的程序(西南交通大学开发),以设计及验算有轨电车桥上的无缝线路。计算过程(含建模及求解)中,与现行无缝规范相比增加了如下条件:

(1) 钢轨与桥梁、路基之间的纵向约束阻力均假定为纵向弹簧约束,其位移阻力特性与梁轨间、钢轨与线路间一致。

(2) 桥上无缝线路若设置有伸缩调节器,假定其纵向约束阻力为零;若设置有普通接头,假设接头阻力为定值;若考虑伸缩调节器的纵向阻力时,视为普通接头。

(3) 在长大坡道的桥梁上,按《列车牵引计算 第 1 部分:机车牵引式列车》(TB/T 1407.1—2018)[4]要求需作常规制动的,在挠曲力计算时考虑与常规制动的叠加。

(4) 将竖向力偏心作用在桥梁墩台上时所引起的墩顶水平位移,或风力引起的墩顶纵向水平位移均视为常量,叠加在桥梁墩台顶处。

(5) 当桥梁上布置有伸缩调节器时,伸缩力、挠曲力、断轨力均以最大轨温变化幅度作为计算条件。

除简支梁、连续梁、连续刚结构以外的所有特殊桥梁,将温度、荷载作用下的桥梁上翼缘纵向位移计算出来后作为已知条件输入,桥梁墩台纵向位移与该位移在计算中进行线性叠加。

5.5 案例

1. 武汉某有轨电车桥梁案例[3]

1) 设计基础资料

(1) 参考规范

《铁路无缝线路设计规范》(TB 10015—2012)

《铁路轨道强度检算方法》(TB 2034—1988)

(2) 线路

该桥梁位于 DK2+617.000—DK2+967.000,全桥位于线路直线段,桥上线路最大坡度为 39‰,全桥范围内设有一处线路竖曲线,竖曲线半径为 2 000 m,变坡点位于 DK2+792.000。

(3) 桥梁

桥梁全长 350 m,为三联连续梁双线桥,依次为 4×25 m 预应力混凝土现浇箱梁、(42.5 m+65 m+42.5 m)钢箱梁、4×25 m 预应力混凝土现浇箱梁。桥梁位于线路直线段,其支座布置简图如图 5-1 所示。桥梁的梁截面特性参数及墩台纵向线刚度如表 5-1 和表 5-2 所列。

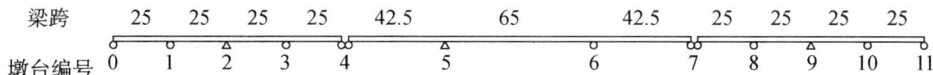

图 5-1 桥梁支座布置简图

表 5-1 梁截面特性参数

梁种类	惯性矩/m⁴	形心至梁顶距离/m	形心至梁底距离/m
混凝土梁	0.719	0.6124	0.9876
钢梁	0.212	0.8855	1.7145

表 5-2 桥梁计算模型及墩台相关参数表(单线)

墩台号	计算距离/m	纵向线刚度/(kN·m⁻¹)(单线)
#0	0	143 452.45
#1	25	96 376.05
#2	50	71 919.65
#3	75	58 178.15
#4	100	55 542
#5	142.5	50 356.95
#6	207.5	23 335.3
#7	250	30 947.55
#8	275	30 022.3
#9	300	46 693.1
#10	325	71 919.65
#11	350	143 452.45

全桥铺设小阻力扣件,不设置钢轨伸缩调节器。

(4) 车辆

有轨电车车辆轴重≤12.5 t,固定轴距1.8 m,车辆全长为36.548 m,如图5-2所示。车辆荷载简化为三段均布荷载用于计算,均布荷载为27.36 kN/m,三段长度分别为12 m,12 m,12.548 m。

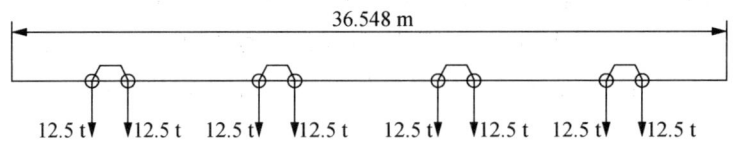

图 5-2 有轨电车车辆设计活载

(5) 轨道

钢轨采用 U75V 60R2 槽型钢轨,高架桥采用承轨台式整体道床,扣件采用小阻力扣件,扣件间距为 625 mm,计算线路纵向阻力为 9.6 kN/m/轨,钢轨允许应力 $\sigma = 300$ MPa。

(6) 气象

武汉地区最低轨温为 -18.1 ℃,最高轨温为 59.6 ℃。无砟混凝土梁年温差为 30 ℃,无砟钢梁年温差为 30 ℃(暂定)。

2) 锁定轨温初步计算

根据《铁路无缝线路设计规范》(TB 10015—2012)中无砟轨道设计锁定轨温的公式,算得锁定轨温范围为 20~30 ℃,即锁定轨温(25±5) ℃;最大升温为 39.6 ℃,最大降温为 48.1 ℃。为了养护维修方便,桥上长轨条设计锁定轨温最好与两端线路的设计锁定轨温一致。该桥上无缝线路的锁定轨温与该温度区间内路基上的锁定轨温相同,并按此进行桥上无缝线路设计与检算。

3) 强度检算

(1) 动弯应力

依据《铁路轨道强度检算法》(TB 2034—1988)[5]计算钢轨动弯应力,采用连续支承法将钢轨视为连续弹性基础上的等截面无限长梁,在静轮载的作用下,算得钢轨截面静弯矩 $M_j = 1\,103\,379.886$ N·cm。考虑速度系数 α、偏载系数 β、横向水平力系数 f,可算得钢轨动弯矩:

$$M_d = M_j(1 + \alpha + \beta) \tag{5-18}$$

运行速度按 $V = 70$ km/h 计算,$\alpha = 0.42$,桥梁位于直线段故 β 取 0,横向水平力系数 f 取 1.25。由式(5-18)计算可得 $M_d = 1\,566\,799.438$ N·cm。

钢轨边缘动弯应力 $\sigma_d = \dfrac{M_d f}{W}$,$W$ 按照钢轨垂直磨耗量为 6 mm 时,取 W 头为 360.94 cm³,W 底为 341.46 cm³。计算可得 $\sigma_头 = 54$ MPa,$\sigma_底 = 57$ MPa。

(2) 温度力

若钢轨因受阻力不能随轨温变化而自由伸缩时,将在钢轨内部产生温度应力 σ_t。

$$\sigma_t = E \cdot \varepsilon_t = E \cdot \frac{\Delta l}{l} = \frac{E \cdot \alpha \cdot \Delta t \cdot l}{l} = E \cdot \alpha \cdot \Delta t \quad (\text{MPa}) \tag{5-19}$$

则
$$\sigma_t = 2.48 \Delta t \quad (\text{MPa}) \tag{5-20}$$

由轨温最大降温为 48.1 ℃,最大升温为 39.6 ℃,根据式(5-20)计算可得 $\sigma_{拉} = 119$ MPa,$\sigma_{压} = 98$ MPa。

(3) 伸缩力

采用专用计算程序 BCWR 对该项目无缝线路伸缩力进行计算,结果如图(5-3)所示。钢轨最大压力为 422 kN,出现在距左桥台 170 m 处;钢轨最大拉力为 346.595 kN,出现在距左桥台 251 m 处。

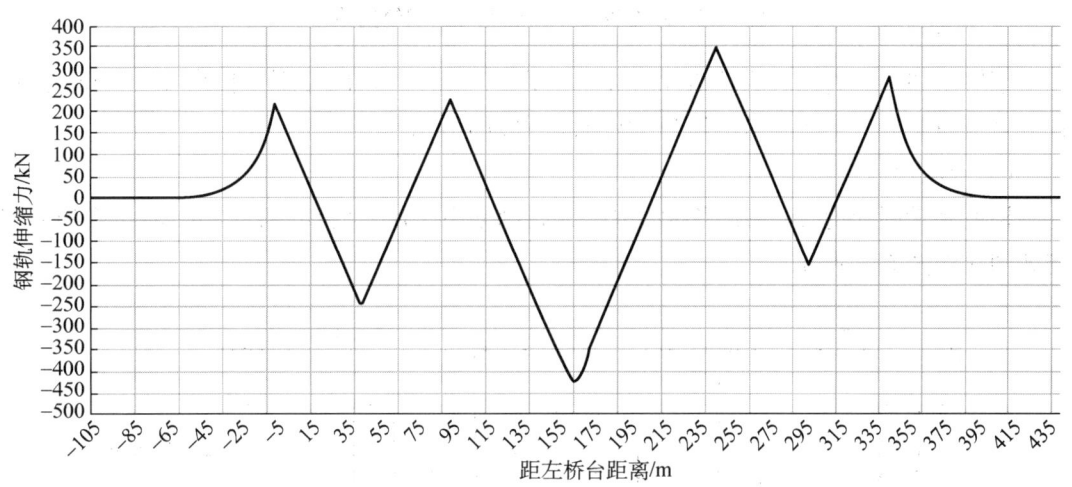

图 5-3 距左桥台不同位置处的钢轨伸缩力

(4) 挠曲力

按图 5-4 所示工况进行加载,并计算挠曲力。具体计算由专用计算程序 BCWR 完成。计算结果如图 5-5 所示。

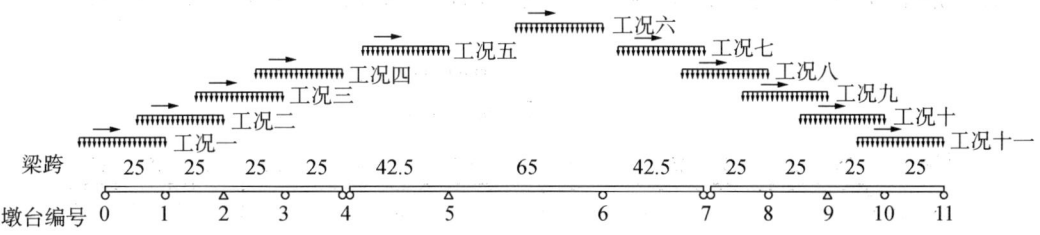

图 5-4 挠曲工况示意图

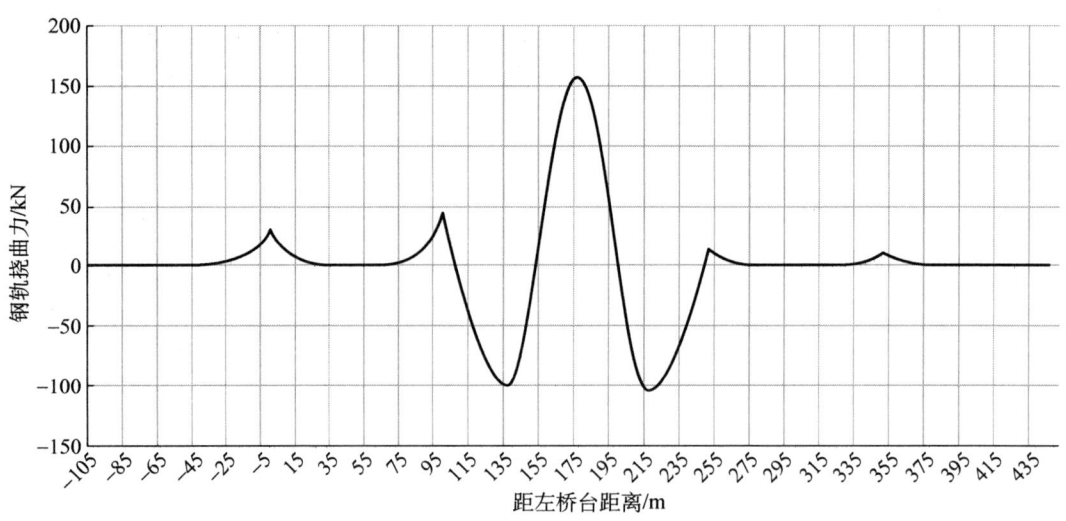

图 5-5　距左桥台不同位置处的钢轨挠曲力

钢轨附加挠曲力的最大值发生在挠曲工况六，荷载起始位置距左桥台 207.5 m 处，钢轨最大挠曲压力为 105 kN，钢轨最大挠曲拉力为 157 kN。

(5) 制动力

桥梁制动附加力计算，摩擦系数取 0.164，制动力作用长度为 36.548 m，简化后的列车荷载图式如图 5-6 所示。

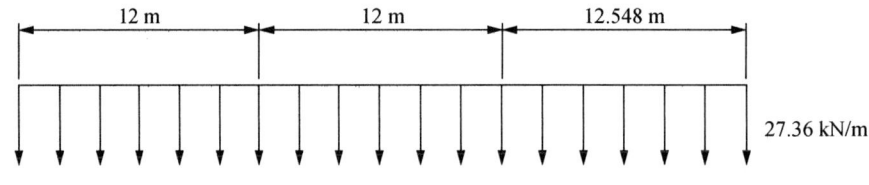

图 5-6　制动附加力计算时主桥加载示意图

制动力计算分两个工况（工况一、工况二），加载方法如图 5-7 所示，其制动力如图 5-8 所示。

由图 5-8 可知，制动工况下钢轨最大制动压力和制动拉力均发生在工况二下（右入桥）距左桥台 170 m 处，钢轨最大制动拉力为 58.753 kN，最大制动压力为 58.226 kN。

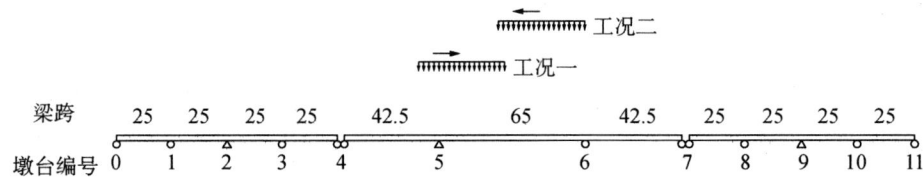

图 5-7　制动工况示意图

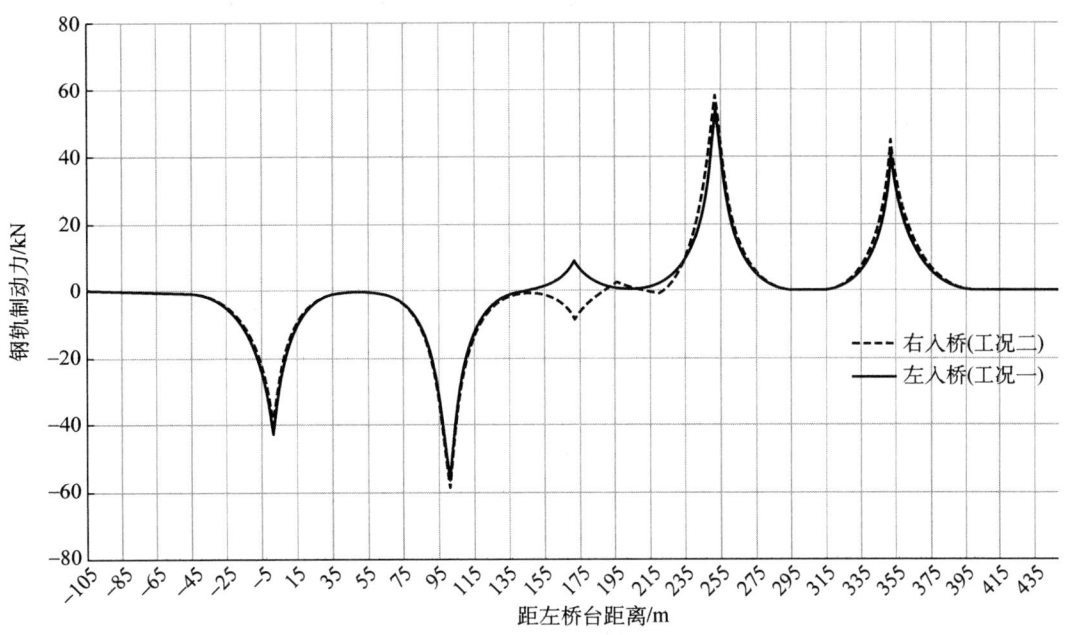

图 5-8　两种工况下距左桥台不同位置处的钢轨制动力

4) 断缝宽度计算

钢轨在最大温度拉力和伸缩附加力的共同作用下可能会出现断裂，因此必须保证钢轨在这两种力的作用下出现的断缝值小于其允许值。假设钢轨在距左桥台 251 m 处断轨（即最大伸缩拉力处），利用专用计算程序 BCWR 计算，断轨工况下钢轨纵向位移如图 5-9 所示。

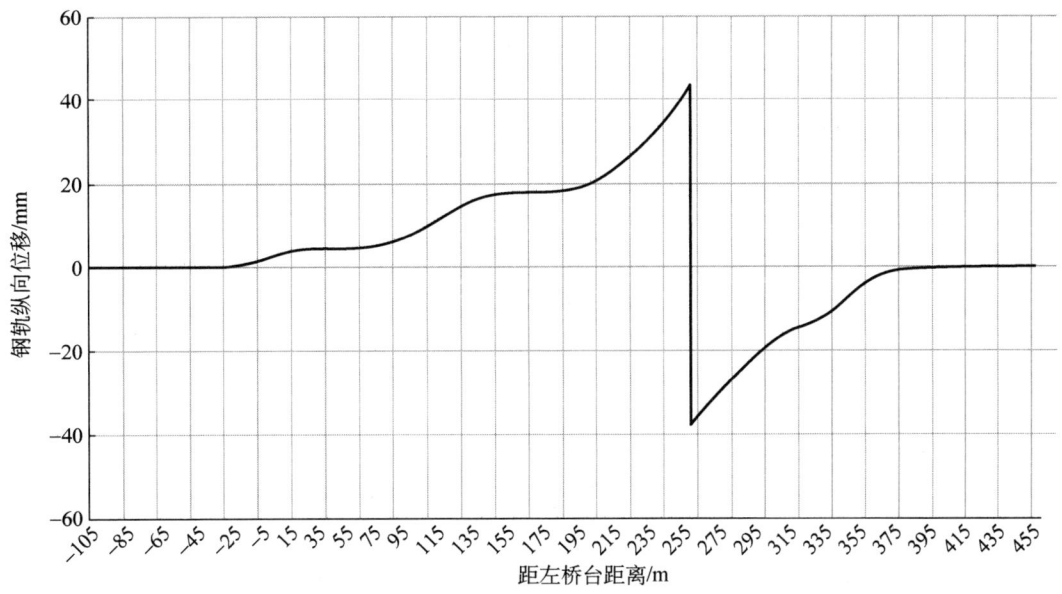

图 5-9　断轨工况下钢轨纵向位移

由图 5-9 所示，钢轨断缝最大值为 80.954 mm。相应的断缝检算结果如表 5-3 所列，本设计上的断缝是满足要求的。

表 5-3　断缝检算

锁定轨温/℃	最大温降/℃	最大断缝/mm	允许断缝/mm	结论
25	48.1	80.954	90	通过

5）总体强度检算及结论

武汉某现代有轨电车试验线工程，其桥梁的无缝线路为无砟轨道，故无须进行梁轨快速相对位移检算和稳定性检算，而强度检算诸项结果和断缝检算如表 5-4、表 5-5 所列。

表 5-4　桥梁上无缝线路强度检算

强度检算依据		钢轨动弯应力/MPa	温度应力/MPa	附加应力/MPa	附加制动力/MPa	Σ/MPa	钢轨容许应力/MPa	结论
按《铁路无缝线路设计规范》(TB 10015—2012)[6]	拉	57	119	45.5	7.8	229.3	363	通过
	压	54	98	55.4	7.7	215.1	363	通过

表 5-5　桥梁上无缝线路断缝检算

断缝检算依据	断缝实际值/mm	断缝允许值/mm	结论
按《铁路无缝线路设计规范》(TB 10015—2012)	80.954	90	通过

2. 苏州某有轨电车工程跨线桥算例[7]

1）设计基础资料

（1）桥梁

苏州某有轨电车工程跨线桥位于 SCK7+609.941—SCK7+729.941 区间，在该区间范围内共有 6 跨简支梁桥，全长 120 m，其中包含了一段曲线，曲线半径为 1 100 m。墩台支座布置图如图 5-10 所示，起始墩台编号为 P00，终止墩台编号为 P06。

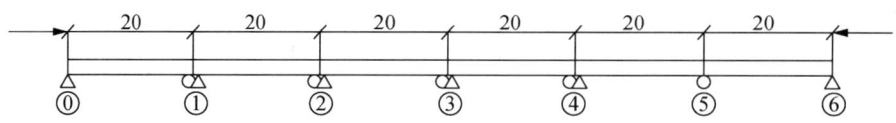

图 5-10　桥梁墩台布置图

其中，梁体参数、支座布置等情况根据实际提供的资料来计算。在建立线-桥-墩一体化模型时，桥梁固定支座编号、距离 P00 墩的距离以及各桥墩的纵向线刚度如表 5-6

所列。

表 5-6 计算模型桥梁及墩台相关参数表(单线)

墩台编号	固定支座编号	计算距离/m	墩台纵向线刚度/(kN·m^{-1})
P00	0	0.0	8 400
P01	1	20.0	11 100
P02	2	20.0	11 100
P03	3	20.0	11 100
P04	4	20.0	11 100
P05	5	20.0	11 100
P06	6	20.0	8 400

(2) 线路、轨道

按工程可行性研究、城市轨道交通相关标准进行相关设计。线路设计行车速度为 70 km/h，轨道为短枕承轨台式整体道床，铺设 60R2 槽型轨，采用 W-Tram 扣件。不设钢轨伸缩调节器。线路纵向阻力按"暂规"取值①。

(3) 车辆

有轨电车车辆的最大轴重为 12.5 t，固定轴距为 1.85 m，列车活载如图 5-11 所示。

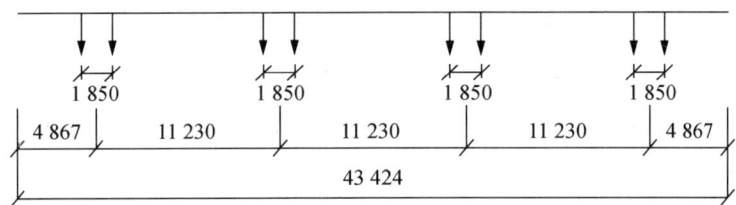

图 5-11 列车活载计算图式(单位:mm)

远期每列车编组七模块，将其简化为三段均布荷载，每段荷载大小均为 23.03 kN/m，长度分别为 15 m，15 m，13.424 m，列车总长 43.424 m。

相关指标的检算参见"暂规"对应章节。需要指出的是，无砟结构因横向约束较强，一般不考虑稳定性问题。

2) 锁定轨温初步计算

桥梁铺设地区最高轨温 59.7 ℃，最低轨温 −9.8 ℃，通过无缝线路锁定轨温专用计算软件可得到合适的设计锁定轨温范围为(25±5) ℃，最大升温幅度 39.7 ℃，最大降温幅度 39.8 ℃。

---

① 苏州某有轨电车工程跨线桥项目设计于 2012 年，此时无缝线路新标准尚未颁布实施。

3）强度检算

（1）动弯应力、温度应力

按照线路、荷载、轨温相关资料和数据，使用专用计算程序 BCWR 进行动弯应力和温度应力的计算。计算结果见表 5-4、表 5-5、表 5-8 和表 5-9。

（2）伸缩力

采用专用计算程序 BCWR 对该项目无缝线路伸缩力进行计算，结果如图 5-12 所示。

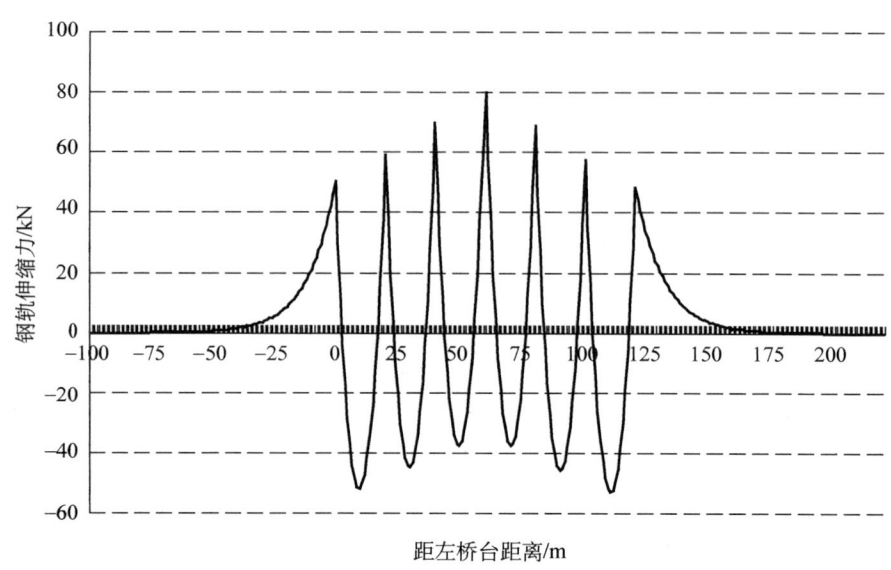

图 5-12　距左桥台不同位置处的钢轨伸缩力

钢轨最大压力为 53.026 kN，出现在距左桥台 110 m 处；钢轨最大拉力为 80.267 kN，出现在距左桥台 60 m 处。代入专用计算程序 BCWR 进行检算，钢轨伸缩附加力（拉力、压力）均满足要求。

（3）挠曲力

按图 5-13 所示工况进行加载，并计算挠曲力。具体计算由专用计算程序 BCWR 完成。计算结果如图 5-14 所示。

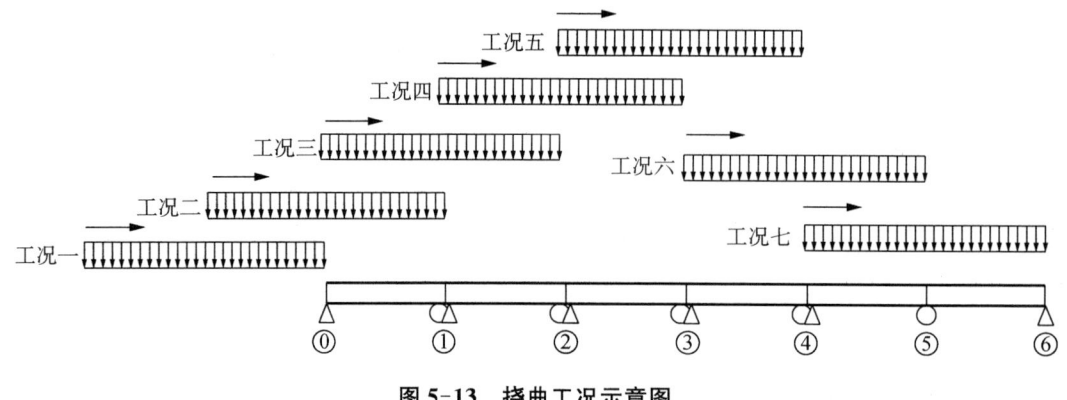

图 5-13　挠曲工况示意图

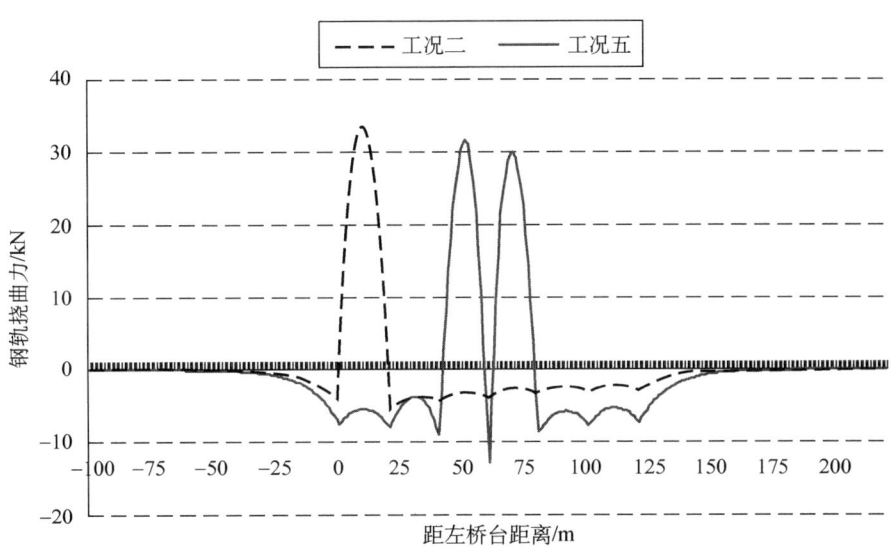

图 5-14　距左桥台不同位置处的钢轨挠曲力

钢轨附加挠曲拉力最大值发生在挠曲工况二,荷载起始位置距左桥台 20 m 处,最大挠曲拉力为 33.407 kN。钢轨附加挠曲压力最大值发生在挠曲工况五,荷载起始位置距左桥台 80 m 处,最大挠曲压力为 −12.9 kN。

(4) 制动力

参考《上海城市轨道交通工程技术标准(暂行)》(STB/ZH—000001—2010)[8]规定,列车在制动或牵引时,纵向力作用于钢轨顶面,牵引工况下轮轨间摩擦系数为 0.165,制动工况下为 0.15。据"暂规",牵引或制动工况下,摩擦系数取为 0.164。因此,摩擦系数采用牵引工况下 0.165,制动工况下 0.164。制动力作用长度为车长 43.424 m,将机车荷载简化为三段均布荷载,如图 5-15 所示。

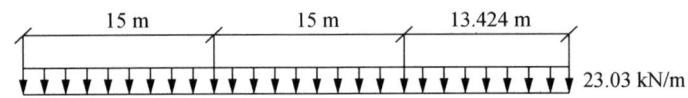

图 5-15　制动附加力计算时主桥加载示意图

制动力计算分两个工况,加载方法如图 5-16 所示,计算结果如图 5-17 所示。

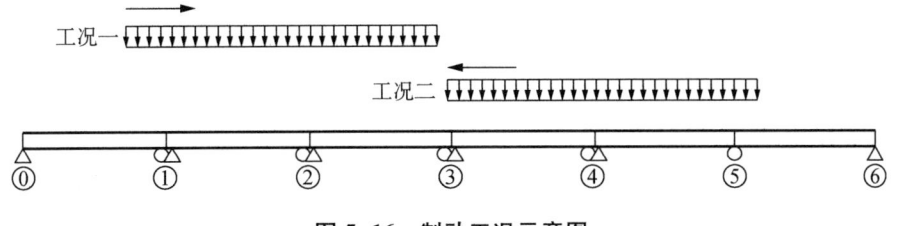

图 5-16　制动工况示意图

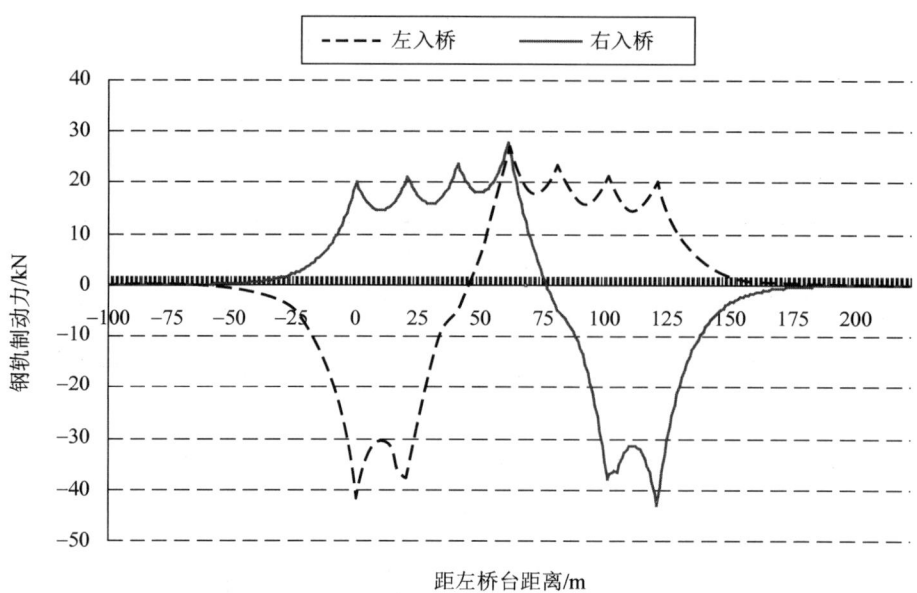

图 5-17　两个工况下距左桥台不同位置处的钢轨制动力

由图 5-17 可知，制动工况一（左入桥）钢轨最大制动附加压力发生在距左桥台 0 m 处，其值为 41.715 kN；钢轨最大制动附加拉力发生在距左桥台 60 m 处，其值为 27.332 kN。制动工况二钢轨最大制动附加压力发生在距左桥台 120 m 处，其值为 43.017 kN；钢轨最大制动附加拉力发生在距左桥台 60 m 处，其值为 27.686 kN。

4）断缝宽度计算

由线路最大温度降幅、钢轨廓型参数可算得温度力如下：$P_t = \sigma_t \cdot F = 2.48\Delta t \cdot F = 730.511$ kN。

已知计算断轨工况时，每延米线路纵向阻力：

$$r = \frac{2\xi P\mu}{a} = \frac{2 \times 1 \times 10 \times 0.8}{0.625} = 25.6 \text{ kN/m}$$

由于本桥为 6×20 m 的简支梁，每跨简支梁长为 20 m，所以断轨力＝20×25.6＝512 kN，小于温度力 P_t。因此，本桥的最大断轨力为 512 kN。

假设在附加伸缩力最大处（距左桥台 60 m）发生一股断轨，钢轨纵向位移如图 5-18 所示。

由图 5-18 可知，钢轨断缝最大值为 45.339 mm。

《铁路无缝线路设计规范》(TB 1015—2012)中，一般情况下，钢轨断缝允许值取 70 mm，困难条件下取 90 mm。

在《地铁设计规范》(GB 50157—2013)[2]中，对于钢轨折断允许断缝值，无砟轨道取 100 mm。因此，将钢轨断缝允许值定为 90 mm。相应的断缝检算结果如表 5-7 所列，本设计的断缝是符合要求的。

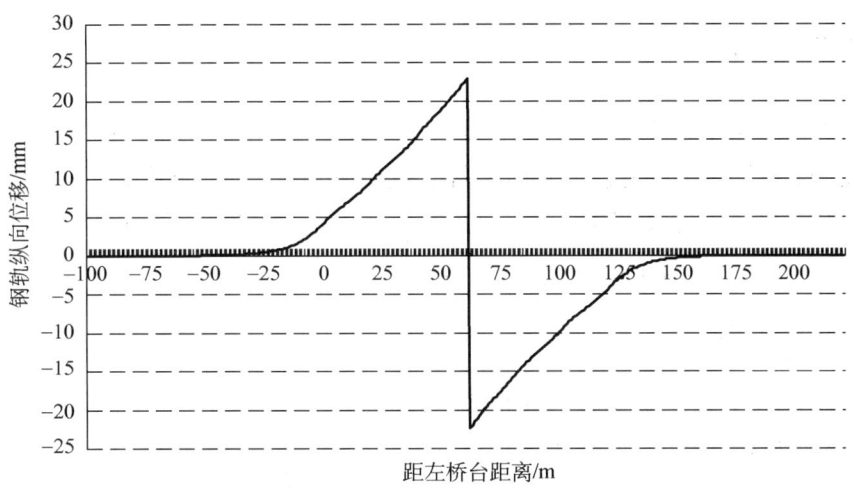

图 5-18 断轨时钢轨纵向位移图

表 5-7 断缝检算

锁定轨温/℃	最大温降/℃	最大断缝/mm	允许断缝/mm	结论	备注
25	39.8	45.339	90	通过	接头阻力

5）总体强度检算及结论

苏州某有轨电车工程跨线桥无缝线路铺设的是无砟轨道，故无须进行梁轨快速相对位移检算和稳定性检算，而强度检算诸项结果及断缝检算结果如表 5-8、表 5-9 所列。综上所述，可以按锁定轨温(25±5)℃进行桥上无缝线路铺设。

表 5-8 桥梁上无缝线路强度检算

强度检算依据		钢轨动弯应力/MPa	温度应力/MPa	附加应力/MPa	附加制动力/MPa	$\Sigma\sigma$/MPa	钢轨容许应力/MPa	结论
按《铁路无缝线路设计规范》(TB 10015—2012)	拉	67.7	98.6	10.84	3.74	175.04	363	通过
	压	70.2	98.6	7.16	5.81	173.86	363	通过

表 5-9 桥梁上无缝线路断缝检算

断缝检算依据	断缝实际值/mm	断缝允许值/mm	结论
按《铁路无缝线路设计规范》(TB 10015—2012)	45.339	90	通过

5.6 钢轨焊接

目前,有轨电车正线线路均采用平顺性较好的无缝线路,但无缝线路钢轨间焊接接头是其最薄弱的环节之一。因此,长钢轨的焊接是铺设无缝线路的重要环节,其几何外形尺寸的平顺和内部质量是保证无缝线路正常运用的关键。实践证明若钢轨焊接质量不良,将会后患无穷使线路维修工作不断,严重危及行车安全。

5.6.1 闪光接触焊

闪光接触焊是将焊件装配成对接接头,接通电源并使其端面逐渐移近达到局部接触,利用电阻热加热这些接触点并产生闪光,使端面金属熔化,直至端部在一定深度范围内达到预定温度时,迅速施加顶锻力完成焊接的方法。根据接触焊的工艺不同可分为预热闪光焊和连续闪光焊。目前,闪光接触焊因具有外观质量好、焊接稳定性强、强度较好等特点,在我国得到了广泛使用。据统计,闪光焊接接头占到全国无缝钢轨焊接接头数量的 87%。

1. 焊接原理

钢轨的闪光焊属于固相焊接。其基本原理是利用电流通过某一电阻时所产生的热量熔接焊件,再经顶锻以达到焊接的目的。由此产生的热量可由式(5-21)计算:

$$Q = KI^2 Rt \tag{5-21}$$

式中 Q——焊件接触面上产生的热量,J;
K——换算系数,取 0.24;
I——通过焊件接触面的电流,A;
R——焊件接触面的电阻,Ω;
t——焊件接触面的接触时间,s。

如图 5-19 所示,当两焊接钢轨之间通过电流时,由于两钢轨接触面间存在较大电阻,因电热效应使得钢轨得到迅速加热。两钢轨的接触面不可能很平,从微观上看仍是凸凹不平,因此,首先接触的是一些凸出点。这些凸出点通电后在瞬间被加热至熔化,从而在钢轨接触面间形成多个液体金属过梁。这些过梁在进一步加热的过程中"爆炸"而被破坏,使熔化的金属从钢轨接触面的缝隙中飞溅而出,形成闪光。与此同时,进一步加热钢轨。钢轨通过继续加热和连续闪光的作用,其端面温度逐渐均匀一致,形成一熔化金属

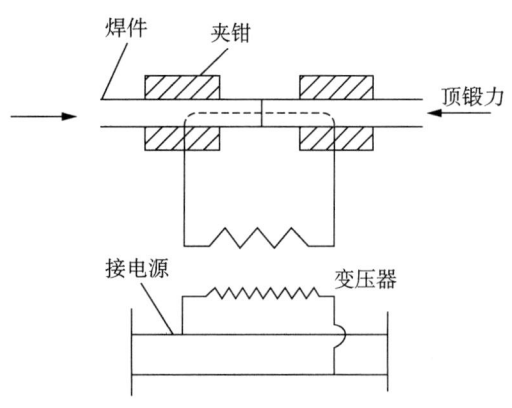

图 5-19 焊接原理示意图

薄层,防止周围空气进入。与此同时,迅速施加顶锻力,迫使焊面相互挤压,使闪光时形成的火口得到充分团合,并挤出全部液体金属,将两轨焊联成一体。

2. 预热闪光焊和连续闪光焊

1) 预热闪光焊

预热闪光焊是以预热为主要加热形式,在预热前对焊接工件先进行初步闪光,预热后再进行闪光烧化及顶锻。其主要由五个阶段组成:闪平阶段、预热阶段、烧化阶段、有电流顶锻阶段和无电流顶锻阶段。

(1) 闪平阶段

在预热前对焊件进行闪光,烧掉端面不平处,使两焊件端面形成平行接触,由于它起到闪平工件端面的作用,故称为闪平。闪平阶段起着非常重要的作用,其预加热效果会一直影响到预热阶段,甚至影响整个焊接过程。

(2) 预热阶段

预热是接通电流,使焊接端面在一定压力下多次交替进行接触和分离,通过短路接触电阻产生的热量加热焊件。预热阶段的作用是增大加热区宽度,减小温度梯度,缩短预热后的烧化时间,减少烧化量。

(3) 烧化阶段

预热后的闪光过程称为烧化阶段,它是闪光焊的重要阶段。闪光过程是焊接端面不断产生液态金属过梁又连续不断的爆破过程。钢轨端面接触的触点在电阻热的作用下形成液体金属过梁,同时过梁爆破形成的金属蒸汽对焊件端面具有良好的保护作用,以阻止空气与端面接触。

(4) 顶锻阶段

闪光结束时,对焊件迅速施加足够大的顶锻压力,使液态金属层迅速地从焊件端面挤出,封闭端面间隙,使接头产生足够的塑性变形,形成共同结晶,从而获得牢固的焊接接头。

顶锻分为两个阶段:第一阶段是有电流顶锻,由于继续通电加热,有利于排出金属氧化物。顶锻过程是在通电状态下进行的。第二阶段是无电流顶锻,即切断电流后继续顶锻,使焊缝继续产生塑性变形,彻底排出残留的液态金属氧化物,使焊缝处于最佳结合面。

2) 连续闪光焊

连续闪光焊取消了预热阶段。从焊接开始,焊件端面一直进行连续不断的、均匀的闪光,依靠连续闪光对焊件进行加热,直到顶锻。其特点如下:

(1) 连续闪光焊方法取消了加热过程的预热阶段,消耗功率少。预热过程是利用短路电流对焊件预热,需要设备具有大的电力容量;而大功率焊机不但设备造价昂贵,且需要有大容量的供电电源;经常性地电能消耗也使得焊接成本大大增加,连续闪光焊机的功率只有预热闪光焊机功率的1/2,因此在目前无缝线路铺设过程中,常采用连续闪光焊的方式进行钢轨焊接。

(2) 连续闪光焊能使端面温度分布均匀,而预热焊接时的短路预热总是少数触点的接触,端面局部地区加热,故造成焊件端面温度分布不均匀,这种温度的不均匀性有时会一直影响到最后,以致形成焊接缺陷。为了克服这种缺陷必须使热影响区增大,而增大热影响区又会使接头塑性降低。连续闪光焊则是利用焊件端面连续的闪光触点加热,这些触点(又称为过梁)不断交替地在焊件全断面进行加热,使温度得以均匀分布。采用连续闪光焊方法焊接的接头焊缝"灰斑"缺陷较少。

3. 焊接接头的金相组织

焊接接头按金相组织状态分为:熔合线(焊缝)、半熔化区、过热区、正火区和不完全重结晶区。半熔化区和过热区又称为粗晶区,因而粗晶区、正火区和不完全重结晶区共同构成焊接热影响区。焊接质量不仅取决于焊缝,而且取决于热影响区的组织和性能。

(1) 熔合线(焊缝)。钢轨闪光焊的焊缝一般很窄,通常只有 0.5 mm 左右。在焊接过程中,由于高温作用产生氧化,使碳烧损,其碳含量减少。焊接后由于冷却速度较慢,造成亚共析铁素体沿奥氏体晶粒间呈网状析出,金相组织为珠光体加少量网状铁素体。熔合线的晶粒度为 1~2 级,通过正火可消除焊缝的过热组织。

(2) 半熔化区。在焊接过程中,这一区域处于半熔化状态,是同时含有液相金属和固相金属的混合区,冷却后晶粒粗大,其组织状态、化学成分和性能存在较大的不均匀性。

(3) 过热区。在焊接过程中,这一区域的温度范围处在固相线以上到 1 100 ℃ 左右。在此温度下,奥氏体晶粒产生严重的长大现象,冷却后得到过热组织(即粗大的珠光体团)。这一区域的塑性很低,硬度很高,是接头的薄弱环节。正火处理后可改变此区域的性能,使晶粒度达到 7~8 级,塑性和韧性得以提高。

(4) 正火区。在焊接过程中,这一区域的金属被加热到 Ac3 以上温度(铁碳合金的 Ac3 线一般在 727~912 ℃ 之间,正火温度一般在 Ac3 线上 30~50 ℃),金属发生重结晶,晶粒细化,晶粒度达到 7~8 级,相当于正火组织,韧性和塑性都好。

(5) 不完全重结晶区。焊接时,处于 Ac1~Ac3 之间的温度范围,属于不完全重结晶区。这一温度区域的金相没有完全奥氏体化,因此又被称为二相区。二相区组织不均匀、晶粒大小不同。不完全重结晶区硬度较低,是热影响区内较软的区域。

(6) 母材。各钢种的钢轨母材的晶粒度等级不同,对钢轨焊后热影响区的晶粒度的影响也不同。

4. 作业程序

(1) 配轨

根据无缝线路设计图纸,编制配轨表。按配轨表的顺序和要求,丈量每根钢轨的长度,依次配轨,并在自动流水作业线上按顺序焊接钢轨。

(2) 打磨除锈

应对钢轨两端的夹紧部位及两轨接触端面进行打磨除锈,使之具有良好的接触导电性能。要求钢轨端部截面光洁,具有金属光泽,其与钢轨纵轴垂直面的最大偏差不大于 0.25 mm。

(3) 焊接

焊接时两轨端通电加热,它包括断继预热和连续闪光两个阶段,前者使钢轨端部加热到一定的温度和深度,后者是进一步使轨端轨温均匀化和建立一层防止金属强烈氧化的保护层。轨端加热到塑性状态后,焊接机能自动夹紧钢轨使轨端顶压,将轨端焊成整体。

(4) 推平

钢轨焊接后,由于焊接时的顶压,使焊接轨端处凸出,当焊接处金属尚处于高温塑性状态时,用液压推除设备,把凸出部分推除。

(5) 打磨焊缝

在轨端焊接处,除轨腰部分外均应符合原钢轨断面尺寸。因此,对焊缝应进行打磨,以保证车轮通过时的平顺性。

(6) 整细矫直

对焊接长钢轨要用矫直机矫直,要求用 1 m 直尺检查弯曲矢度,其值不超过 0.5 mm。

(7) 超声波探伤

对焊缝用超声波探伤仪进行检查,探明是否有焊接缺陷,并做好检查记录。

(8) 堆码

将焊接好的长轨条堆码到高站台上,以备吊装到运轨列车上。

5.6.2 气压焊接法

1. 焊接原理

如图 5-20 所示,金属构件的气压焊接是用气体燃料燃烧时产生的热能,将对焊的金属构件的焊接端加热到熔化状态或塑性状态,再施以一定的顶锻压力,把施焊的金属构件

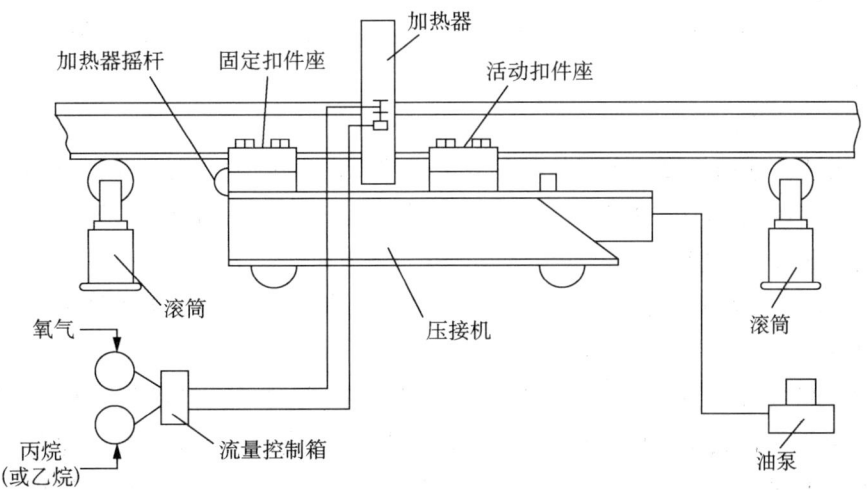

图 5-20 气压焊原理示意

的焊接端焊接起来。焊接热源大多采用氧-乙炔火焰。其焊接原理是将被焊金属构件的焊接端加热到熔化状态或塑性状态时,在顶锻力的作用下,相互焊接的金属端面的熔体或塑体的原子之间,相互扩散渗透再结晶,在两个相互焊接的金属面之间,形成新的结晶,从而使两金属构件融结成一体。

气压焊接又可分为塑性焊接和熔化焊接。塑性焊接是将被焊金属构件的焊接端加热到塑性状态,在固定的顶锻力作用下产生顶锻量,当顶锻量达到一定量值之后,两被焊金属构件即焊接成一个整体,然后去除金属焊接面因顶锻而形成的凸出量,进行正火处理后即完成焊接。熔化焊接是将被焊的金属构件的焊接端加热到熔化状态,再施加压力,将熔化的金属及杂质挤出,两金属构件即被焊接成一个整体,同样去除凸出量,并进行正火处理。塑性焊接操作容易,且焊接质量优良,因此,金属构件一般都采用塑性焊接法进行焊接。如钢轨的焊接,当采用气压焊接法时,即为塑性焊接。

2. 焊接方法

我国目前现行的气压焊接法可分为两种:一种是定位焊接,即将气压焊机安装在焊轨厂的焊接车间进行定位焊接,焊机体形较大;另一种是移动焊接,焊机体形较小,重量较轻,适合在工地移动焊接联合接头。

1) 工厂焊接法

工厂焊接法是利用固定在工厂焊轨车间的气压焊机,将标准钢轨焊成一定长度的长钢轨。目前,各焊轨厂的焊接长度一般为250～500 m,厂焊长度以500 m为宜。有些焊轨厂因受工厂场地限制,承轨台无法展长,钢轨焊接长度只能保持原长,而有条件的焊轨厂多改为焊长500 m。厂焊的焊接工艺分为焊前工艺和焊后工艺,两相衔接构成整个长钢轨的焊接工艺流程。以焊机为分界,钢轨进入焊机施焊之前的工艺为焊前工艺,它包括:配轨、探伤、整修钢轨端面、设标、进入待焊台位;钢轨进入焊机之后的工艺为焊后工艺,它包括:焊接、推凸、粗磨、细磨、调直、正火、探伤、进入承轨台存放待运。工厂焊接法的工艺一环扣一环,比较有条理,外界干扰少,利于质量管理,保持质量稳定。此外,工厂焊接生产集中、人员集中,有利于加强生产管理,对提高焊接质量与效率,降低生产成本也十分有利。

2) 移动焊接法

本节表述的移动焊接法主要指的是我国铁路采用的小型化、轻便型的气压焊机(即小型移动式气压焊机,利于现场流动使用),以焊接工地长钢轨联合接头,或跨区间无缝线路连入法施工的接头焊接。

小型气压焊机具有设备简单、体型小、重量轻的特点。它在工地上移动、操作都比较方便,且焊接质量接近厂焊水平。

移动式焊接法用小型气压焊机焊接工地联合接头时,其焊接工艺与工厂焊接法所采用的焊接工艺相类似。所不同的是,移动焊接法乃流动作业,焊接环境差,在焊接过程中受列车通过、自然气候等外界的干扰和影响较多。为了确保焊接质量良好,应从严掌握施焊工艺和质量检验移动式焊接的热源,以往多采用氧-丙烷,但近年来又改用氧-

乙炔。因工地频繁移动，以采用氧-丙烷为宜。若采用罐装高压乙炔，转移工地时，须注意安全，严禁冲击或碰撞，以防发生事故。使用液化石油气时，气瓶不得日晒、倒置、烘烤或油污。

5.6.3 铝热焊法

德国于1924年首先把铝热焊法用于长轨条的焊接。这是一种高效、快速的钢轨焊接方法。铝热焊法工艺简单，适合工地流动作业，利于工地焊接联合接头和断轨原位复焊。

钢轨的铝热焊是利用焊剂中的铝在高温条件下与氧有较强的化学亲和力，它从重金属的氧化物中夺取氧，使重金属还原，同时放出热量，将金属熔成铁水，浇铸施焊而成。铝热焊接就是利用这种氧化还原的化学反应作用。其化学反应式为

$$\left.\begin{array}{l}3FeO+2Al=3Fe+Al_2O_3+835.3\ J\\ Fe_2O_3+2Al=2Fe+Al_2O_3+830.2\ J\\ 3Fe_3O_4+8Al=9Fe+4Al_2O_3+3237.7\ J\end{array}\right\} \quad (5-22)$$

铝热焊剂是由还原金属（铝）、氧化金属（氧化铁）、铁合金和铁钉头配制而成的。为了提高铝热焊的质量，可按需要在铝热焊剂中掺入少量合金元素，如锰、钛、钼、硅等，以及加入石墨，调整碳的含量。

铝热焊法是将配制好的铝热焊剂放入特制的坩埚，用高温火柴引燃焊剂，产生强烈的化学反应，从而得到高温的钢水和熔渣，待反应平静后，将高温的钢水注入扣紧钢轨经过预热的砂型中，将砂型中对接好的钢轨端部熔化，冷却后去除砂型，并及时对焊好的接头整形，两节钢轨即焊接成一体。

5.6.4 有轨电车钢轨的焊接

在国内的工程实践中，有轨电车无缝钢轨的焊接大多采用闪光焊、铝热焊或二者的组合。例如，苏州现代有轨电车工程[9]采用的是移动闪光焊；沈阳浑南有轨电车某线路则采用铝热焊[10]；成都有轨电车蓉2号线则采用二者组合的方法[11]。

因此，从焊接方式来看，有轨电车无缝线路钢轨的焊接与地铁相比，没有太多的不同。但是，由于电车常用槽形轨，这会对焊接工艺提出更为复杂的需求。对此，不少机构设计、制造了适用于槽型轨的工装：槽型轨移动闪光焊轨车、铝热焊专用砂型等，如图5-21所示。图5-22为移动式槽型轨焊轨机。

基于大量的工程实践，槽型轨焊接的标准规范也已面世，它们分别是《城市轨道用槽型钢轨闪光焊接质量检验标准》(CECS 429:2016)、《城市轨道用槽型钢轨铝热焊接质量检验标准》(CECS 430:2016)。

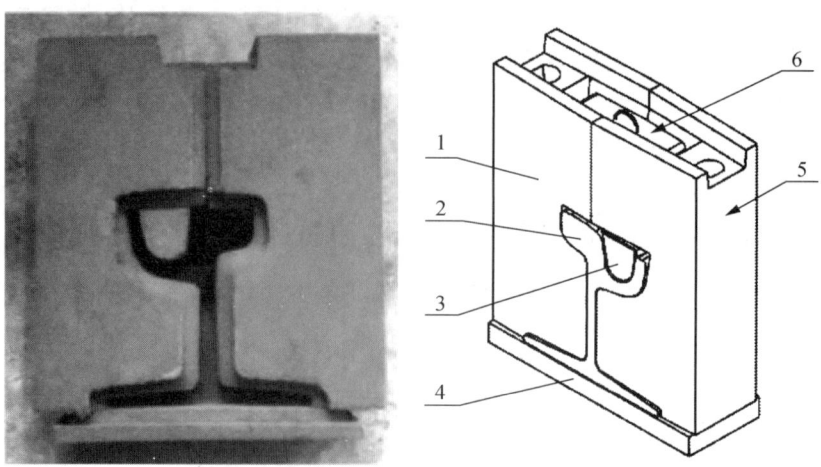

1—砂模；2—槽型轨；3—轮缘槽填充砂模；4—底板砂模；5—侧板砂模；6—注入口

图 5-21 槽形轨铝热焊专用砂型[10, 11]

图 5-22 移动式槽型轨焊轨机

参考文献

[1] 中铁第四勘察设计院集团有限公司.铁路无缝线路设计规范：TB 10015—2012[S]. 北京：中国铁道出版社，2013.

[2] 北京城建设计研究院有限责任公司,中国地铁工程咨询有限公司.地铁设计规范：GB 50157—2013[S]. 北京：中国建筑工业出版社,2014.

[3] 上海市城市建设设计研究总院(集团)有限公司. 武汉市大汉阳地区现代有轨电车试验线工程 桥上无缝线路设计检算报告[R]. 2014.

[4] 中国铁道科学研究院机车车辆研究所.列车牵引计算 第 1 部分：机车牵引式列车：TB/T 1407.1—2018[S].北京：中国铁道出版社,2019.

[5] 铁道部标准计量研究所.铁路轨道强度检算法：TB 2034—1988[S].北京：中国铁道出版社,1988.

[6] 中国铁道科学研究院.新建铁路桥上无缝线路设计暂行规定[R].北京：中华人民共和国铁道部,2003.

[7] 上海市城市建设设计研究总院(集团)有限公司轨道交通与地下空间研究院总体所. 苏州高新区有

轨电车 1 号线工程:桥上无缝线路设计检算报告[R]. 2012.

[8] 上海申通地铁集团有限公司.上海城市轨道交通工程技术标准:STB/ZH—000001—2010[R].上海:上海申通地铁集团有限公司,2010.

[9] 李京增,李金华,李力,等.苏州现代有轨电车槽型钢轨移动闪光焊接质量控制[J].铁道建筑,2015(05):147-150+157.

[10] 殷立达,朱文杰,王帮焱,等.现代有轨电车槽型轨铝热焊接技术与应用[J].都市快轨交通,2014,27(02):122-125.

[11] 丁韦,李力,高振坤,等.槽型轨及其焊接技术在城市轨道交通中的应用[J].现代城市轨道交通,2014(01):92-94.

第 6 章　轨道减振降噪

6.1　振动噪声控制的意义

部分有轨电车线路兴建在城市中心或为地面线路并穿行于建筑之间，在方便人们出行的同时，也引发了振动和一些公共问题（如噪声等）。从轨道角度来说，这类振动和噪声是有轨电车在直线、曲线行驶时，由轮轨接触的滚动、滑动、冲击等运动造成，并沿着车辆、空气、钢轨和基础结构向周围传播和扩散，引起车内和车外以及周围建筑结构的振动和噪声，甚至给附近建筑造成二次振动和噪声。

振动和噪声会影响线路周围建筑内人们的正常工作和学习，长期影响下甚至会危害人们的身心健康。人处于振动环境中，将会引起人体生理和心理的不适。噪声随振动同时产生。噪声会危害人的听力，引发高频听力损伤，甚至造成耳聋或耳鼓膜破裂。同理，车内乘客感受到电车运行时引起的振动和噪声，乘坐舒适感就会降低，甚至影响有轨电车的服务品质。

当前，有轨电车线路通常处于市区、建筑密集场所，如图 6-1 所示，特别是路过一些敏感地点（如医疗卫生机构、学校、居民区、剧院、文物保护建筑及精密制造业等），若不采取轨道结构的减振降噪措施，在长期运营情况下，可以预见振动和噪声将持续增长并逐渐恶化，给有轨电车造成负面影响，还会对沿线地块的商业价值造成损失。因此，对于振动和噪声的控制是极其有必要的，同时也是有轨电车轨道工程需要重视的关键技术。

图 6-1　有轨电车穿行于建筑之间

6.2 振动噪声的特点

6.2.1 振动的特点

在有轨电车行驶过程中,特别是通过小半径曲线地段,有轨电车的车轮和钢轨/槽型轨间的相互动力作用将产生车辆、轨道的振动,振动波由轮轨接触的振源通过轨道结构向下部基础及周边环境传播,同时也通过转向架、悬挂系统和车体向车内传播。振动的产生与传播可以归结为三个要素:振源、传播路径及受振体。

1. 振动的产生

振源包括车辆和轨道结构。振源的强弱表现为车辆-轨道系统轮轨接触点动力作用的大小和频率,取决于轮载、车辆速度、轨道结构的弹性、轨道几何和弹性不平顺、轨面粗糙程度等,轨道交通噪声源如图 6-2 所示。根据既有的测试和理论研究,振动源将随轮载的增大而变大,也随着车辆通过速度的增大而变大。通过调节轨道结构的弹性,可以减少轨道结构受振动冲击的影响及传播的能量,达到减振的目的。轨道几何和弹性不平顺包括静态不平顺和动态不平顺,静态不平顺反映了轨道的几何形

图 6-2 轨道交通噪声源

态与理论平顺形态的偏差,动态不平顺则代表动力作用下不均匀下沉产生的偏差。随着轨道不平顺条件的恶化,将加剧轨道结构的振动。同时,轨面粗糙程度也将影响轮轨接触界面的特性,一般呈现短波、高频特性,如钢轨表面波磨,从而引起轮轨的高频振动和噪声。

2. 振动的传播规律

有轨电车产生的振动能量以波的形式向周边环境传播,按振动波传播的路径分为体波和面波。振动传播规律与波的种类、波的频谱以及土质条件等均有关。

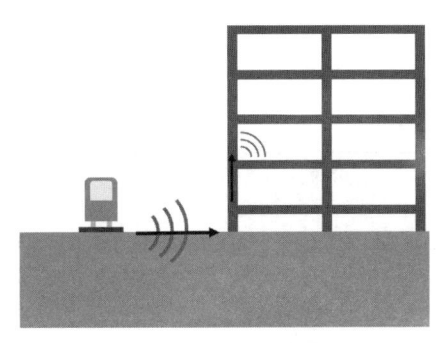

图 6-3 振动传播示意图

当波从振源向周围环境传播时,波前不断拓展,振幅不断衰减。面波的衰减梯度远小于体波。振动波在土质中的传播过程中,土体颗粒摩擦引起能量损耗,高频振动能量衰减快,低频振动能量衰减慢。振动波在硬土地质条件下衰减较快,在软土地质条件下衰减较慢。图 6-3 为振动的传播示意图。

3. 受到振动影响的建(构)筑物

受到振动影响的建(构)筑物的动力响应与其自身的结构形式有较大关系,包括基础类型、上部结构

整体及构件的自振频率等。基础质量越大,地基激励与建筑物振动的耦合损失就越大。当上部结构自振频率与外部激励主频接近时,将产生较大的结构振动,需采取针对性的隔振设计。

4. 振动环境影响的预测

对环境影响的定量预测是振动控制的前提,振动预测分析模型和方法主要有解析法、数值法和工程类比经验公式法。其中,工程类比经验公式是最常用的方法,依据同类工程项目的试验数据资料或实测数据,并在上述数据的基础上,结合类比条件的异同根据经验公式进行修正,可表示为式(6-1):

$$VL_{Zmax} = VL_{Z0max} + C_{VB} \tag{6-1}$$

式中 VL_{Zmax} ——预测点处的最大 Z 振级,dB;
  VL_{Z0max} ——列车振动源强,根据类比工程实测数据确定;
  C_{VB} ——修正系数,dB。

$$C_{VB} = C_V + C_W + C_R + C_D + C_B \tag{6-2}$$

(1) 列车速度修正值 C_V

$$C_V = 20 \lg \frac{v}{v_0} \tag{6-3}$$

式中 v ——列车通过预测点的运行速度,km/h;
  v_0 ——源强列车的参考速度,km/h。

(2) 轴重和簧下质量修正值 C_W

$$C_W = 20 \lg \frac{w}{w_0} + 20 \lg \frac{w_u}{w_{u0}} \tag{6-4}$$

式中 w_0 ——源强列车的参考轴重,t;
  w ——预测车辆的轴重,t;
  w_{u0} ——源强车辆的参考簧下质量,t;
  w_u ——预测车辆的簧下质量,t。

(3) 轮轨条件修正值 C_R

不同轮轨条件下的振动修正值如表 6-1 所列。

表 6-1 轮轨条件的振动修正值

轮轨条件	振动修正值 C_R
无缝线路	0
有缝线路	+5
弹性车轮	0
线路平曲线半径≤2 000 m	+16×列车速度(km/h)/曲线半径(m)

(4) 距离衰减修正值 C_D

$$C_D = a\lg r + br + c \tag{6-5}$$

式中　r——地面线预测点至线路中心线的水平距离或高架线预测点至邻近单个桥墩纵向中心线的水平距离，m；

　　　a,b,c——不同类型线路对应的距离修正值参数，取值见表 6-2。

表 6-2　距离修正值参数取值表

类型	土体类别	a	b	c
地面线	中软土	−8.6	−0.130	8.4
高架线	中软土	−3.2	−0.078	0.0

(5) 建筑物类型修正值 C_B

建筑结构质量越大，大地与建筑基础的耦合损失越大，不同建筑物类型对应的振动修正值如表 6-3 所列。

表 6-3　建筑物类型的振动修正值

建筑结构及特性	振动修正值 C_B
7 层及以上砌体(砖混)结构或混凝土结构(扩展基础)	−1.3×层数
7 层及以上砌体(砖混)结构或混凝土结构(桩基础)	−1×层数
3～6 层砌体(砖混)结构或混凝土结构	−1.2×层数
1～2 层砌体(砖混)结构、砖木结构或混凝土结构	−1×层数
1～2 层木结构	0
建筑基础与路基结构在同一结构体上	0

6.2.2　噪声的特点

轨道交通噪声源一般有轮轨噪声、空气动力噪声、车辆设备噪声、受电弓噪声、建(构)筑物的结构二次噪声等，如图 6-4 所示。轨道交通噪声的构成与列车运行速度有关，当列车运行速度小于 60 km/h 时，车辆设备噪声占主要成分；当列车运行速度在 60～200 km/h 时，轮轨噪声占主要成分；当列车运行速度大于 200 km/h 时，空气动力噪声占主要成分。一般情况下，有轨电车的最高运行速度为 70 km/h，因此有轨电车噪声主要关注轮轨噪声及车辆设备噪声，以及由此引起的建(构)筑物的结构二次噪声。

1. 轮轨噪声

轮轨噪声是源于轮轨接触界面间的不平顺。由于车轮踏面和轨面存在各种类型的不平顺，列车通过时轨道结构和车体都会产生振动，从而向外界敷设产生轮轨噪声。轮轨噪声包括啸叫噪声、冲击噪声和滚动噪声。

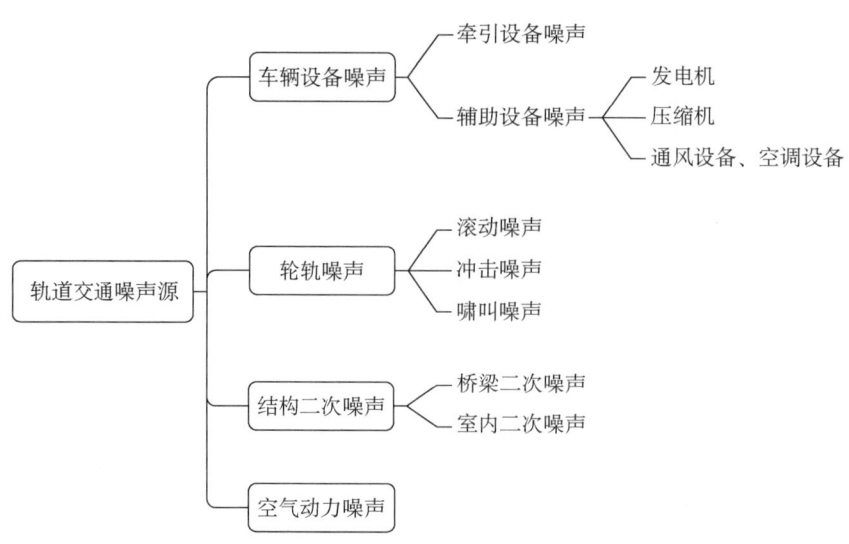

图 6-4　有轨电车轨道噪声源

1) 轮轨曲线啸叫噪声

啸叫噪声是列车在曲线轨道上运行时轮轨轴向相互作用(轮缘挤压外轨以及内侧车轮踏面在钢轨上滑动)所产生的高频轮轨噪声。轮轨曲线啸叫噪声是一种刺耳的高强度高频噪声,在所有半径曲线上都有可能会产生这种噪声。曲线半径越小,该种噪声发生的概率越大,且车厢内外的人都能感觉到这种噪声。相比地铁、轻轨等,有轨电车为了适应道路交叉口,故线路采用的最小曲线半径更小,因此曲线啸叫噪声问题更为突出。由于啸叫噪声的本质是轮轨间黏着-蠕滑、滑动等复杂轮轨接触行为所导致的,因此改善轮轨的匹配关系是控制啸叫噪声的关键。

2) 轮轨冲击噪声

轮轨冲击噪声是由钢轨焊缝接头、错牙接头和车轮扁疤等冲击型激扰导致车轮和钢轨振动进而产生的轮轨辐射噪声。对于无缝线路,长期运营会在钢轨接头焊接区形成焊缝低凹型接头和焊缝凸台接头。对于有缝线路,存在送轮错牙接头与迎轮错牙接头。

轮轨冲击噪声的强度与车辆运行速度、车轮扁疤尺寸正相关。对于有缝线路,冲击声的强度随钢轨错牙接头高度的增大而增强;对于无缝线路,冲击声的强度随接头处低凹型焊缝短波波长的增大而减小,随低凹型焊缝长波波长的增大而增大。

3) 轮轨滚动噪声

轮轨滚动噪声是由于轨道结构钢轨表面的短波不平顺激发轮轨振动通过空气传播而产生的。轮轨滚动噪声的能量集中在频率 800~2 500 Hz 范围内。

2. 车辆设备噪声

车辆设备噪声包括牵引电机、压缩机、发电机、齿轮箱和空调设备运行产生的噪声。车辆设备噪声的强弱与车辆性能有关。

3. 建(构)筑物结构二次噪声

1) 桥梁结构二次噪声

桥梁结构二次噪声是由桥梁局部振动产生的一种低频噪声。研究表明,混凝土桥(箱梁、槽梁)的结构噪声主要集中在 100 Hz 以下的频段,钢结构桥梁的结构噪声主要集中在 200 Hz 以下的频段。解决桥梁结构二次噪声问题的关键在于降低桥梁的振动,除了采取轨道减振措施外,还可以通过优化桥梁截面的方法如增设腹板或横隔板、优化腹板倾角等。

2) 建筑室内二次噪声

建筑室内二次噪声是由结构构件表面振动向外辐射产生的低频噪声,其主要影响频率范围为 16~200 Hz。室内二次噪声与振源传到建筑的振动、楼板墙体尺寸以及室内吸声条件均有关。

目前,普遍将类比工程经验公式作为预测研判建筑室内二次噪声水平的主要手段。根据《环境影响评价技术导则 城市轨道交通》(HJ 453—2018),列车通过时段混凝土结构的室内二次噪声空间最大 1/3 倍频程声压级 $L_{p,i}$(16~200 Hz)可按式(6-6)预测:

$$L_{\text{Aeq, Tp}} = 10\lg\sum_{i}^{n} 10^{0.1(L_{p,i}+C_{f,i})} \tag{6-6}$$

式中 $L_{\text{Aeq, Tp}}$——单列车通过时段的建筑室内空间最大等效连续 A 声级(16~200 Hz),dB;

$L_{p,i}$——单列车通过时段的建筑物室内空间最大 1/3 倍频程声压级(16~200 Hz),dB;

$C_{f,i}$——1/3 倍频程 A 计权修正值,dB。

$$L_{p,i} = L_{\text{Vmid},i} - 22 \tag{6-7}$$

式中 $L_{p,i}$——单列车通过时段的建筑物室内空间最大 1/3 倍频程声压级(16~200 Hz),dB;

$L_{\text{Vmid},i}$——单列车通过时段的建筑物室内楼板中央垂向 1/3 倍频程振动速度级(16~200 Hz),dB。

6.3 振动噪声控制设计

为了避免有轨电车运营对环境振动和噪声的潜在影响,需要在工程可行性研究阶段对项目建设进行评估,作为轨道工程振动和噪声控制的重要设计依据。根据环境影响评价报告,对不同减振降噪需求的振动噪声敏感目标采取针对性的措施以满足经济及技术指标,是轨道振动噪声控制设计的关键任务。

振动噪声控制设计的技术路线按振动和噪声传播的过程可以分为三个层面,即对于振源的控制、对振动噪声传播路径的控制以及对受到振动噪声影响的敏感目标的保护。

6.3.1 振动控制原理

轨道交通振动控制一般分为主动隔振和被动隔振两个方面。主动隔振是通过隔振器或隔振材料的作用,将振源产生的大部分振动隔绝,以减小振动的输出,从而避免给周围环境造成影响。被动隔振是通过设置隔振器阻断外来振动,使位于隔振器上方的设备、房屋等不被环境振动所影响。

1. 主动隔振基本原理

假设振源处产生随机振动的某一具体频率分量 $\bar{\omega}$,对应的简谐荷载为 $p_0\sin\bar{\omega}t$,被隔振物体质量为 m,将振源减振系统简化为单自由度质量-弹簧-阻尼系统,隔振器的刚度为 k、阻尼系数为 C,如图 6-5(a)所示,则其稳态位移反应可表示为

$$u(t) = \frac{p_0}{k} D \sin(\bar{\omega}t - \theta) \tag{6-8}$$

式中,动力放大系数 D 可表示为

$$D = \frac{p_k}{p_0} = [(1-\beta^2)^2 + (2\beta\xi)^2]^{-\frac{1}{2}} \tag{6-9}$$

主动隔振效率可用传导比反映,传导比的定义为基底上力的最大值与作用力幅值之比:

$$TR = D\sqrt{1 + (2\xi\beta)^2} \tag{6-10}$$

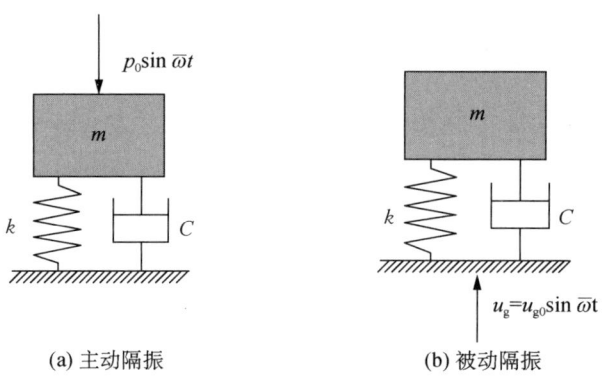

(a) 主动隔振　　　　(b) 被动隔振

图 6-5　振动控制的隔振原理

2. 被动隔振基本原理

如图 6-5(b)所示,当基础位移为 $u_g = u_{g0}\sin\bar{\omega}t$,被动隔振质量的位移为

$$u^t(t) = u_{g0}\sqrt{1+(2\xi\beta)^2}\,D\sin(\bar{\omega}t - \bar{\theta}) \tag{6-11}$$

被动隔振的传导比定义为质量与基础振幅之比:

$$TR = D\sqrt{1+(2\xi\beta)^2} \tag{6-12}$$

被动隔振的传导比表达式与主动隔振的一致。隔振传导比与频率比的关系曲线如图 6-6 所示,可以发现,隔振系统在频率比超过 $\sqrt{2}$ 时才发挥作用,该结论是设计隔振系统固有频率的重要依据。

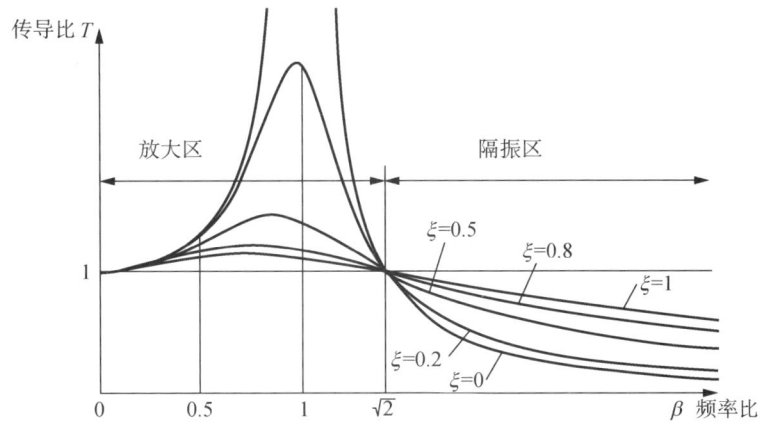

图 6-6　隔振传导比与频率比关系图

对于现代有轨电车而言,主动隔振技术包括:弹性扣件、埋入式轨道柔性包裹系统、道床隔振垫浮置板轨道、嵌入式轨道系统等。当沿线存在音乐厅、精密仪器实验室等对声学和环境振动非常敏感的建筑,且轨道结构采取主动隔振措施后仍无法满足其使用功能的要求时,则有必要采取被动隔振措施。

6.3.2　减振降噪技术

1. 轨道减振降噪技术

1) 弹性减振扣件(CJT 系列有轨电车扣件)

通过在轨下增加弹性垫层可以起到调节扣件系统刚度的作用,有助于提供轨道结构弹性。

为了适应现代有轨电车的运营需求,CJT 型和 CJT Ⅱ 型有轨电车扣件应运而生。CJT 型扣件为无枕式扣件系统,已被应用于淮安有轨电车。CJT Ⅱ 型扣件为有枕式扣件系统,已被应用于上海松江有轨电车。

CJT Ⅱ 型扣件的总体结构为弹性不分开式、有螺栓扣件,钢轨通过扣件直接紧固联结在混凝土整体道床上。弹性由轨下弹性垫板提供。扣件系统由弹条、双头螺钉、防松垫圈、基板、轨下胶垫、绝缘轨距块、绝缘套管以及调高垫板和弹条调高座等零部件组成。扣件系统节点垂直静刚度为 $25 \sim 35$ kN/mm。

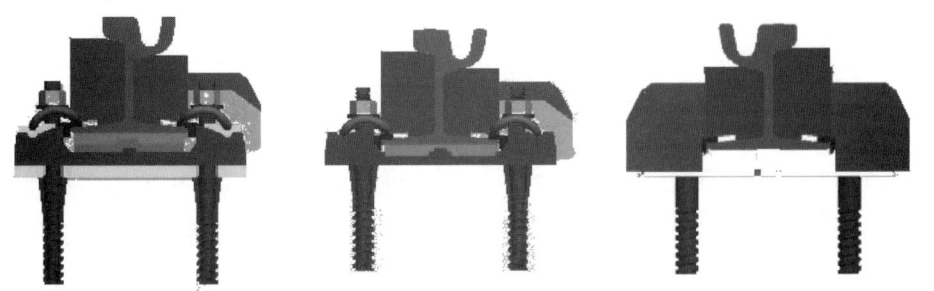

图 6-7　CJT Ⅱ 型扣件三维图

2) 埋入式轨道柔性包裹系统

国内的现代有轨电车工程大多沿既有道路于地面敷设，因此埋入式轨道结构成为其中最典型、最普遍的轨道结构形式。柔性包裹系统是埋入式轨道结构的重要组成部分，其主要作用是作为钢轨与路面的隔离与过渡介质，为钢轨、扣件系统提供密封阻水、绝缘、防腐等功能。埋入式轨道柔性包裹系统主要由轨腰护块、轨底护套、轨顶密封层、胶黏剂、底涂等组成，由于采用了柔性橡胶轨腰护块，因而具有一定的减振作用，振动插入损失值一般在 3～5 dB。轨道包裹系统的绿化段铺设如图 6-8 所示，其沥青混凝土铺装段如图 6-9 所示。

图 6-8 轨道包裹系统绿化段铺设实景

图 6-9 轨道包裹系统沥青混凝土铺装段实景

3) 道床隔振垫浮置板轨道

道床隔振垫浮置板轨道是将道床板置于弹性道床隔振垫上，通过道床板的惯性运动，使列车运行所产生的振动在传递给下部基础前得以衰减，从而达到减振的目的。道床隔振垫的振动插入损失一般在 10～15 dB，适用于有高等减振需求的路段。

根据材料的不同来分，道床隔振垫可分为橡胶隔振垫与聚氨酯隔振垫。橡胶道床隔振垫技术较为成熟、成品质量容易把控，因而在国内城市轨道交通高等减振地段使用最为普遍。但由于橡胶制品易老化，而橡胶一旦老化将影响隔振垫的减振性能，因此维护周期相对较短。聚氨酯隔振垫作为新技术，其最大的特点在于耐久性好，目前已在欧洲大部分轨道交通线路上使用，但在国内的应用较少。

目前，在国内现代有轨电车工程中，东莞华为松山湖、青岛城阳、佛山高明和深圳龙华均使用了道床隔振垫浮置板轨道技术。图 6-10 为道床隔振垫现场铺设实景。

图 6-10 道床隔振垫现场铺设实景

4) 钢弹簧浮置板轨道

钢弹簧浮置板是将混凝土道床板置于钢弹簧隔振器上，构成质量-弹簧-隔振系统，隔振器由螺旋钢弹簧和黏滞阻尼组成,钢弹簧具有垂直刚度和水平刚度,以保证系统的稳定性和安全性。当列车通过时,作用在钢轨上的力传递给钢弹簧隔振器上的浮置板,浮置板可以提供足够的惯性质量来抵消车辆产生的动荷载。浮置板道床受力后,在惯性作用下将所受到的力重新分配后再传递给隔振器,通过隔振器传递至下部基础。在此过程中,隔振器发挥了调谐、滤波、吸收能量的作用,从而达到隔振减振的目的。

钢弹簧浮置板轨道固有频率很低,只有 4~8 Hz,因此其减振效果优于道床隔振垫浮置板轨道,振动插入损失一般可以达到 25~30 dB,是一种特殊减振级别的轨道结构。钢弹簧浮置板是目前轨道交通领域最高等级的减振技术。

钢弹簧浮置板技术成熟,已在国内城市轨道交通得到广泛应用。国外有轨电车工程已有相关应用案例,如德国科隆有轨电车(图 6-11)、德国海德堡—基尔希姆有轨电车(图 6-12)、瑞士巴塞尔有轨电车(图 6-13)等均采用了钢弹簧浮置板技术。

图 6-11　德国科隆有轨电车钢弹簧浮置板

图 6-12　德国海德堡—基尔希姆有轨电车钢弹簧浮置板

图 6-13　瑞士巴塞尔有轨电车钢弹簧浮置板

5) 嵌入式轨道系统

嵌入式连续支承无扣件轨道系统是将钢轨嵌入到混凝土整体道床中,采用弹性垫板连续支承、高分子浇筑料锁固钢轨的一种无扣件新型轨道结构。该轨道系统主要由预制道床板、槽型轨、弹性垫板、高分子浇筑料、调轨组件等部件组成,如图 6-14 所示。

嵌入式轨道采用了高分子材料连续锁固钢轨,沿纵向形成连续支承等刚度系统,以提高轨道的平顺性、有效改善轮轨接触关系,从而有助于从源头控制振动和噪声。其振动插入损失一般在 10~15 dB,轮轨噪声的插入损失在 5~7 dB(A),因此这是一种高等减振级别的轨道结构。国内在成都、三亚、蒙自、文山等有轨电车工程中均采用了嵌入式轨道技术。

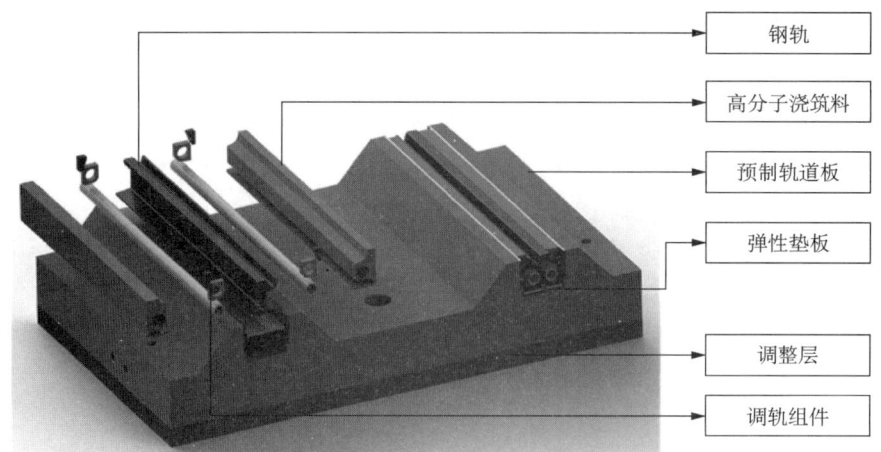

图 6-14　嵌入式轨道模型

2. 钢轨养护维修

1) 钢轨打磨

钢轨顶面的伤损和磨损会引起更大的轮轨附加力,导致轨道结构和环境振动强度大幅提高。而钢轨打磨是提高钢轨表面平顺度、消除轨面波磨的有效措施之一,并且能够有效降低轮轨冲击荷载。国内外相关研究表明,钢轨打磨后轨道振动和轮轨噪声能降低 4~8 dB(A)。

2) 轨面摩擦系数控制

轨面摩擦系数控制是通过在小半径曲线地段钢轨轨顶车轮踏面处喷涂摩擦控制剂,使轮轨间的摩擦系数降低以达到控制轮轨蠕滑带来的啸叫噪声的目的,同时还能减少钢轨波磨问题,延长钢轨的使用寿命。

目前,轨面摩擦系数可通过涂摩擦控制剂来控制,而涂摩擦控制剂设备主要有地面和车载两种。地面轨面摩擦控制剂喷涂设备安装于曲线地段轨道外侧,当列车通过时,通过控制装置开启供油阀向轨面喷涂,车轮踏面将摩擦控制剂均匀涂在轨面上,从而达到控制轨面摩擦系数的目的,如图 6-15 所示。车载喷涂设备安装于车辆转向架上,将摩擦控制剂喷涂于

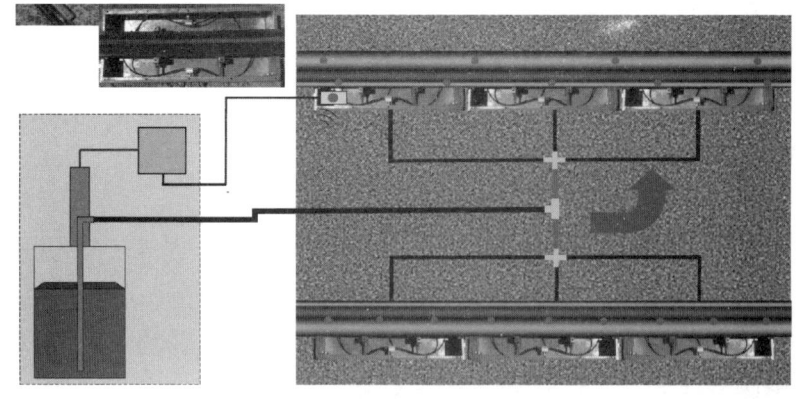

图 6-15　线上(轨旁)涂油系统示意图

车轮踏面上,通过车轮滚动来实现对轮轨摩擦系数的调节。轮轨摩擦系数一般在 0.3~0.35,能够对啸叫噪声起到抑制作用,并满足列车牵引与制动的要求。

3. 轨道减振设计推荐技术方案

有轨电车工程的振动噪声控制应遵循可靠性和经济性原则,根据不同城市或地区对环境的要求,合理选择适用的轨道结构形式和减振降噪措施,以取得最佳的经济效益和社会效益。

1) 轨道减振等级划分

减振降噪设计依据项目环境影响评估报告,以此确定减振地段位置及减振级别。有轨电车可以参照城市轨道交通的分类标准,划分为一般地段、中等减振地段、高等减振地段和特殊减振地段。

(1) 一般地段:振动超标小于 5 dB

线路中心距住宅区、宾馆、机关、学校、医院等建筑物在 20 m 以上地段。线路中心距 I 类建筑物 10 m 以上,可按照一般地段设计。线路中心距非住宅区、宾馆、机关、学校、医院等建筑物(除特殊地段外)在 10 m 以上,可按一般地段设计。

(2) 中等减振地段:振动超标 5~10 dB

线路中心距离住宅区、宾馆、机关、学校、医院等建筑物 20 m 内地段,按中等减振地段设计。线路穿越的 I 类建筑物为非特殊开发的,线路穿越的建筑物为商场等非住宅的。

(3) 高等减振地段:振动超标 10~15 dB

线路穿越住宅区、宾馆、机关、学校、医院等建筑物地段,按高等减振地段设计。

(4) 特殊减振地段:振动超标大于 15 dB

医院手术室、音乐厅、精密仪器厂等。

2) 轨道减振措施建议

与地铁相比,有轨电车轴重较轻、车速较慢,且大多为沿市政道路敷设的地面线,因而一般地段占线路绝大部分,采用埋入式轨道柔性包裹系统和弹性扣件即可满足环境要求。当一般减振措施无法满足时,建议按图 6-16 进行设计。

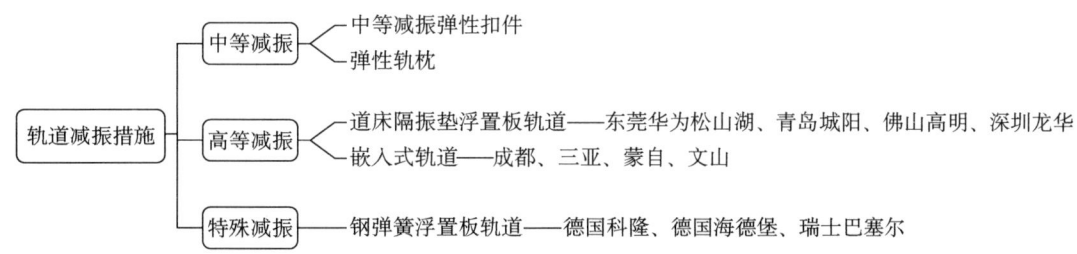

图 6-16 有轨电车轨道减振降噪技术方案汇总

3) 轨道弹性过渡段设置

线路上不同减振轨道结构的使用会引起轨下刚度的不平顺,进而诱发更大的振动。对此可以通过设置轨道弹性过渡段来实现不同减振轨道结构刚度的平稳变化，从而使得轨道结构的动态特性不发生突变，同时有利于列车的平稳运行。轨道弹性过渡段的设计方案因过渡段前后的轨道结构形式而异，目前常用的过渡段方案如表 6-4 所列。

表 6-4 减振轨道过渡段方案

过渡段前后轨道结构形式	过渡段方案
普通埋入式轨道＋道床隔振垫	调整过渡段隔振垫刚度
普通埋入式轨道＋钢弹簧浮置板	隔振器加密
普通埋入式轨道＋嵌入式轨道	不设过渡段或调整普通埋入式轨道扣件间距

6.3.3 声屏障技术

目前，采用声屏障来降低轨道交通两侧的噪声是应用比较广泛的降噪措施之一。声波遇到声屏障时会产生反射、透射和衍射三种传播现象。声屏障能够阻止直达声的传播，隔离透射声，并使衍射声有足够的衰减。屏障后面将形成声影区，声影区内噪声有明显的下降，最终达到降噪的目的。

从声学原理上，声屏障可以分为三类：反射型、吸声型和复合型。由于列车车身通常由不吸声的金属板和玻璃板组成，声波将在反射型声屏障与车身之间经多次反射后仍从声屏障的上方逸出（图 6-17），因此通常采用吸声型或复合型声屏障。

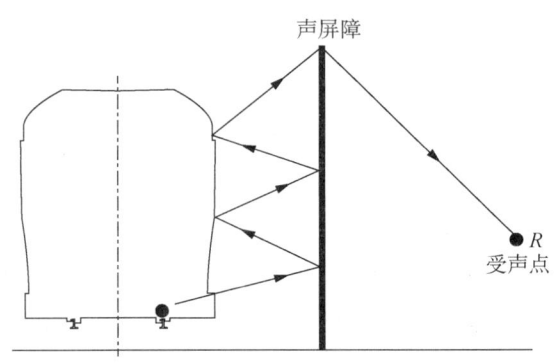

图 6-17 声波在车体与声屏障之间反射

吸声型声屏障通过在靠近声源侧壁面附加吸声材料来提升降噪效果。较为常见的吸声材料主要有泡沫铝、铝纤维、泡沫塑料、泡沫玻璃、玻璃棉、水泥木屑混合材料和废旧轮胎复合材料等。吸声材料的构造特点是具有大量内外连通的孔隙和气泡，当声波入射其中时，可引起孔隙中的空气振动。由于空气的黏滞阻力，空气与孔壁的摩擦，使得相当一部分声能转化为热能而被损耗，从而达到降噪的目的。

在不同的声屏障高度下，声屏障后方的声场分布也不同。随着声屏障高度的增加，声影区的面积随之增加，总声压级随之减小。根据既有工程经验，声屏障高度每增加 1 m，插入损失便增加 1.5 dB(A)，1.5 m 高度的声绕射衰减系数约为 17 dB(A)；3～4 m 高度的声绕射衰减系数约为 20 dB(A)；5～6 m 高度的声绕射衰减系数约为 23 dB(A)。声屏障高度的增加需要加固基础，如此便会提高工程造价，故一般声屏障高度不宜超过 3～4 m，特殊情况下可采用 5~6 m 高度。

在结构形式上,声屏障总体上可以分为开放式、半封闭式及封闭式三大类。开放式声屏障的噪声插入损失一般在 5~10 dB(A),半封闭声屏障的噪声插入损失约 15 dB(A),全封闭声屏障的降噪效果可达 20 dB(A)。半封闭式和全封闭式声屏障适用于噪声大、线路距离敏感点很近的路段。

与半封闭式及封闭式声屏障相比,开放式声屏障在造价和降低对景观影响方面具有优势。开放式声屏障的结构形式多样,这也会影响其降噪性能。根据降噪效果的优劣,人字形、T 字形和 V 字形最佳,圆弧形、倒 L 形、内倾形次之,直立形最差。从安装维修的角度,直立形、倒 L 形和 T 字形声屏障由于结构形式简单而更具优势,因此得到广泛应用。开放式声屏障的各种结构形式如图 6-18 所示。

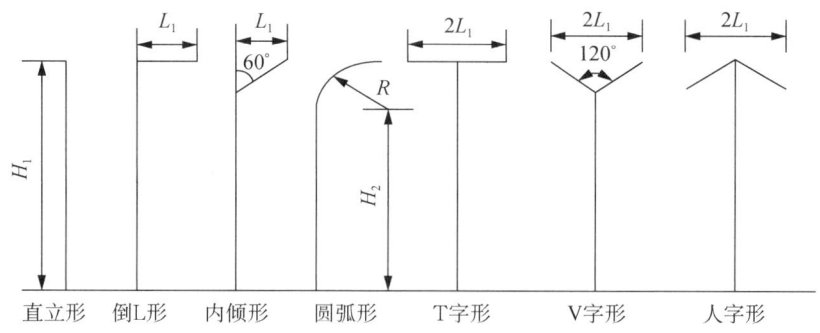

图 6-18 开放式声屏障结构形式

武汉东湖国家自主创新示范区有轨电车 T1 线、T2 线工程针对高架沿线敏感区域的噪声防治均采用了声屏障技术,并取得了良好的效果,如图 6-19、图 6-20 所示。

图 6-19 东湖有轨电车工程高架全封闭声屏障

图 6-20　东湖现代有轨电车工程高架声屏障鸟瞰图

6.3.4　敏感建筑隔振技术

敏感建筑的被动隔振通过隔振器将建筑物或有特殊环境要求的设备及房间和地基或楼板脱开,使传递到建筑物或室内的振动能量减小,从而达到隔振目的。对建筑物的整体隔振,需要在其基础布置隔振器或隔振垫,但这会产生高昂的工程造价。从经济性的角度考虑,除非绝大部分房间的使用功能要求均非常高,否则不建议采取建筑整体隔振。当建筑物内部存在个别使用功能较高的房间时,可采用浮筑楼板技术实现局部隔振。

浮筑楼板是在既有建筑结构楼板上通过隔振器或隔振垫支承的混凝土板,设计图如图 6-21 所示。浮筑楼板技术较为成熟,适用于广播电台、录音棚、音乐厅、精密仪器实验室等应用场景。浮筑楼板对竖向振动的插入损失可达 11 dB,对噪声的插入损失可达 5～16 dB(A)。

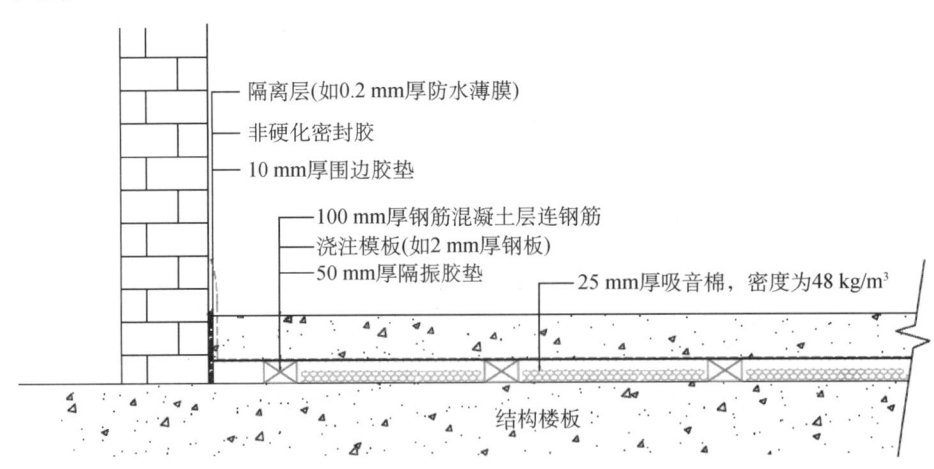

图 6-21　浮筑楼板设计图

房中房技术是在既有建筑结构内部再建一个房间,内层房间支承在隔振器或隔振垫层上。内层房间四周墙体、天花板与外层房间无刚性连接,在阻断振动传播的同时,两层房间之间形成的空气夹层还能起到隔声的作用。房中房技术已在上海音乐厅、国家大剧院等重点工程中得到应用,并取得了良好的减振降噪效果。

第 7 章 轨道施工与养护维修

7.1 轨道施工工艺

目前,我国有轨电车正线轨道主要采用无砟轨道结构,有利于轨面铺装,减少养护维修量,有轨电车车辆段主要采用有砟轨道,有砟轨道施工与轨道交通差别不大,本章主要阐述有轨电车无砟轨道施工工艺。有轨电车无砟轨道根据道床来分主要分为现浇道床和预制道床,从钢轨的锚固方式上分为扣件点支承锚固和嵌入式高分子材料连续支承锚固,本章主要介绍扣件式现浇道床轨道和嵌入式预制道床轨道。

7.1.1 施工前准备工作

(1) 轨道工程开始施工前,对施工图纸进行结构尺寸及工程量审核。
(2) 做好各种原材料的选料、进场及检验。
(3) 进行混凝土配合比设计及试验,确定混凝土性能参数。
(4) 进行钢轨焊接试验,确定环境影响参数和焊接性能指标。
(5) 进行轨道铺设条件评估及接口条件验收。
(6) 控制网点测设及评估;各种施工设备、机具进场和检修。
(7) 编制实施性施工组织设计,分项工程施工技术方案、作业指导书、施工安全保证措施和应急预案。
(8) 对施工人员进行技术培训和安全技术交底。
(9) 报批分部工程开工报告。

7.1.2 轨道控制网建立

目前,我国有轨电车轨道施工控制网引入了高铁CPⅢ控制网,该控制网精度高、施工便捷。

1. CPⅢ控制网概述

CPⅢ控制网是沿线路布设的平面、高程控制网,平面起闭于基础平面控制网(CPⅠ)或线路平面控制网(CPⅡ)、高程起闭于线路水准基点,一般在线下工程施工完成后进行施测,是轨道铺设和运营维护的基准。

1) 工程独立坐标系

工程独立坐标系是指为了满足轨道工程建设要求采用的以任意中央子午线和高程投

影面进行投影而建立的平面直角坐标系。边长投影在对应的线路轨道设计高程面上,投影长度的变形值不大于 10 mm/km。

2) 基础框架平面控制网 CP0

基础框架平面控制网 CP0 是为了满足线路平面控制测量起闭联测的要求,沿线路每 50 km 左右建立的卫星定位测量控制网,作为全线勘测设计、施工、运营维护的坐标基准。

3) 基础平面控制网 CPⅠ

基础平面控制网 CPⅠ是在基础框架平面控制网(CP0)或国家高等级平面控制网的基础上,沿线路走向布设,按 GPS 静态相对定位原理建立,为线路平面控制网起闭的基准。在勘测阶段按静态 GPS 相对定位原理建立。点间距约为 4 km,测量精度为 GPS B 级网。

4) 线路平面控制网 CPⅡ

线路平面控制网 CPⅡ是在基础平面控制网(CPⅠ)上沿线路附近布设,为勘测、施工阶段的线路平面控制和轨道控制网起闭的基准。可用 GPS 静态相对定位原理测量或常规导线网测量,在勘测阶段建立。点间距为 400~800 m,测量精度为 GPS C 级网或三等导线。

5) 轨道控制网 CPⅢ

轨道控制网 CPⅢ是沿线路布设的三维控制网,起闭于基础平面控制网(CPⅠ)或线路控制网(CPⅡ),一般在线下工程施工完成后进行施测,为轨道施工和运营维护的基准。CPⅢ网按自由设站边角交会方法测量。点间距为纵向 50~70 m、横向为线路结构物宽度,测量精度为相邻点位的相对点位中误差小于 1 mm。

6) CPⅢ控制网区段

CPⅢ控制网区段是指 CPⅢ控制网独立平差计算的控制网长度。一条有轨电车的 CPⅢ控制网可分区段进行平差计算,且每一区段的长度不应短于 2 km。

7) CPⅢ目标组件

CPⅢ目标组件是轨道控制网(CPⅢ)点实际空间物理位置的反射目标。CPⅢ目标组件由反射棱镜、预埋件和连接件等组成,如图 7-1—图 7-4 所示。

图 7-1　CPⅢ直立预埋套筒+球棱镜　　图 7-2　直立预埋套筒+水准半球尺垫

图 7-3　CPⅢ直立预埋件＋对中半球　　图 7-4　辅助立柱＋CPⅢ直立预埋套筒

8）CPⅢ平面网的纵横向闭合差

CPⅢ平面网的纵横向闭合差是指 CPⅢ点间沿线路方向和垂直线路方向的长度闭合差,可用于评定 CPⅢ平面网的外业观测精度、探测 CPⅢ网中观测值的粗差等。

2. CPⅢ埋设

在城市有轨电车中 CPⅢ控制点应成对布设,纵向距离一般为 50～60 m,在个别特殊情况下相邻点间距最短不得小于 40 m(通过调整曲线段前后 CPⅢ的距离来满足小半径施测),最长不大于 90 m(十字交叉路口、建(构)筑物遮挡等情况);CPⅢ控制点埋设于施工开挖边线两侧,同一点对的里程差不大于 3 m,CPⅢ点的布设高度应大致等高。

上述 CPⅢ布设标准是针对直线段或普通半径的情况,而当出现小半径曲线时,除了遵循上述要求外,还需注意小半径曲线处 CPⅢ的布设按实际情况另外分为如下两种:

(1) 如果转弯附近至少有一对可以通视的 CPⅢ(左右各一对,即仪器架设在路口,左右能至少观测到两对 CPⅢ,且观测距离分别不大于 150 m)则无须另行加密控制点,后期的现场施测可利用通视的控制点来设定仪器测站的坐标和方位,并尽可能地利用可视的其他远处的 CPⅢ点进行校核。

(2) 如果转弯附近无可以通视的 CPⅢ(左右各一对,即仪器架设在路口,左右无法观测到两对 CPⅢ,或只能观测到左右各一对 CPⅢ,但观测距离没有满足分别小于等于 150 m 的要求)。那么在顾及首尾曲线段的原则下,并考虑到路口交通等因素,最好通过调整直线段 CPⅢ的布设距离来间接满足曲线段设站的需求;或者在曲线中端附近加密一对 CPⅢ点,而曲线中加密的 CPⅢ点须布设在不影响通车或来往车辆不会对其造成破坏的地方。然而,具体加密点的距离或高度的确定只能因地制宜,并且只有在综合满足施工放样之需、通视及不能阻碍正常的物流和交通等诸多制约因素的综合考量下才能进行,如图 7-5—图 7-8 所示。

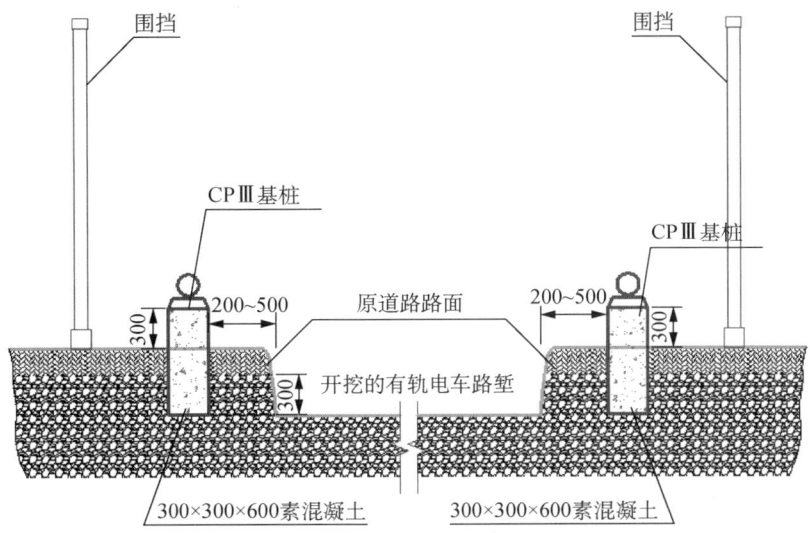

图 7-5 CPⅢ控制网布设横断面图(单位:mm)

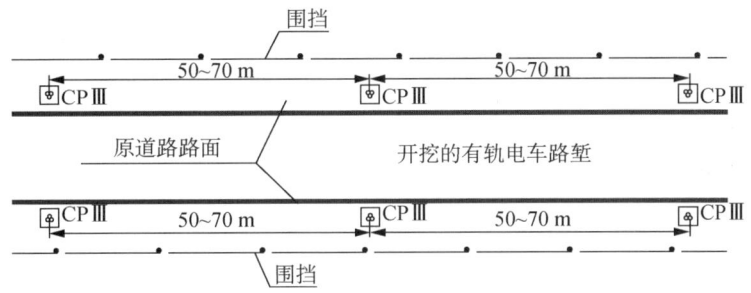

图 7-6 CPⅢ控制网一般线路路段布设平面图

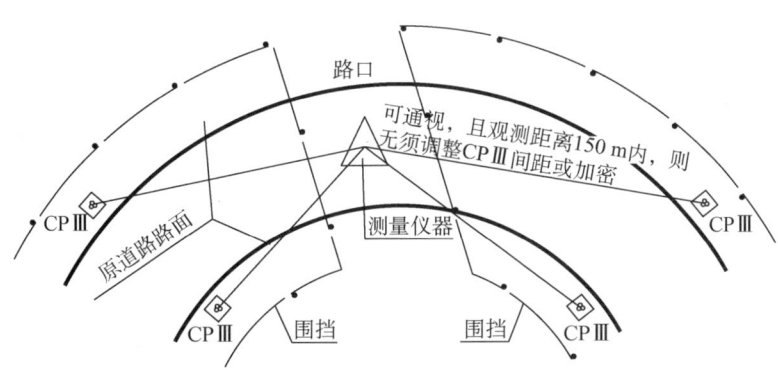

图 7-7 CPⅢ控制网小曲线线路地段小半径布设水平图一
(情况 1:转弯附近有一对可通视的 CPⅢ)

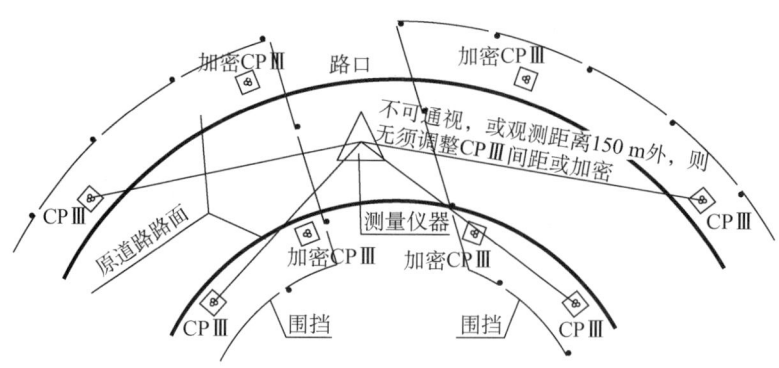

图 7-8　CPⅢ控制网小曲线线路地段小半径布设水平图二
（情况 2：转弯附近无可通视的 CPⅢ）

为了保证 CPⅢ 基桩的整体稳定性、永久性，基桩宜与基础层一起浇筑完成，同时埋设球棱镜 CPⅢ 预埋套筒，如图 7-9 所示。

3. CPⅢ 测量

1）CPⅢ 控制点野外数据采集

CPⅢ 控制点野外数据采集分为平面数据采集和高程数据采集。平面数据采集主要是采集 CPⅢ 控制点之间和 CPⅢ 控制点与高等级平面控制点之间的边角关系。高程数据采集主要是采集 CPⅢ 控制点之间和 CPⅢ 控制点与高等级高程控制点之间的高差关系。

2）CPⅢ 控制点平面数据采集

（1）软硬件准备

图 7-9　CPⅢ 基桩

CPⅢ 控制点平面数据采集主要的软硬件准备如表 7-1 和图 7-10 所示。

表 7-1　主要软硬件清单

软硬件	数量	备注
全站仪	1 台/组	带马达驱动、自动照准和数据自动记录功能；方向测量中误差不大于 ±1″；测距中误差不大于 ±(1 mm+2 ppm)
CPⅢ 棱镜组件	12 套/组	加工精度符合测量规范要求
精密基座＋棱镜支架	1 套/组	在联测时用于安置在 CPⅡ 控制点上
气象计量设备	1 套/组	温度计量测精度不低于 ±0.5 ℃；气压计量测精度不低于 ±5 hPa
采集软件	1 套/组	控制野外数据质量

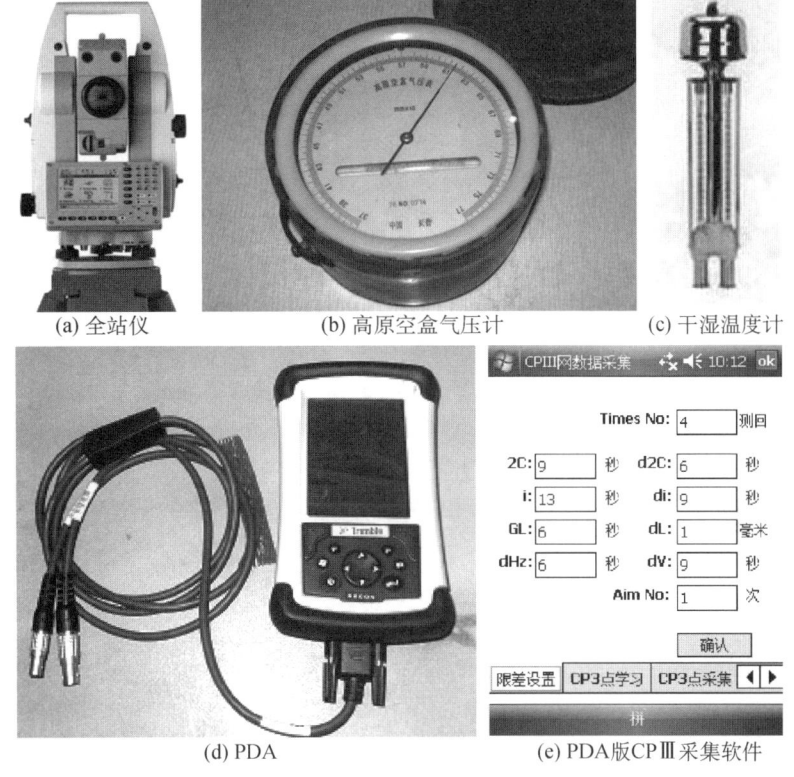

(a) 全站仪　　(b) 高原空盒气压计　　(c) 干湿温度计

(d) PDA　　(e) PDA 版 CPⅢ 采集软件

图 7-10　CPⅢ 控制点平面数据采集所需主要软硬件

（2）CPⅢ 平面控制网观测网形

CPⅢ 控制网应采用自由测站边角交会法施测。CPⅢ 平面网附合于 CPⅠ、CPⅡ 控制点上，每 600 m 左右应联测一个 CPⅠ 或 CPⅡ 控制点，采用固定数据平差。当 CPⅡ 点位密度和位置不满足 CPⅢ 联测要求时，应按同精度内插方式加密 CPⅡ 控制点。

自由测站距 CPⅢ 控制点最远距离一般约为 150 m，最大不超过 180 m，自由测站距 CPⅠ 或 CPⅡ 控制点的距离不宜大于 300 m。每个 CPⅢ 点至少应保证有 3 个相邻的自由测站的方向和距离观测量。

一般情况下采用测站间距为 120 m 的 CPⅢ 平面网形，每个 CPⅢ 控制点被 3 个自由测站观测，CPⅢ 平面网形如图 7-11 所示。

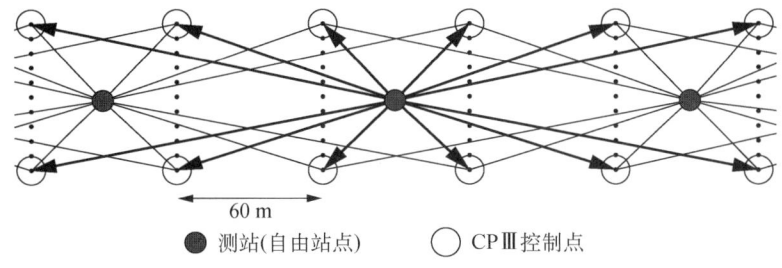

● 测站(自由站点)　　○ CPⅢ 控制点

图 7-11　测站间距为 120 m 的 CPⅢ 平面网形

向CPⅢ点进行的测量(方向、角度和距离),若因遇施工干扰或观测条件稍差时,CPⅢ平面控制网可采用测站间距为60 m左右的网形观测,每个CPⅢ控制点应有4个方向交会,控制网形见图7-12。

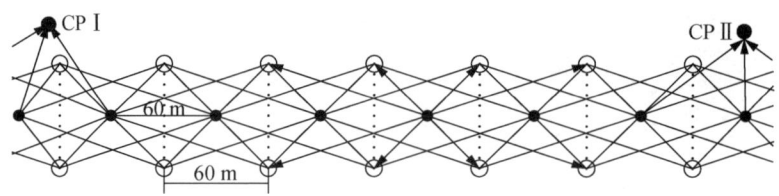

图7-12 测站间距为60 m左右CPⅢ平面网形

(3) 高等级CPⅠ、CPⅡ控制点联测方式

当采用在自由设站置镜观测CPⅠ、CPⅡ控制点时,应在2个或2个以上连续的自由测站上观测CPⅠ、CPⅡ控制点,如图7-13所示。

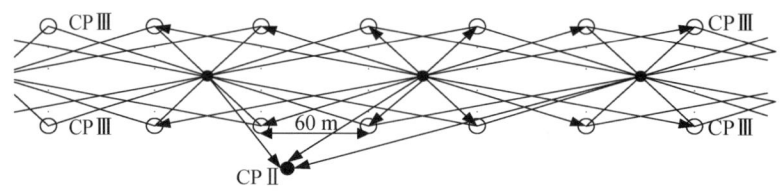

图7-13 自由设站置镜观测示意图

当采用在CPⅠ、CPⅡ控制点置镜观测CPⅢ点,应在CPⅠ、CPⅡ控制点置镜观测3个以上CPⅢ控制点,如图7-14所示。

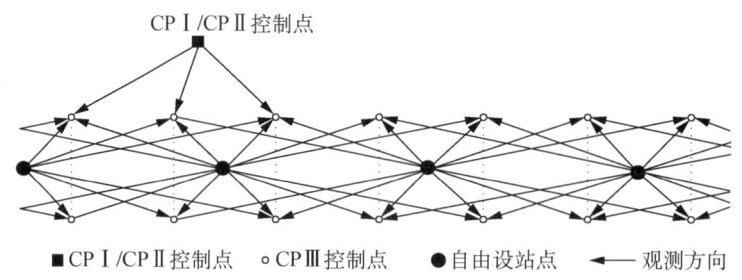

图7-14 CPⅠ、CPⅡ控制点置镜

(4) CPⅢ平面控制网分段观测与测段衔接

CPⅢ可以根据施工需要分段测量,分段测量的测段长度不宜小于4 km。测段间应重复观测不少于6对CPⅢ点,以此作为分段重叠观测区域,便于进行测段衔接。施工时,CPⅢ网两端宜分别预留6对CPⅢ点,以作为后续CPⅢ控制网的连接区域。CPⅢ平面控制网衔接区观测网形如图7-15所示。

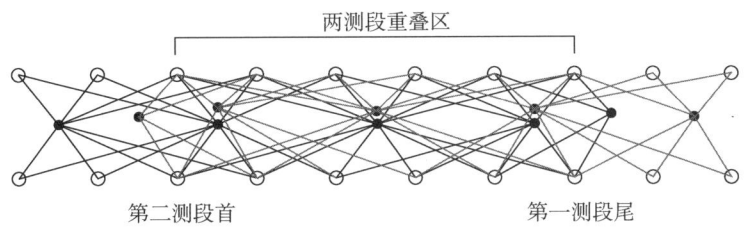

图 7-15　CPⅢ平面控制网衔接区观测网形

3）CPⅢ控制点高程数据采集

（1）软硬件准备

CPⅢ控制点高程数据采集主要的硬件准备如表 7-2 和图 7-16 所示。

表 7-2　主要硬件准备清单

名称	数量	备注
水准仪	1 台/组	每公里水准测量高差中误差不大于 ±1 mm
钢瓦条码尺	1 对/组	每米间隔平均长与名义长之差不应超过 0.15 mm
CPⅢ高程测量插杆	2 套/组	加工精度符合测量规范要求

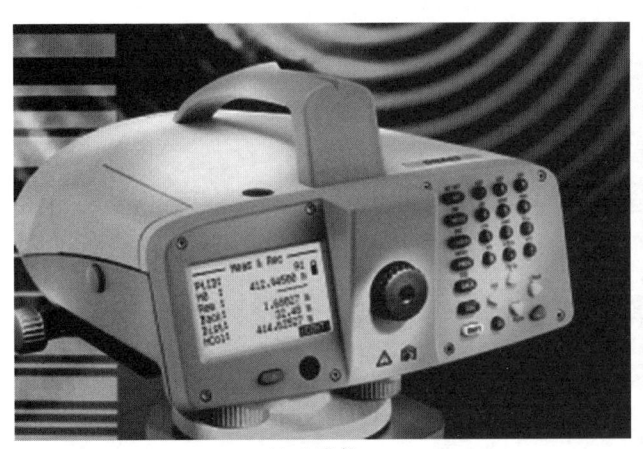
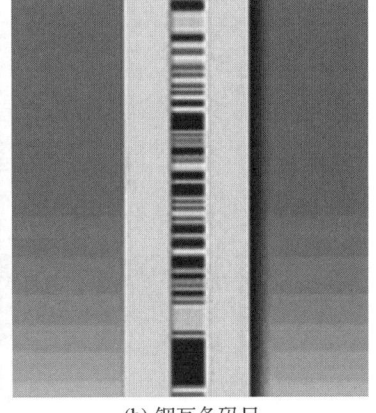

(a) 水准仪　　　　　　　　　　(b) 钢瓦条码尺

图 7-16　CPⅢ控制点高程数据采集所需主要软硬件图

（2）CPⅢ高程控制网观测网形

CPⅢ控制点水准测量应附合于线路水准基点上，按精密水准测量技术要求施测，水准路线附合长度不得大于 3 km。CPⅢ控制点水准测量按图 7-17 所示的矩形环单程水准网构网观测。CPⅢ水准网与线路水准基点联测时，按精密水准测量要求进行往返观测。

左边第一个闭合环的四个高差应该由两个测站完成，其他闭合环的三个高差可由一个测站按照后—前—前—后或前—后—后—前的顺序进行测量。

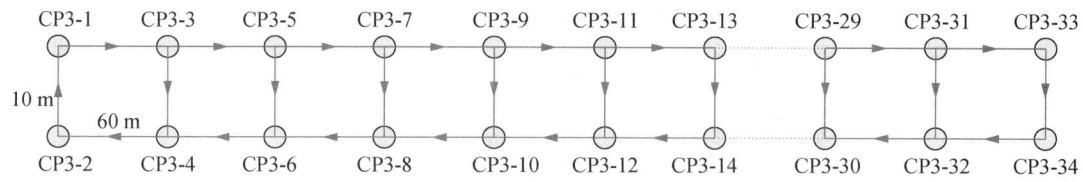

图 7-17　CPⅢ 高程控制网观测网形

7.1.3　扣件式现浇道床轨道施工

扣件式现浇道床轨道施工工艺流程如图 7-18 所示。

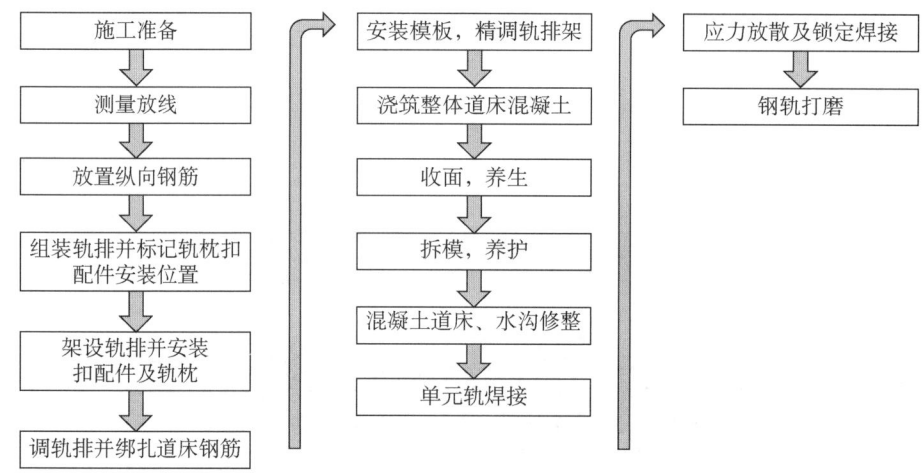

图 7-18　扣件式现浇道床轨道施工工艺流程

1. 测量放线

采用 CPⅢ 点对线路中心线、模板边线进行放样，并弹好墨线确保轨排拼装、钢筋绑扎、模板安装线形平顺，如图 7-19 所示。

图 7-19　测量放线

2. 钢筋绑扎及轨排架设粗调

根据设计图纸进行道床钢筋现场布置和绑扎,利用工装将钢轨、轨枕、扣件进行架设粗调,如图 7-20 所示。

图 7-20 钢筋绑扎及轨排架设粗调

3. 道床模板安装

(1) 根据短轨枕承轨台设计要求及施工工艺,模板在选取时,应注意材质硬度,以防成型后翘曲变形。

(2) 模板支立前应清理干净基底并润湿,且所有模板应先均匀涂抹脱模剂,铺设应牢固、平整,接缝密不漏浆。

(3) 模板外侧用电钻打眼立钢筋头支顶模板底部,模板顶部与轨底之间用钢筋勾连接,模板外侧用方木支承,支承间距不得大于 80 cm,且在模板接缝处须加强支承。

(4) 支立模板时,应严格按墨线位置支立,位置偏差不大于±3 mm。模板工作面应保证垂直,不垂直度不大于±2 mm,表面不平整度不大于±3 mm,高程误差不大于 0 或 -5 mm。

(5) 模板拆除后,应及时清除灰渣并及时维修,按各种型号分类保管,以便以后使用,拆除模板时应注意保护道床。

(6) 保证模板及其支架有足够的承载力、刚度和稳定性,能可靠地承受浇筑混凝土的重量、侧压力以及施工荷载。

(7) 模板在组装时面板拼缝处补充泡沫胶以防漏浆,并保持模板的整体性。

(8) 模板的现场摆放须按规矩码放,防止变形。

(9) 施工重点模板缝隙处理,平整度控制、支承加固。拉杆的设置不得遗漏,控制胀模。

道床模板现场安装图如图 7-21 所示。

图 7-21 模板现场安装图

4. 轨道精调

现场轨排粗调完成后采用精测轨道小车依据CPⅢ建网数据进行轨道精调，精调工装每 2.5 m 设置一处，精调过程中对每组精调架位置进行数据复测并依次调整，如图 7-22 所示。精调完成后做好扣件防护工作，防止在整体道床混凝土浇筑过程中对扣件造成污染，如图 7-23 所示。

图 7-22　轨排精调　　　　　　图 7-23　混凝土浇筑前的扣件防护

轨道精调控制要点如下。

1) 精调测量前轨道应具备的条件

（1）钢轨应无污染、无低塌、无掉块、无硬弯等缺陷。

（2）扣件应安装正确，无缺少、无损坏、无污染。扣件弹条与轨距挡板应密贴，扣件扭矩符合设计要求。

（3）轨下垫板应安装正确，无缺少、无损坏、无偏斜、无污染、无空吊。

（4）钢轨接头平直度应符合标准要求。

2) 轨道精调测量要点

（1）区间轨道应连续测量，两次测量搭接长度不应少于 20 m。

（2）道岔应单独测量，与两端线路搭接长度不应少于 35 m。

3) 轨道调整要点

（1）轨道精调整理应在规定的作业轨温范围内进行。

（2）轨道精调应遵循"先轨向，后轨距""先高低，后水平"的原则。

（3）钢轨精调作业应先确定基准轨。曲线地段以外轨为基准轨，直线地段同前方曲线的基准轨。

（4）钢轨精调时，宜先调基准轨的轨向和另一轨的高低，再调两轨的轨距和水平。

（5）现场根据调整量表对计划调整地段进行标识，严格按照确定的原则和顺序进行轨向、轨距、高低、水平等的调整。

（6）对调整完毕的区段，用轨道几何状态测量仪进行检核测量，并对超限尺寸进行反复调整，直到确认轨道状态符合标准要求为止，并按相关规定提交检测成果资料。

5. 整体道床混凝土浇筑

整体道床混凝土浇筑过程中注意钢轨的铺盖,避免混凝土污染钢轨后导致后期轨道清理工作量增加,整体道床混凝土顶面收平压光分为两个步骤:第一是混凝土灌注后首先进行顶面收平,确保整体道床顶面及排水坡标高准确;第二是待顶面收平后,每隔 1 h 对整体道床表面进行一遍压光,直至混凝土初凝,且压光次数不少于 3 次。图 7-24 为现场进行整体道床混凝土浇筑。

图 7-24 整体道床混凝土浇筑

1) 混凝土浇筑控制要点

(1) 整体道床混凝土浇筑前的各项准备工作就绪后,安排调轨人员进行一次精细调轨,以确保轨道几何尺寸各项指标均在规范要求内。

(2) 在道床混凝土浇筑前须安排专人用塑料袋把扣件包好并捆扎牢固,在钢轨上覆盖彩条布以防止混凝土污染钢轨及扣件。

(3) 道床混凝土采用商用混凝土,灌注时采用插入式振捣棒振捣密实,每次插入振捣的时间为 20~30 s,并以混凝土不再显著下沉、不出现气泡、开始泛浆时为准。振捣时不得碰撞钢轨、轨枕和模板,并保证轨枕四周混凝土灌注密实。

(4) 对于混凝土抗压试件留置组数要求:同一配合比每灌注 100 m³(不足 100 m³ 则按 100 m³ 计)应取两组试件,一组在标准条件下养护,另一组与道床同条件下养护。

(5) 道床混凝土表面要严格按照设计坡度 2% 的横向坡进行抹面处理,不得出现反坡,以免影响排水。

(6) 混凝土浇筑完毕 12 h 后对其加以覆盖并进行浇水养护,要保持混凝土处于湿润状态,养护时间不得少于 14 d。

(7) 混凝土浇筑初凝前,安排调轨人员再次检查轨道几何尺寸,若有问题则进行调整直至全部达标,并安排立模人员对道床存在变形、跑模的部位进行整修、加固。

(8) 混凝土浇筑成型强度达到 5 MPa 后方可拆模,强度达到 7.5 MPa 可拆除精调架,达到设计强度的 70% 后(即一个循环周期为 72 h),轨道上方可载重、行车。

(9) 对拆除支承架后的丝杠孔用膨胀混凝土填补,使道床表面平整,且颜色一致。

(10) 整体道床轨道施工时,应结合当地室外温度及春、夏季的温度;道床浇筑完成后,待达到初凝状态后,快速将钢轨两端扣件进行松懈,防止由于温度过高发生胀轨现象,造成道床块拉裂。

2) 雨季施工控制要点

混凝土浇筑受雨天影响较大,雨天施工过程中需注意浇筑作业面的防雨措施,同时做好用电设备的防雨措施,检查连接电线是否存在破损及裸露接头的现象,同时做好配电箱接地,具体安排如下。

(1) 考虑每个工作面平均浇筑混凝土指标为 150～200 m/d,每个工作面配备防雨棚 140 m(2 段)、3.5 m 宽防雨布 500 m(100 m 备用)、3.5 m 宽彩条布 400 m。防雨棚高度 2 m、宽度 3 m,可收缩折叠。防雨棚搭设后可预留 1.5 m 高的施工作业空间。

(2) 雨天施工前,先每隔 8 m 破除模板与支承层缝隙填塞位置,以便于模板内的积水排空;混凝土施工过程中,前 100 m 不搭设防雨棚;在整体道床混凝土简单振捣收平后,沿线覆盖彩条布以防止雨水冲刷。

(3) 待前 100 m 混凝土浇筑完成后开始搭设防雨棚(图 7-25),搭设完成后彩条布撤出并向前倒运,人工收平并逐步铺设防雨布,防雨棚向前推行至作业面,人工收平完成。

图 7-25 雨天施工搭设防雨棚

(4) 从浇筑起点人工收平时间算起 1 h 后进行第一次人工压光。首先,搭设防雨棚并拆除防雨布进行压光。其次,压光完成后重新覆盖防雨布,防雨棚向前推进,依次进行工作面压光。

(5) 待第一次人工压光开始算起 1 h 后即初凝前,再进行一次人工压光,施工工序与第一次相同。直至工作面内整体道床完成全部 2 次压光后,检查防雨布覆盖是否完好,并清理现场工机具及材料,人员撤场。

6. 钢轨焊接

由于闪光接触焊性能稳定,接头综合强度高,因此目前国内有轨电车区间槽型轨焊接优先采用现场移动式闪光接触焊接(图 7-26),而道岔区槽型轨焊接采用铝热焊焊接。

1) 现场移动式闪光接触焊

由于槽型轨截面是非对称性钢轨,因此常规工字轨接触焊机不能直接用于焊接。起初缺乏槽型轨焊接接头相关质量控制标准,随着

图 7-26 现场移动式闪光接触焊

近几年国内各单位的不断实践总结研究,由中国工程建设协会牵头、中国铁道科学研究院金属及化学研究所主编的《城市轨道用槽型钢轨闪光焊接质量检验标准》(CECS 429—2016)于 2016 年由中国计划出版社正式出版。另外,相关高校和企业也研制出了槽型轨专用现场移动式闪光焊机。图 7-27 为移动式闪光接触焊基本工艺流程,图 7-28—图 7-30 分别为现场对焊接接头进行正火、平整度检查和探伤检查。

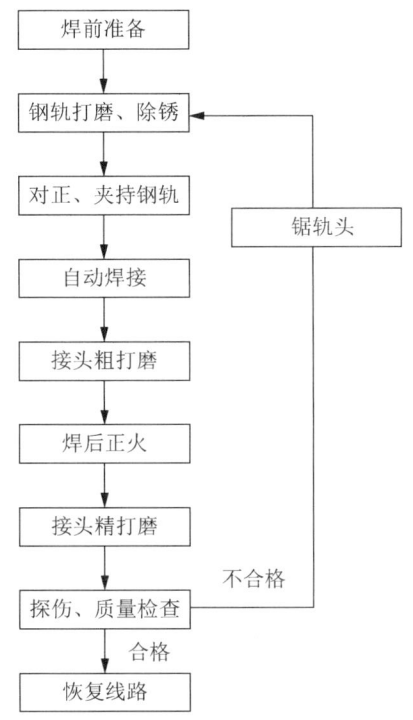

图 7-27　移动式闪光接触焊基本工艺流程

图 7-28　焊接接头正火

图 7-29　焊接接头平直度检查

图 7-30　焊接接头探伤

槽型轨因其截面非对称、几何公差大、轨端易扭曲、接头对轨困难等问题,故实际施工焊接过程中需对错边进行专项研究。

2) 铝热焊

钢轨铝热焊是将铝粉、氧化铁和其他合金添加物配制成的铝热焊剂放在特制的反应坩埚中,用高温火柴点燃引发铝热反应。由中国工程建设协会牵头、中国铁道科学院金属及化学研究所主编的《城市轨道用槽型钢轨铝热焊接质量检验标准》(CECS 430—2016)于 2016 年由中国计划出版社正式出版。铝热焊基本工艺流程如图 7-31 所示。

钢轨铝热焊接施工步骤具体如下。

(1) 准备并检查焊接施工用的焊接材料以及工具和设备是否完备齐全。检查钢轨端部情况,主要检查待焊钢轨端部尺寸,确认端头部钢轨无损伤、裂缝和扭曲变形,对于有损伤、裂纹的部分必须锯掉,对于扭曲的地方必须校直,图 7-32 为轨头校直。进行钢轨端面清理,使用钢丝刷或者角磨机清理钢轨的两个端头,清刷部位为端面及钢轨长度方向,纵向清刷长度不小于 100 mm,去除铁锈、油污等表面附着物。调节轨缝大小至 28～30 mm,轨底不得小于 28 mm,轨缝不能出现下宽上窄的情况。

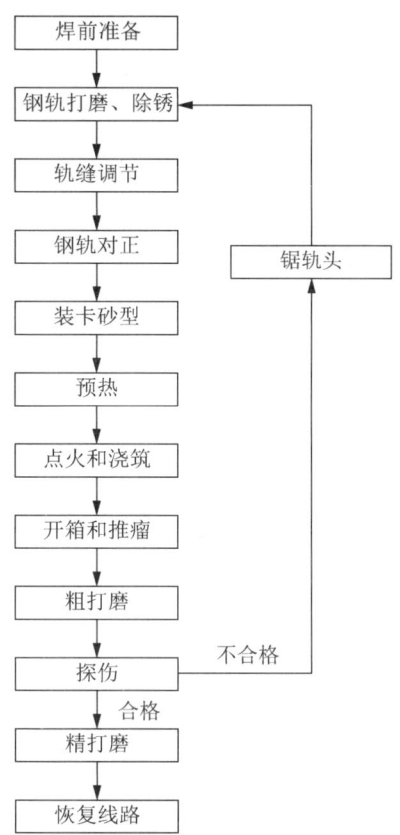

图 7-31 铝热焊基本工艺流程

(2) 通过调节使两轨底和两轨头侧面平齐,当两轨头侧面不能同时平齐时,首先保证工作边平齐,然后将一米尺置于轨顶,中线与轨头正中对正,调节焊缝起拱高度为 1.5～2 mm,如图 7-33 所示。

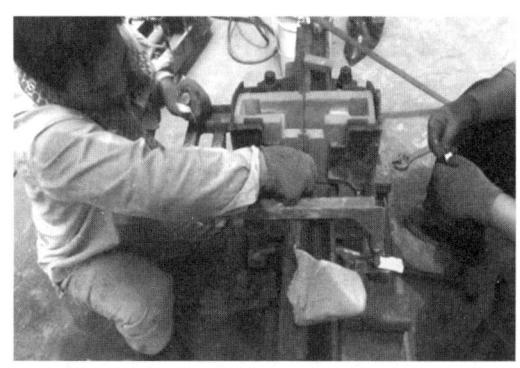

图 7-32 轨头校直

图 7-33 轨头对正

(3) 仔细检查砂型是否有缺损,是否受潮、有裂纹,清理砂型的浮砂,确保通气口、浇口及冒口通畅。通过研磨 U 形砂块使其与钢轨的 U 形槽密贴,再将砂型在待焊钢轨上试合,通过研磨使砂型与钢轨密贴。安装砂型及砂型卡具,封泥。

(4) 检查一次性坩埚是否有破损,浇筑部位是否正常,仔细清理坩埚壁的浮砂。检查焊剂包装是否有破损,如有破损严禁使用。将焊剂包内的焊剂摇匀,打开焊剂包装,将焊剂倒入坩埚中,准备好高温火柴。

(5) 检查气体减压阀、连接管路是否有漏气。通过调节预热器支架的高度调节环,将预热器加热嘴底部与轨顶面间的距离调节至(55±2) mm。点燃并调节火焰,焰心长度为24~26 mm。将预热器放在已调节好的预热器支架上,注意观察并使预热器加热嘴出口与轨缝平行,加热时注意观察从砂型两边冒口反上来的火焰是否通畅,是否一样高。预热过程中注意观察预热情况,随时保证预热器位置正确。预热完成后,提起预热器,迅速关掉气源。根据焊接气温和当地气源质量,可对预热时间进行调节。在冬季寒冷天气焊轨时,应适当延长预热时间。

(6) 预热进行至最后时,移开预热器,放入分流塞,并立即将装有焊剂的坩埚放置到砂型上方。点燃高温火柴,将坩埚盖盖上。与路轨相比,槽型钢轨轨底薄,预热完成后冷却速度快,要求从预热结束到点火的时长不得超过6 s。焊剂反应结束后,钢水会自动注入型腔内,焊剂反应形成的熔渣会流入接渣斗中。图7-34为点火浇筑。

图7-34 点火浇筑

(7) 浇筑结束后6 min,将砂型侧模及底板托拆除,并清理轨顶面残留的废砂。浇筑结束后9 min,将焊后轨头多余部分用推瘤机进行推瘤。推瘤时间可根据环境气温进行调节。推瘤完成后,用撬棍将冒口棒向外侧下方缓慢扳曲约45°,以便于热打磨工作的进行。

(8) 在推瘤完成后,可以立即进行粗打磨,粗打磨后必须保证精打磨时留有至少1 mm凸出余量;粗打磨后进行接头表面清理,以便于探伤工作的进行。图7-35为接头打磨。

图7-35 接头打磨

(9) 接头探伤采用超声波探伤仪,由专职探伤人员对各个接头进行检测,对检测合格的接头做好标记及记录,不合格的切割换钢轨后重新进行焊接。利用超声波探伤仪对钢轨焊缝进行探伤检查,需遵循以下规定:

① 探伤要待焊缝自然冷却至50 ℃以下才能进行;

② 焊缝内部任何部位发现有未焊透、裂纹、夹渣等缺陷时,该焊头必须截锯重焊。

(10) 探伤合格后对接头进行精打磨,精打磨后焊接接头1 m长度范围内轨头平直度允许的最大偏差应符合相关规定。

7.1.4 嵌入式预制道床轨道施工

嵌入式预制道床轨道施工工艺流程如图 7-36 所示。

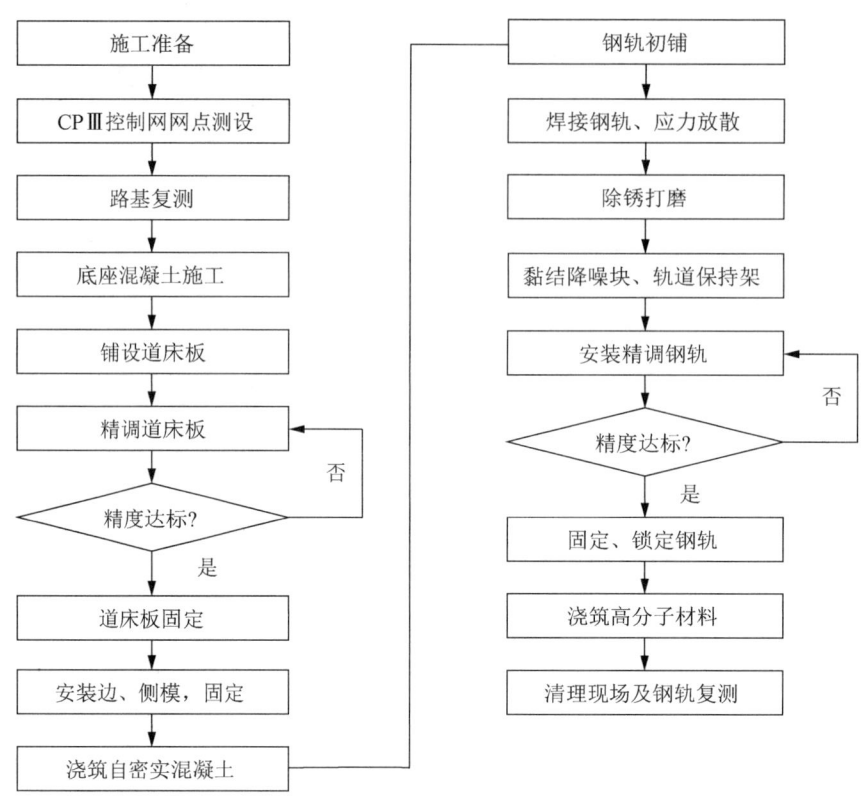

图 7-36 嵌入式预制道床轨道施工工艺流程

1. 道床板铺设

1) 准备工作

(1) 支承层/底座面清理、施工放样：铺设前清除支承层/底座表面的浮渣、灰尘及杂物。利用 CPⅢ 控制网进行测量放样，在支承层/底座顶面用墨线标示出线路的中线、道床边线和道床板轮廓位置，保证铺设时道床板中心线及高程偏差能控制在 ±5 mm 之内，以便提高道床板精调时的效率。

(2) 钢筋网片施工：根据设计图纸，利用已放样的道床边线位置，确定出钢筋安装位置。在支承层/底座顶面用钢卷尺量出钢筋网片的间距，并做好标记。布置纵、横向钢筋，绑扎钢筋。钢筋绑扎时所有纵、横向钢筋的交叉点应全部绑牢，必须保证钢筋不移位。钢筋网片绑扎完成后，在钢筋网片底部布置保护层垫块，保护层垫块的设置位置及数量应满足设计要求，且保护层垫块与钢筋网片应绑扎牢固，确保钢筋网片的保护层厚度满足设计要求。钢筋网片现场施工如图 7-37 所示。

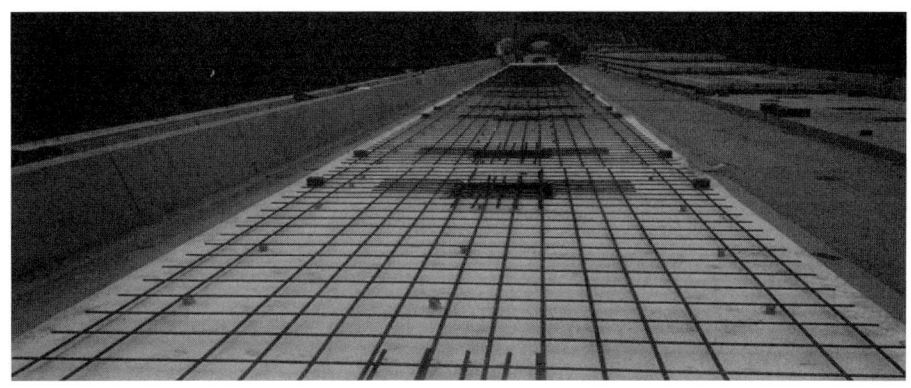

图 7-37 钢筋网片现场施工

2) 道床板安装

道床板安装工艺流程如图 7-38 所示。

(1) 道床板运输与吊装

① 道床板采用公路运输(运距约 40 km),施工前应对行驶路线进行调查,确保最不利的限界可以满足运输需要,且尽量选择较为平顺的道路。

② 道床板出厂前,道床板生产厂应出具"道床板制造技术证明书",不合格的道床板不得上线铺装。道床板出厂需设专人按照需求表发货,采用龙门吊将道床板承轨面朝上、四点水平吊装至运板车上,道床板叠加装运层数不得超过 4 层。装车时,道床板应按纵向水平分层放置于车内,支承点设于道床板起吊套管处,每层间用四根 10 cm× 10 cm×300 cm 硬质垫木隔开,且垫木上、下对齐,以防止运输过程中道床板前后、左右移动。道床板装车示意图如图 7-39 所示。

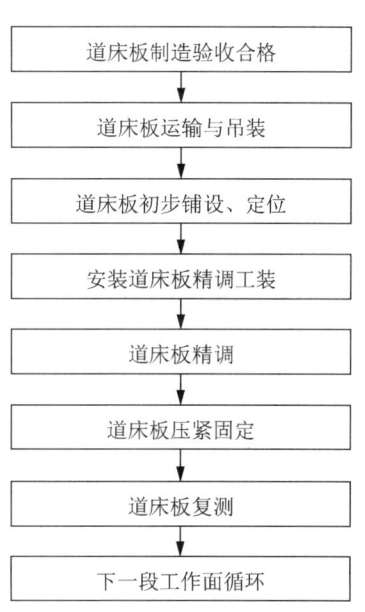

图 7-38 道床板安装工艺流程

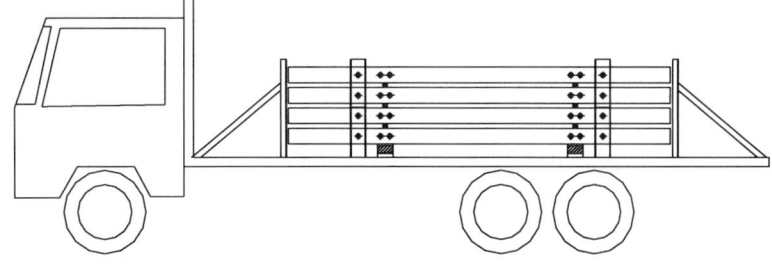

图 7-39 道床板装车示意图

③ 道床板装卸时应利用道床板上的起吊装置水平吊起,使四角的起吊螺母均匀受力,严禁碰、撞、摔。道床板吊装示意图如图 7-40 所示。

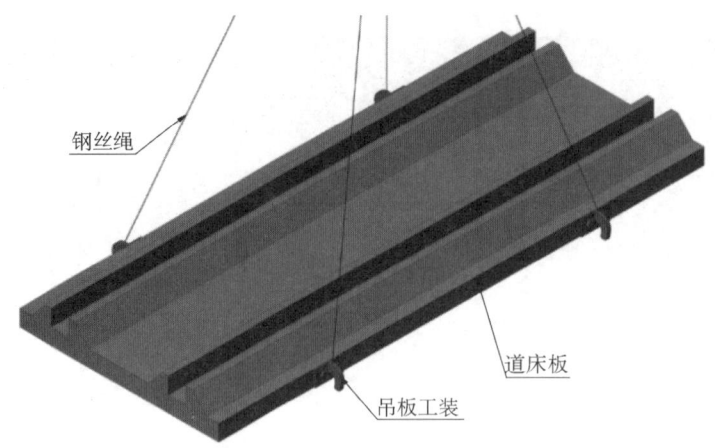

图 7-40　道床板吊装示意图

(2) 道床板初步铺设、定位

① 当支承层/底座混凝土的强度达到 70%,且调整层钢筋安装完成、验收合格后才可开始铺设道床板。铺设前利用 CPⅢ轨道控制网进行测量放样,在支承层/底座顶面用墨线标示出道床板的中线和轮廓位置,保证铺设时道床板中心线及高程偏差控制在 5 mm 之内,以便提高道床板的精调效率。

② 铺设前清理支承层/底座表面杂物,预先绑扎调整层钢筋网片,在临近吊装孔位置放置 10 cm×10 cm×12 cm 的方木作为临时支垫,每块板设 4 个支承点。采用汽车吊进行道床板铺设,由 4 名工人配合作业,其中 1 名负责指挥吊卸和铺设精度复核,分段依序铺设。

③ 道床板的安装采用 25 t 汽车吊在线路外侧进行,需临时占用线路外侧车道,实行临时交通导向。

(3) 安装道床板精调工装

在道床板四周起吊螺栓位置处安装道床板精调工装(图 7-41),该工装可以调节道床板的高程和方向。

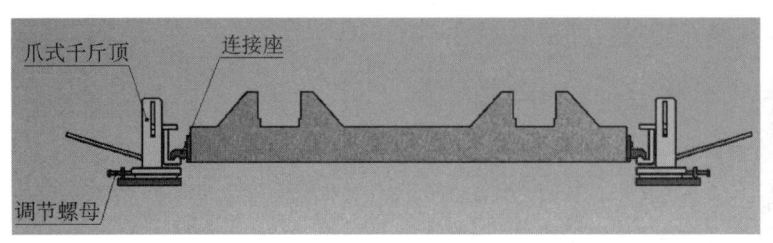

图 7-41　道床板精调工装示意图和现场图

(4) 道床板精调

在道床板粗铺完成且精调工装安装好后,可进行道床板的精调工作。精调内容:道床板中心线、钢槽底部高程。

精调前,在道床板顶面定位标记出道床板纵向中心线作为道床板的标记线。道床板精调时采用CPⅢ控制网,全站仪测量,标记线作为控制点,通过道床板调整工装对道床板平面位置及高程进行调整。道床板精调时,先高程调整,然后水平调整,待水平调整完成后重新进行高程复核。

道床板精调时,将全站仪和带基座的棱镜架设于同线邻近的2个加密基桩控制点上,精平后进行仪器定向。为保证仪器的精度要求,需再用一套后视基座设于另一线的加密基桩控制点上进行复核,满足要求后才开始进行道床板精调。

以道床板承轨面为基准面,利用水准仪和水准尺测量,升降道床板调整工装千斤顶对道床板进行垂向调整。利用全站仪和前视小棱镜定位确定线路设计中心线,用细钢钉垂直放置在道床板标记线上,用全站仪观察钢钉尖与仪器十字轴竖丝的偏差,旋转道床板调整工装横向调节螺杆对道床板进行水平调整,当钢钉尖与仪器十字轴竖丝重合时,道床板水平位置就精确到位了。道床板精调就位后锁紧道床板精调工装。

(5) 道床板压紧固定

道床板精调完成后利用精调工装及压板工装将道床板固定(图7-42),压板工装可防止在浇筑自密实混凝土过程中产生浮板。

图 7-42 压板工装

(6) 道床板复测

道床板精调固定后,安装几何形位进行复测。道床板精调定位允许偏差如表7-3所列。

表 7-3 道床板精调定位允许偏差表

名称	允许偏差/mm
高程	±1
中线	1
相邻道床板接缝处承轨台顶面相对高差	1
相邻道床板接缝处承轨台顶面相对平面位置	1

3) 自密实混凝土浇筑

在灌注自密实混凝土前,确认道床板标高及纵向平顺度是否满足要求,检查道床板精调工装的受力状态及紧固程度,立好调整层侧模并预留排气空隙,检查合格后方可进行自密实混凝土的灌注施工。另外,自密实混凝土灌注施工前必须进行揭板试验,取得合理的施工及工艺参数。

将自密实混凝土从道床板预留的灌注孔进行灌注,混凝土自由倾落高度不大于1 m,

如图 7-43 所示。灌注速度不宜过快,以保证下料的连续性和混凝土拌合物在道床板下的满空间连续流动。

图 7-43 自密实混凝土灌注

通过观察灌注孔口混凝土的下降情况和道床板通气孔及留置空隙混凝土浆的溢出情况,随时检查混凝土在道床板下的流动情况,当流动情况不良时及时调整混凝土的下料速度。当灌注孔口混凝土不再下降、所有道床板通气孔及留置空隙均有混凝土浆溢出时,表明已灌注饱满。灌注完毕后,应及时对道床板顶面进行清洗。

在自密实混凝土灌注完成后,及时采用土工布将道床板顶面及周边进行全覆盖,并洒水保湿养护,养护时间不得少于 7 d。

在自密实混凝土灌注时,同时制作 150 mm×150 mm×150 mm 尺寸的标准试块,该试块与自密实混凝土采用同等养护条件。道床板侧模拆除时,将试块送实验室作抗压实验或回弹强度实验,以确保自密实混凝土强度满足 5 MPa 时才拆模,拆模时其表面及棱角不因拆模而受损。

侧模的拆除时间除了需要考虑拆模时混凝土的强度外,还须考虑到拆模时混凝土的温度(由水化热引起)不能过高,以免混凝土开裂。混凝土内部开始降温前以及混凝土内部温度最高时不得拆模。

拆模后,若天气产生骤然变化时,须采取适当的保温隔热措施,以防止混凝土开裂。

在自密实混凝土达到 70% 的设计强度后可进行道床板精调工装的拆除。

2. 钢轨及钢槽壁除锈打磨

为了保证槽内高分子体与钢轨及槽壁的黏结,需对钢轨轨腰、轨头侧面、轨底及槽壁钢板进行除锈打磨。

钢轨除锈打磨:采用便携式钢轨除锈机对钢轨轨腰、轨头侧面及轨底进行打磨。钢轨打磨需达到轨腰、轨头侧面及轨底无锈迹。局部除锈机打磨不到的部位采用手持式打磨机进行打磨。图 7-44 为钢轨除锈打磨设备。

第 7 章 轨道施工与养护维修 | 175

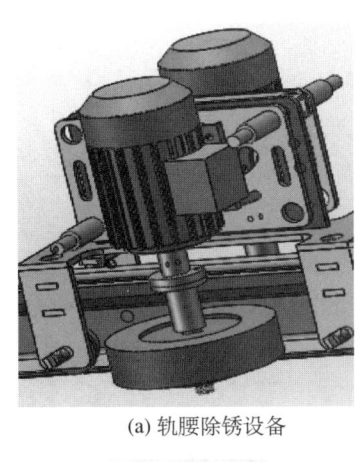
(a) 轨腰除锈设备

(b) 轨头侧面除锈设备

(c) 轨底除锈设备

(d) 手持式打磨机

图 7-44 钢轨除锈打磨设备

槽内除锈打磨：采用槽内除锈机对槽内钢板进行打磨。槽内打磨需达到槽内钢板面光滑无锈迹。局部除锈机打磨不到的部位采用手持式打磨机进行打磨。钢轨及槽内壁打磨后表面清理需达到 Sa2.5 级。图 7-45 为钢槽除锈打磨设备。

(a) 钢槽除锈打磨示意图

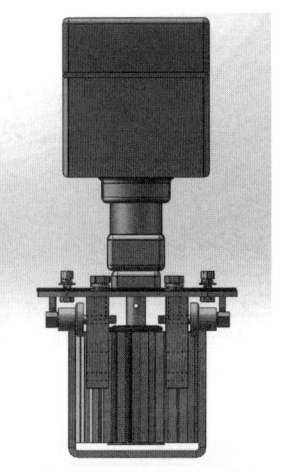
(b) 钢槽除锈打磨头断面图

图 7-45 钢槽除锈打磨设备

3. 钢轨铺设

钢轨打磨完成后,需要清除钢轨表面的浮锈及灰尘,以保证黏结有效。

降噪块、轨道保持架与钢轨黏结完毕后须静置 1 h(图 7-46),待胶黏剂完全固化后再进入下道工序。

道床板槽内打磨完毕后,需清理槽内灰尘及杂物,再粘贴连续弹性垫板。

用电子水准仪对弹性垫板顶面每隔 1.0 m 进行高程测量,根据轨底设计标高计算出每个点位轨下调高垫板的配置厚度,将厚度值(调高量)标记在道床板侧面,按标记的数值对应匹配调高垫板,并按上一条要求与弹性垫板黏结为一体。

钢轨入槽前,测量钢轨轨温,计算钢轨相对于设计锁定轨温时的伸长、缩短量。钢轨伸长时,接缝两端钢轨采用搭接,要求搭接长度大于钢轨伸长

图 7-46 降噪块、轨道保持架胶黏组装

量;钢轨锁短时,要求预留轨缝宽度小于钢轨缩短量。沿钢轨纵向架设钢轨入槽工装,间距 10 m,拉动葫芦将钢轨夹具移至钢轨正上方,下降调节螺杆,夹紧钢轨,升起调节螺杆,各点同时将钢轨吊起;拉动葫芦将钢轨移至承轨槽上方,下降调节螺杆,将钢轨入槽。钢轨入槽工装示意图如图 7-47 所示。

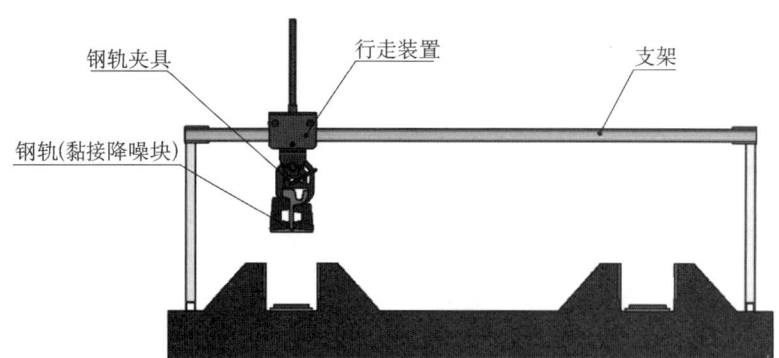

图 7-47 钢轨入槽工装示意图

利用轨检小车结合全站仪及钢轨精调软件完成钢轨精调,如图 7-48 所示。

轨道几何形态调整:采用人工通过精调工装上的调节螺钉、螺杆实现轨顶标高、轨距、轨向调整,调整量为由轨检小车采集、计算得到的数据;调整顺序为先轨顶标高,后轨向,再轨距。钢轨上拱需压轨时,采用压轨及轨距保持工装进行调整,如图 7-49 所示。精调到位后采用调轨组件(轨道保持架+楔形块)对钢轨进行调整并临时保持钢轨位置。

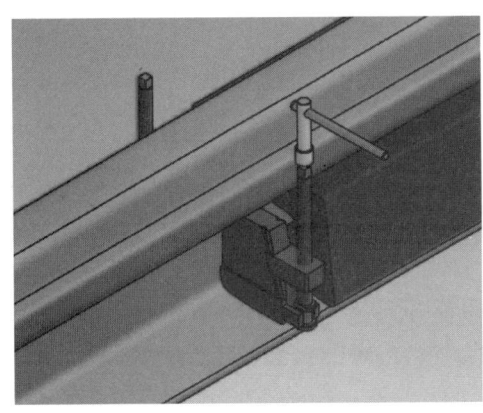 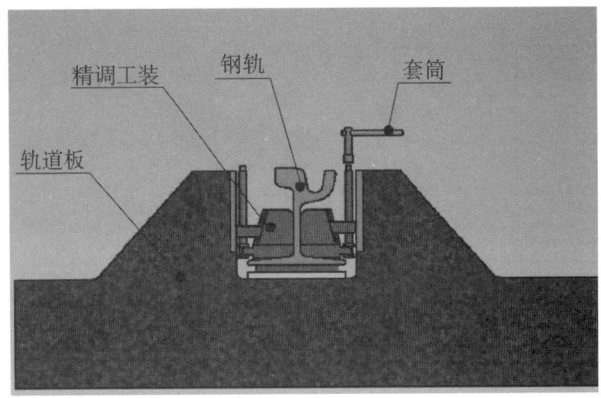

图 7-48 钢轨入槽后精调示意图

 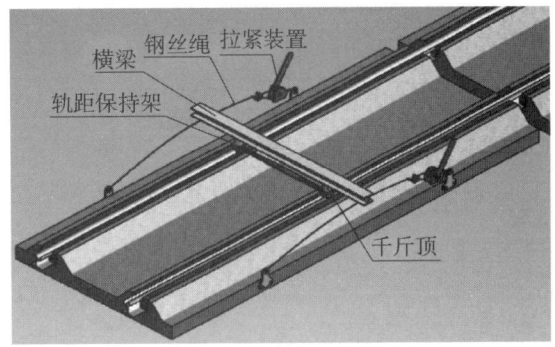

图 7-49 压轨及轨距保持工装

4. 钢轨锁定及高分子材料浇筑

1) 钢轨锁定

(1) 轨温调查

在单元轨节锁定施工前,对线路的几何状态、现场焊接接头质量等进行全面检测,确认线路无质量隐患;查看当日天气预报,了解当日每小时气温变化情况,确定单元轨节的锁定施工时间段。

(2) 标记临时位移观测

高分子浇筑锁定施工前,在单元轨节两端同一断面位置,钢轨踏面外侧及道床板挡台顶面粘贴钢轨位移左右观测尺。

(3) 临时锁定钢轨

测量钢轨轨温时采用多点测量并取平均值。当钢轨轨温在设计锁定轨温范围内时,临时锁定钢轨,在单元轨节两端各 50 m 长度范围内,每隔 3 m 安装钢轨临时锁定工装(图 7-50),顶起千斤顶,锁定钢轨,要求千斤顶的顶升力不小于 5 t。

2) 高分子材料浇筑

胶黏剂进场检查验收合格,进行现场施工。胶黏剂喷涂前,检查槽区质量,不得有

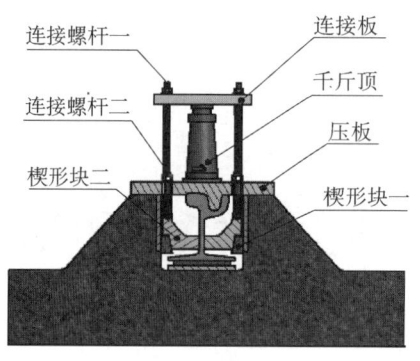
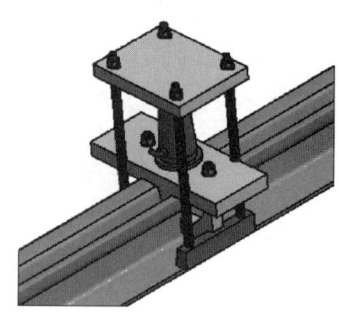

图 7-50　钢轨临时锁定工装

图 7-51　高分子材料浇筑

浮灰、积水,若有浮灰则采用吹风机吹扫干净,若有积水则采用烘干机烘干。将胶黏剂稀释后,采用专用的喷涂设备将其喷入承轨槽内需要与高分子材料接触的表面,包括槽区两侧钢板、钢轨两侧圆角处、降噪块表面等,且胶黏剂要求喷涂均匀。胶黏剂的固化时间约为 24 h,因此胶黏剂喷涂完 24 h 内需完成高分子材料的浇筑。

高分子材料进场经检查验收合格后运至现场施工,采用特制的高分子材料浇筑机进行搅拌浇筑,如图 7-51 所示。

高分子材料浇筑完成并表干后,对道床板及钢轨顶面进行清理。对高分子材料表面进行硬度检测,达到完全熟化强度后,拆除临时锁定措施。

7.1.5　小半径曲线钢轨滚弯施工

在轨道小半径曲线处,通常采用单点顶弯的方式对钢轨预弯。通过由液压传动和杠杆原理设计而成的液压传动机,利用液体力对钢轨实施预弯或直轨作业,图 7-52 为顶弯设备。但是有轨电车线路曲线半径相比一般轨道交通更小(最小为 25 m),逐点顶弯的方式可能导致钢轨出现折线型,或者导致过大的塑性变形,从而降低了钢轨强度。

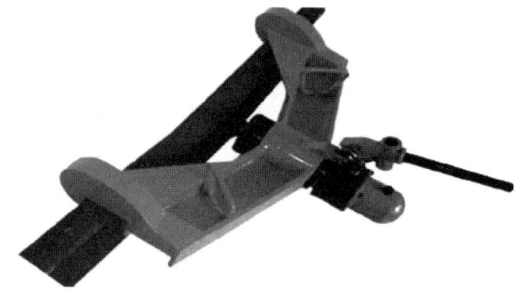

图 7-52　顶弯设备

滚弯成型工艺在机械制造中有着非常广泛的应用,是一种非常成熟的型材弯曲工艺。槽型轨数控滚弯设备通过液压缸顶升施加弯矩,通过滚轮带动钢轨纵向运动,在滚轮的带动下钢轨被逐点连续顶弯。通过液压控制系统,可控制油缸顶推位移,精度可达 0.2 mm。

滚弯施工减小了卸载后的回弹变形,降低了钢轨内部的残余应力,提升了钢轨的圆顺度。图 7-53 为滚弯设备。

图 7-53 滚弯设备

7.1.6 轨道相关附属设施施工

1. 绿化铺装施工

轨行区草坪施工的主要步骤依次分为:整地、泥土施肥、铺植、浇水施肥、管理、保护及抚育。

(1) 整地:草皮铺植区内进行松土,清除石砾、混凝土块及其他有害草皮生长的杂物。

(2) 泥土施肥:在草皮植铺区内进行施肥。

(3) 铺植:铺植草皮,铺植时应镇压、滚实,使草根与土壤密切接触,如图 7-54 所示。

图 7-54 铺植草皮

(4) 浇水施肥：草皮铺植完成后应立即充分浇水，并继续保持其湿润状态，直至草皮将裸露土面完全覆盖后，可视天气等实际状况再适时浇水。

(5) 管理、保护及抚育：设法培养直至成活，干季浇水、雨季排水，预防人畜之害、风害，注意病虫防治等。

2. 沥青铺装施工

路口轨行区沥青根据其上下面层种类分层摊铺，两轨中间因间距较小，常规压路机较难压实沥青，故需采用小型压路机反复碾压多遍直至满足压实度要求。图 7-55 为小型双钢轮压路机。

图 7-55 小型双钢轮压路机

图 7-56 排水横截沟钢轨轮缘槽钻孔

3. 排水横截沟施工

在绿化铺装轨型区每隔一定距离设置排水横截沟，以便收集槽型轨轮缘槽内积水以及绿化铺装范围内的积水。图 7-56 为排水横截沟钢轨轮缘槽钻孔。图 7-57 为排水横截沟。

图 7-57 排水横截沟

7.2 轨道养护维修

轨道养护维修工作的基本任务是保持线路设备完整和质量均衡,使列车能以规定速度安全、平稳、不间断地运行,并尽量延长设备的使用寿命。

对于轨道养护维修工作必须掌握线路设备技术状态的变化规律,贯彻"预防为主,防治结合,修养并重"的原则。在轨道养护维修工作中,应按线路设备技术状态各种变化的不同程度,相应地进行综合维修、经常保养和临时补修,从而有效预防和整治线路病害,有计划地补偿线路设备的损耗,以取得较好的技术经济效益。

轨道养护维修工作应实行科学管理,开展标准化作业,提高机械化程度,改善检测手段,建立和健全责任制,严格执行检查验收制度。要积极采用新技术,提高机械化作业程度,总结推广先进经验,改革作业方法和劳动组织,不断提高轨道维修工作水平。

我国现代有轨电车起步较晚,各地有轨电车运营时间不长,尚未形成完善的养护维修技术规范和管理标准。因此,目前各地有轨电车基本上借鉴铁路和城市轨道交通的养护维修经验来进行维保。

7.2.1 养护维修工作内容

轨道养护维修可分为计划修、临时修和故障修,不同城市有轨电车运营公司的定义虽有所区别,但大体内容相似,本节以苏州高新区有轨电车为例。

（1）计划修是按周期有计划地对线路进行整治养护,包含综合维修和经常保养。

（2）综合维修指改善轨道弹性,调整轨道几何尺寸,整修和更换设备零部件,以恢复线路完好的技术状态。

（3）经常保养指根据线路变化情况,在全年度和线路全长范围内,有计划、有重点的经常性养护,以保持线路质量一直处于均衡状态。

（4）临时修主要是及时整修超过临时补修容许误差限度的轨道几何尺寸及其他不良状态,以保证行车平稳和安全。

（5）故障修是当线路出现故障时,如钢轨折断、道床下沉、道岔故障、线路胀轨跑道等,维修部门为恢复线路正常运营而组织的紧急抢修。部门根据分公司应急抢险流程和应急抢险方案组织线路功能恢复工作。

1. 计划修基本内容

1）综合维修基本内容

（1）整体道床

① 根据线路水平要求做好垫道工作,经常保持扣件的正确位置,顶严、压紧、密贴。

② 改道、矫直钢轨硬弯,综合整治接头病害,加固焊接接头,调整轨缝。

③ 更换失效的连接零件。

④ 更换失效的螺纹套管。

⑤ 连接零件清扫涂油,保持其清洁无锈蚀,轨下垫层四周无污物。
⑥ 加强曲线及道岔维修,整修和更换失效部件,有计划地对小半径曲线涂油(指外轨工作边涂油)。
⑦ 维修线路标志(警冲标、曲线标、百米标、限速标、坡度标、社会警示标等)。
⑧ 全面更换连接部件,成组更换车挡。
⑨ 无缝线路的监测和整修,应力放散或锁定(高架段)。
⑩ 成段更换人造草皮及钢架,全面更换连接零件。

(2) 碎石道床
① 矫正线路不良状态,进行起道、拨道、改道等作业。
② 清筛不洁道床,补充道砟。
③ 整治路基病害,修理排水设备。
④ 调整轨缝,整修、更换和补充防爬设备。
⑤ 更换和修理轨枕,整治轨底坡。
⑥ 整修、更换和补充连接零件。
⑦ 螺栓、扣件和夹板清扫涂油。
⑧ 整修防爬设备和轨距拉杆。
⑨ 整修道口及线路标志,铲除杂草,收集旧料分类堆放,保持线路外观良好。
⑩ 无缝线路的监测和整修,应力放散或锁定(辅助线)。

2) 经常保养基本内容
① 根据轨道几何尺寸超过经常保养容许偏差管理值的状态,成段地整修线路。
② 处理道床翻浆冒泥,均匀道砟和道床整理。
③ 更换和修理轨枕。
④ 调整轨缝,锁定线路。
⑤ 更换伤损钢轨,焊补、打磨钢轨和整治接头病害。
⑥ 有计划地成段整修扣件,对扣件和接头螺栓涂油。
⑦ 进行无缝线路应力放散和断缝原位焊复或插入短轨焊复。
⑧ 整修道口,疏通道床区间排水设施。
⑨ 车挡螺栓涂油,刷漆,零星更换零部件。
⑩ 季节性工作、周期短于综合维修的单项工作和其他工作。
⑪ 零星更换人造草坪连接零件,对翘起草皮钉上钢片加固。

2. 临时修基本内容
(1) 整修轨道几何尺寸超过临时补修容许偏差管理值的部位。
(2) 更换重伤钢轨和达到更换标准的伤损夹板,更换折断的接头螺栓和护轨螺栓。
(3) 调整严重不良轨缝。
(4) 对钢轨折断、重伤钢轨和重伤焊缝进行处理。
(5) 疏通严重淤塞的排水设备,处理严重冲刷的路肩和道床。

(6) 整修严重不良的道口设备。

(7) 垫入或撤出损坏垫板。

(8) 其他需要临时补修的工作。

(9) 在人造草坪翘起处重新注胶保证黏结牢固。

3. 故障修基本内容

(1) 钢轨折断紧急处理。

(2) 道岔故障紧急处理。

(3) 道床下沉紧急处理。

(4) 线路胀轨跑道紧急处理。

(5) 其他影响行车运行安全的故障抢修。

7.2.2 槽型钢轨打磨和焊接修补技术

有轨电车线路上尤其是小半径曲线路段，钢轨表面经常出现波浪形磨耗，如图 7-58 所示。若不及时处理波磨会加剧轮轨间冲击，使行车舒适性变差，导致振动噪声大，轨道部件磨损大。波磨产生的机理较为复杂，业内主要采用打磨钢轨来消除波磨影响。图 7-59 为打磨槽型轨廓形示意图。图 7-60 为槽型轨打磨机，图 7-61 为槽型轨打磨砂头。

图 7-58 有轨电车钢轨波磨

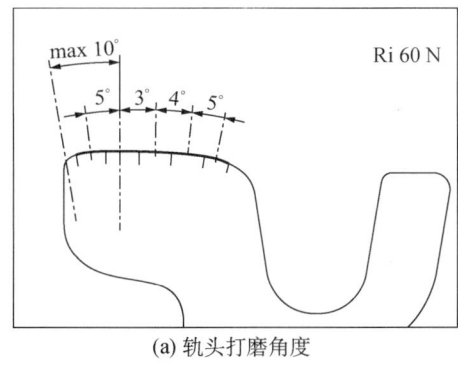
(a) 轨头打磨角度

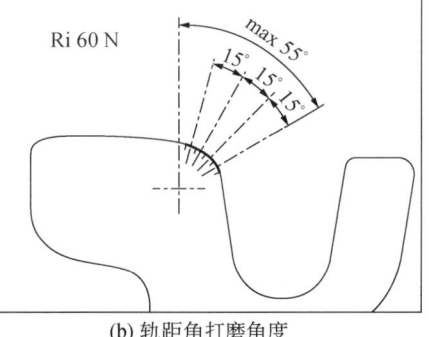
(b) 轨距角打磨角度

图 7-59 打磨槽型轨廓形示意图

图 7-60 槽型轨打磨机

图 7-61 槽型轨打磨砂头

有轨电车轨道为埋入式结构,故钢轨不易更换。根据欧洲有轨电车运营经验,当钢轨磨损较大时,由于在城市地区更换钢轨需破除路面结构,且恢复时间较长,所以往往采用钢轨焊补的方式来修复钢轨廓形。图 7-62 为槽型轨自动焊补机。

 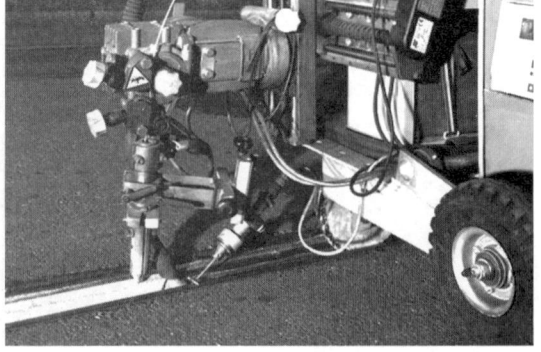

图 7-62 槽型轨自动焊补机

7.2.3　有轨电车轨道常见典型问题

1. 交叉口轨旁沥青开裂

交叉口混行地段钢轨-路面衔接处为薄弱环节,道路车辆冲击大,目前国内许多有轨电车线路轨旁沥青路面均存在开裂或沥青松散剥离等病害现象,如图 7-63 所示。

图 7-63　交叉口轨旁沥青路面开裂及剥离松散

分析其病害原因主要包括:①钢轨与沥青面层间采用了柔性包裹材料进行缓冲防护,横向对沥青面层没有刚性支挡,导致了该处沥青摊铺时不易被压实,道路交通横向冲击下加剧了沥青剥离松散;②常规扣件式轨道在交叉口为保护扣件弹性工作,在其上方加设了扣件罩,扣件罩往往安装高度侵入沥青面层中,导致沥青面层局部厚度不足,在长期道路交通的冲击下,扣件上方呈现开裂状态。

对于解决有轨电车轨旁沥青开裂病害问题,可以从两个角度进行考虑。第一种是加强沥青面层自身性能,如抗裂、抗疲劳、柔韧性等,以减少在轨旁横向柔性支挡工况下的开裂。第二种是提高轨旁的横向和竖向刚度,如在钢轨柔性包裹材料与沥青面层之间浇筑一层刚性混凝土隔离带(图 7-64),以提高轨旁横向和竖向上的刚度和强度,从而能有效控制轨旁沥青开裂,但这也给后期轨道维保、更换带来施工凿除难度。另外,可以采用一种嵌入式连续支承轨道(图 7-65),该类轨道形式无扣件,而是将钢轨落入钢槽中,钢槽内浇筑高分子材料连续锁固钢轨。该种结构形式下轨旁与沥青路面结合处刚度大且均匀,结构简单,钢轨的变形与沥青面层间互不干扰,轨旁沥青开裂现象少,同时后期换轨维护时,可直接从钢槽中取出钢轨,而无须破除沥青面层,施工较为便捷。

图 7-64　钢轨与沥青面层间刚性混凝土隔离带　　图 7-65　交叉口嵌入式连续支承轨道

2. 小半径曲线啸叫问题

有轨电车因其轨道曲线半径小,正线最小可达 25 m,车辆通过小半径曲线时,易产生尖锐的啸叫声。

小半径曲线啸叫声的产生机理主要有以下三点:

(1) 车轮踏面和轨头顶部之间接触区不稳定的横向蠕滑。
(2) 轮缘在钢轨内侧面上的摩擦。
(3) 由于接触区微滑造成的车轮踏面上纵向蠕滑。

控制小半径曲线啸叫声的措施可以是降低轮轨间的冲角大小以提高车辆过曲线性能;改善轮轨间摩擦条件以提高车辆过曲线性能;改变轮轨接触点位置、激励条件以降低曲线啸叫的发生概率;改善车轮动态特性以降低车轮振动声辐射等。

总结目前使用较为广泛的小半径曲线啸叫的控制措施,并进行分类,结果如表 7-4 所列。

表 7-4　曲线啸叫声控制措施汇总

控制措施		内容
降低曲线啸叫发生概率的控制措施	车辆动力学	(1) 缩小轨距; (2) 改善钢轨型面; (3) 改变曲线半径; (4) 采用径向转向架
	轮轨摩擦条件	(1) 润滑; (2) 摩擦改良剂
	车轮和钢轨动态特性	(1) 车轮阻尼器; (2) 改善钢轨型面; (3) 改变钢轨结构; (4) 改善车轮设计

（续表）

控制措施	内容	
降低曲线啸叫噪声等级的控制措施	阻尼措施，屏蔽措施，降速	（1）车轮阻尼器； （2）声屏障； （3）降低列车速度； （4）弹性车轮

实际运营过程中，解决曲线轮轨摩擦噪声最有效的措施包括使用摩擦控制剂，其功能是降低摩擦系数，进而降低静态摩擦系数和滑动摩擦系数之间的差异。在雨天钢轨潮湿状态下，车辆通过小半径曲线时啸叫声明显降低。

目前，在曲线钢轨喷涂摩擦控制剂主要有三种方式：一是轨旁安装自动喷涂设备；二是采用人工喷涂；三是采用车载喷涂设备。由于在轨面喷涂摩擦控制剂会降低轮轨黏着系数，且有轨电车小半径曲线往往在路口（图7-66），轨面过多的摩擦控制剂对道路也会造成污染，给行人和道路车辆带来不便，因此在轨面喷涂润滑剂应严格选择摩擦控制剂性能和喷涂剂量。图7-67为轨道自动喷涂装置，图7-68为车载润滑装置。

图7-66　路口有轨电车小半径曲线段

图7-67　轨道摩擦控制剂自动喷涂装置

图 7-68 车载摩擦控制剂自动喷涂装置

第 8 章 新技术展望

近年来,随着有轨电车在我国和世界各国的许多城市中的全面发展,更多的新思路、新技术被应用到有轨电车领域。有轨电车的轨道结构也向着与道路协同化、快速预制拼装化、监测和运维智能化,以及特殊环境适应性方面发展,从而进一步推进了新材料、新技术、新结构的应用,这也有助于打造"智能、效率、环保、便捷、共享"的未来有轨电车。

8.1 有轨电车轨道新材料

8.1.1 钢轨新材料

1. 钢轨高耐磨涂层

埋入式轨道结构在土壤环境作用下不可避免地会遭受腐蚀,故需重视埋入式轨道结构中金属件的防腐蚀,特别是在绿化铺装地段。目前,针对钢轨防腐蚀的方法主要有两种:对钢轨加喷防腐涂层和直接采用耐腐蚀钢轨,本书第 2 章对此已有介绍。

高性能绝缘涂层需要涂覆在有轨电车的钢轨上,然后将涂覆后的钢轨埋入地下,而涂层势必与砂石土壤发生磨损,并在轨道承载下发生更严重的磨损,因此首先要确保高性能绝缘涂层具有超高的耐磨性。在筛选耐磨性好的树脂体系以及耐磨填料种类的基础上,对硬软填料组合进行优化,并选择填料粒径来确定填料用量和涂层厚度,以突破高性能绝缘涂层超耐磨控制的关键技术。

2. 耐腐蚀钢轨

1) 稀土微合金化

以 U75V 钢主要化学成分为基础,设计单一变量稀土元素铈 Ce 元素的百分含量,依据我国的大气环境,按照《水处理剂缓蚀性能的测定 旋转挂片法》(GB/T 18175—2014)进行加速腐蚀实验。加入稀土元素 Ce 后,实验钢的珠光体片层间距显著减小,耐腐蚀性能优于工业生产的 U75V 钢,这在一定程度上为开发耐腐蚀钢轨提供了理论支持。目前,槽型耐腐蚀钢轨已在包头钢铁(集团)有限责任公司完成生产试制。

2) 耐腐蚀性能研究

根据我国大气腐蚀条件,按照国标《水处理剂缓蚀性能的测定 旋转挂片法》(GB/T 18175—2014)进行测定。以 U75V 的腐蚀速度为基准,算出每个阶段各钢种的相对腐蚀率。实验钢的腐蚀速率为 U75V 的 57%,比 U75V 提高了 42.95%,耐腐蚀性能达到预期效果。

3) 耐腐蚀性能评价

(1) 钢轨周期浸润腐蚀实验

依据中华人民共和国铁道行业标准《铁路用耐候钢周期浸润腐蚀试验方法》(TB/T 2375—1993)制订实验方案。

如图 8-1 所示,从钢轨的失重量曲线来看,U75V 钢轨随着时间延长,失重量越来越多,耐腐蚀钢轨在腐蚀初期的失重量是不增加的,失重量远低于 U75V 钢轨。如图 8-2 所示,从失重率曲线来看,U75V、耐腐蚀钢轨的腐蚀速度都是逐渐下降的,在腐蚀初期耐腐蚀钢轨的腐蚀速度远低于 U75V 钢轨,是 U75V 钢轨的 55%,在第四个周期的失重率是 U75V 的 65%,耐腐蚀性能相比 U75V 都提高了 35% 以上。

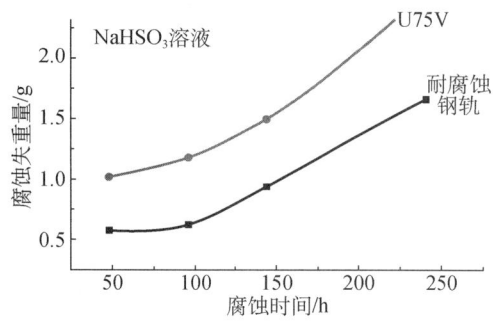

图 8-1　周期浸润腐蚀实验失重量

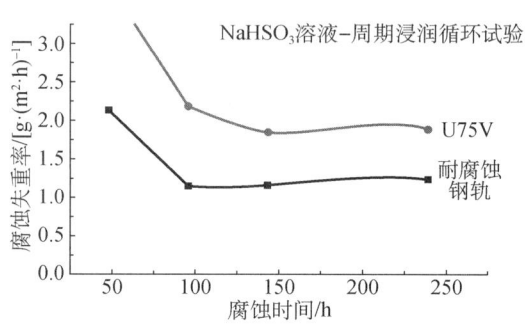

图 8-2　周期浸润腐蚀实验失重率

(2) 钢轨露天腐蚀实验

对同时间生产的耐腐蚀钢轨与热轧 U75V 钢轨在工业大气环境下进行露天腐蚀实验,对二者的表面锈蚀情况进行对比。从腐蚀情况来看,U75V 钢轨氧化层大部分脱落,轨底完全生锈;耐腐蚀钢轨的轨头、轨腰并未发生锈蚀,钢轨表面氧化层保持得较好,轨底产生部分锈蚀,如图 8-3 所示。

(a) 刚生产出来的钢轨

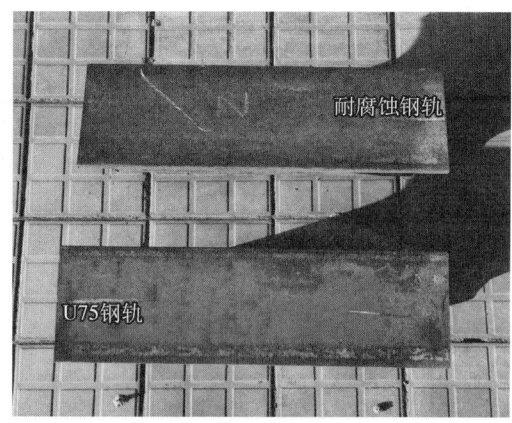

(b) 7 个月后的钢轨

图 8-3　U75V 钢轨、耐腐蚀钢轨表面锈蚀对比(7 个月露天腐蚀实验)

8.1.2 扣件罩内填充承压材料

在扣件罩内填充承压材料是保护扣件罩刚度的一种经济且直接的方式。目前，填充承压材料尚处于研究阶段，需要在选取合适的扣件罩材料参数和边界约束条件的基础上，考虑承压材料密实度即孔隙率的影响，计算荷载情况下承压材料合理的物理参数。同时，综合考虑承压材料的经济性以及施工可行性，并通过试验验证。

8.1.3 柔性包裹材料

钢轨包裹系统在本书第 2 章已有介绍。从国内目前运营的几条线路来看，柔性包裹系统暴露出一些共通性问题，如对柔性包裹系统欠缺整体系统考核指标，各地区性能差异大；同时，过于注重系统外观，欠缺对材料核心性能指标的重视、欠缺对防水绝缘及防腐相关指标的实质性把控、过于注重经济性下原材料的质量问题等，具体表现在以下几个方面。

1. 轨腰护块

轨腰护块结构空腔较大，使用再生橡胶颗粒压制而成，承载能力不足；与钢轨粘贴面存在空腔，减少了粘贴面积，导致粘贴不牢固，长期运营使用后易发生脱胶。同时，粘贴面的不完整给涂胶施工带来了难度。空腔也为蓄水创造了条件，不利于绝缘，钢轨易受到电化学腐蚀。部分单块式柔性材料为扣件预留的位置是固定的，在扣件间距有变化时，施工人员需要大量切割柔性材料以匹配扣件位置，从而造成额外工作量。

2. 胶黏剂

胶黏剂因为原材料性能低下，加之施工涂抹过程粗糙，会导致轨腰护块粘贴完成后仍与钢轨存在肉眼可见的缝隙，使得包裹系统与钢轨的纵向黏结不连续。

3. 轨顶密封胶

轨顶密封胶本身材料固化后过于柔软，在交叉口区域，社会车辆的荷载作用会造成轨顶密封胶碾压破碎，甚至部分胶体被带离原来的位置，造成轨顶密封胶与相邻路面沥青的黏结被破坏。

目前，一种新型柔性包裹系统将轨腰护块的空腔移至横断面中间位置，形成了双块式的轨腰护块结构，如图 8-4 所示，从而解决了轨腰护块密封绝缘性能不佳的问题，其特点如下。

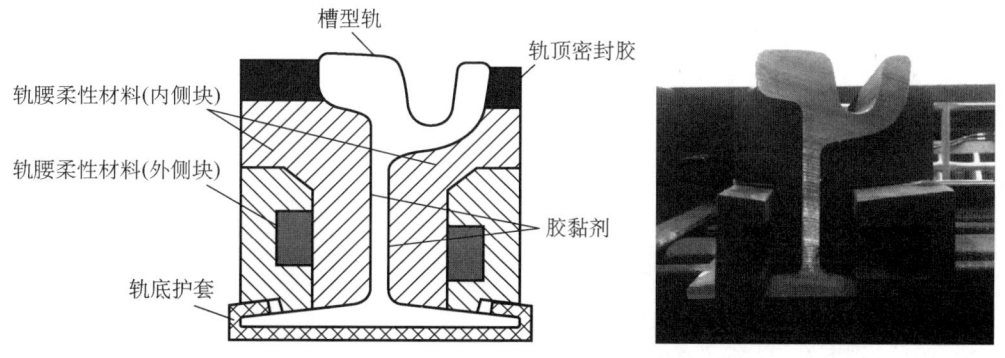

图 8-4 新型柔性包裹系统断面

（1）双块式轨腰护块结构的钢轨粘贴面保证完整，解决了原有结构的蓄水问题，实现了较大的钢轨黏贴面，方便胶黏剂的涂抹，大大降低了施工难度。

（2）在纵向分布上（图8-5），内侧块长度不受扣件间距影响，可根据生产工艺做成1 m以上的长度，减少接缝，增加密封性。

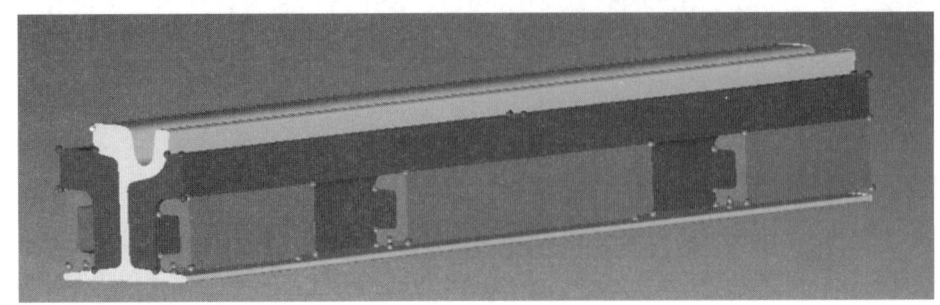

图 8-5　轨腰护块纵向分布

（3）可通过调节内侧块和外侧块的长度，在纵向形成错缝，改善密封性，如图 8-6 所示。

图 8-6　利于密封性的错缝形式

（4）针对道口段和区间段分别设计断面结构。道口段轨腰护块在社会车辆的荷载作用下，垂向、横向变形量均在可接受范围内，能够保持轨道包裹系统自身结构稳定，同时为周围道路沥青提供一定支承。区间段轨腰护块在满足密封绝缘性能的基础上进行轻量化设计，以方便施工搬运。

8.2　有轨电车轨道新设计

1. 扣件罩设计新思路

由于扣件罩刚度不足且现有扣件罩侵入路面沥青层，在长期车辆反复荷载作用下，导致沥青路面破损开裂。

将扣件罩高度降低至完全埋入混凝土层中（图 8-7），这将有利于上部荷载的扩散，扣件罩结构强度增强、变形小，从而控制沥青的下陷变形。

降低扣件罩高度的前提是降低扣件高度，如此对于扣件选型的要求便提高了，此方案具有较大的局限性。若扣件选型能满足要求，可采用此方案。

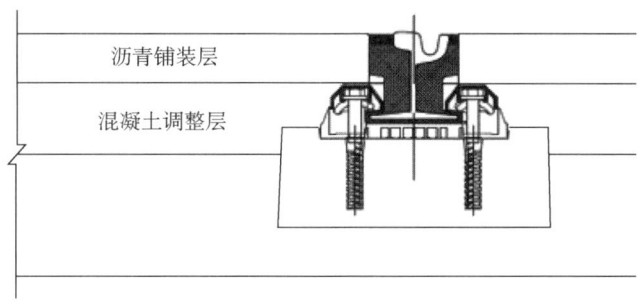

图 8-7 降低扣件罩高度

采用刚性扣件罩可以共享同一套扣件系统,仅需将螺栓更换为适应刚性扣件罩的短螺栓即可,此方案承压与稳定性良好,与柔性材料的匹配度也与区间一致。

此方案扣件系统整体结构高度较高,并且造价较为昂贵。图 8-8 为玻璃钢扣件罩。

图 8-8 玻璃钢扣件罩

两种方案的对比结果如表 8-1 所列。

表 8-1 扣件罩承压性能提升方案对比

方案	降低扣件罩	采用刚性扣件罩
优点	有利于上部荷载的扩散,扣件罩结构强度增强	承压与稳定性良好,扣件、柔性材料和区间匹配
缺点	对于扣件选型的要求增加	扣件系统整体结构高度较高,但造价较为昂贵
建议	若扣件选型能满足要求,可采用此方案	若扣件选型受局限,可采用此方案

2. 有轨电车轮轨关系设计

有轨电车线路存在较多小半径曲线,且与公路并行地段还有不设超高、超高较低等情况,增加了曲线地段的轮轨磨耗和材料疲劳损伤、轮轨振动和噪声等情况。因此,基于有轨电车线路情况进行轮轨关系设计以改善轮轨接触情况是势在必行的。

轮轨关系设计就是通过优化轮轨几何廓形或者轮轨关系曲线,如轮轨滚动圆半径差曲线,改善轮轨接触位置、降低接触应力,从而降低轮轨磨耗和材料疲劳损伤,进而降低轮轨振动和噪声,如通过优化既有轮轨滚动圆半径差曲线(有轨电车车轮与工字轨情况),优化轮轨接触分布情况,如图8-9所示。

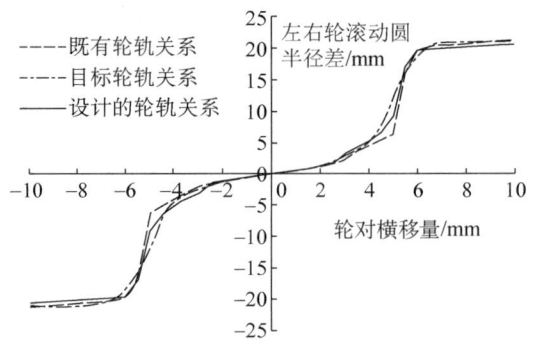

(a) 既有轮轨滚动圆半径差曲线和优化后的曲线

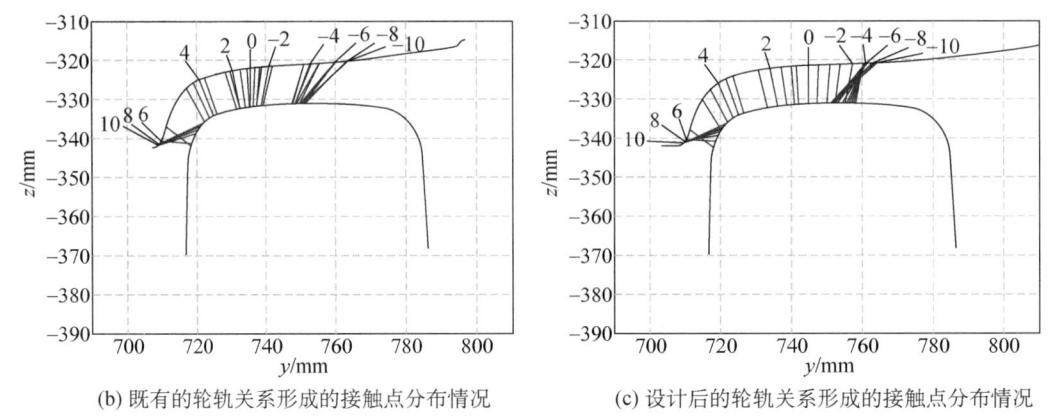

(b) 既有的轮轨关系形成的接触点分布情况　　(c) 设计后的轮轨关系形成的接触点分布情况

图8-9　有轨电车轮轨关系设计

这种轮轨关系的改善目标是指在不影响电车运行稳定性、安全性的前提下,使得轮轨接触应力合理、轮轨伤损较小或发展较慢。设计原则包括:

(1) 减少外轨磨耗:如减少轮对对曲线外轨的横向力;减少外轮与外轨形成两点接触的可能性;减少外轮与外轨形成两点接触时的接触点距离和法向(径向)距离;减少轮缘与外轨侧面的接触。

(2) 延长疲劳裂纹萌生和发展时间:将轮轨接触点移动至钢轨头部较大圆弧处;扩大轮轨接触带的宽度;减少外轮对外轨轨距角的接触;减少轮轨接触应力;减少内轮对内轨轨距角和外侧角的接触。

(3) 优化机车车辆运行状态:增大内外车轮与曲线钢轨接触点的滚动半径差,从而使内外轮滚动圆周与内外轨线长匹配;使直线钢轨与磨耗型车轮型面形成共形接触或低等效锥度接触;避免轮轨过度共形接触。

(4) 减少轮对曲线通过时对轨道的作用力:改善轮轨接触点位置和接触带宽度。

3. 小半径无缝线路

有轨电车的桥上无缝线路主要是解决桥上纵向附加力和温度力共同作用下的无缝线

路强度和稳定性问题,包括:

(1) 计算桥上无缝线路长轨条纵向温度力、附加力(伸缩附加力、挠曲附加力)、制(启)动力。

(2) 计算桥上无缝线路梁轨相互作用下长轨条纵向位移、断轨力及断缝值。

(3) 计算桥上无缝线路梁上翼缘纵向位移、梁轨纵向相对位移。

(4) 计算桥上无缝线路梁轨相互作用下墩台纵向力。

具体计算方法参照本书第 5 章。《铁路无缝线路设计规范》(TB 10015—2012)明确指出该规范的适用范围为半径不小于 300 m 的无缝线路设计。但目前有轨电车的线路设计较为灵活,曲线半径较小,造成的计算误差也较大;当线路与线路之间存在平面交叉时,使得有轨电车桥上无缝道岔的设计检算相对于国铁上的无缝道岔轴向受力及变形的检算更加复杂。

为此,针对小半径曲线、线路走向和道岔情况应进行如下考虑:

(1) 小半径曲线:计算模型应充分考虑小半径曲线的影响,依据设计资料曲线(桥梁、轨道)进行建模。

(2) 特殊线路走向:模型应依据线路实际走向进行建模,能够仿真分析出各条线路走向相互之间的影响。

(3) 特殊道岔结构:计算模型能够依据实际道岔结构建立模型,能够考虑道岔之间形成的菱形交叉。

例如,对于三条高架桥上有轨电车线路两两并线运行的工况,就会形成如图 8-10 所示的异形桥梁结构。

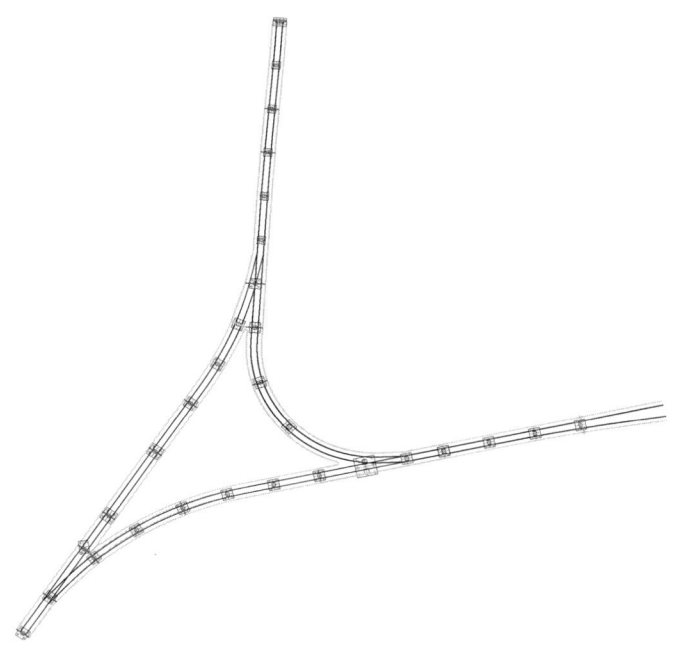

图 8-10　三通桥桥梁线路平面图

将三条敷设在高架桥上的现代有轨电车线路两两并线运行产生的异形高架桥定义为三通桥。在三通桥上铺设现代有轨电车轨道无缝线路，需要在两条线路并线位置处通过无缝道岔结构来实现两条线路的平面相交，如图 8-11 所示。同时，为了适应三条线路并线，不可避免地需要采用大量小半径曲线来完成各种直、曲地段的过渡。

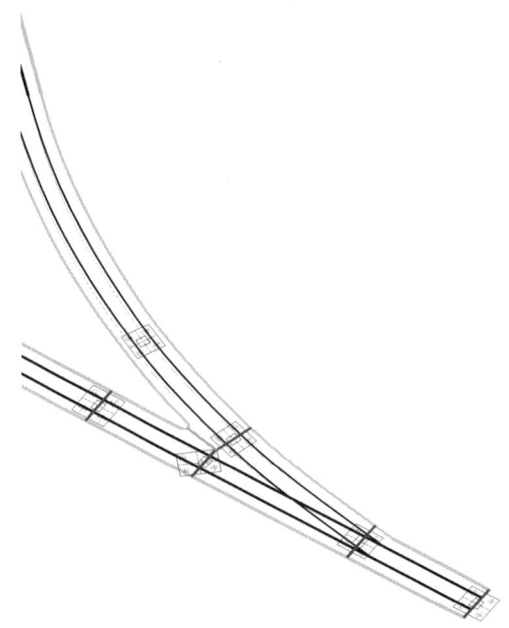

图 8-11　并线平交位置处细部详图

通过建立有限元模型来分析三通桥上现代有轨电车轨道梁轨的相互作用及各因素对三通桥上各结构受力及变形规律的影响。这时采用的梁轨相互作用模型如图 8-12 所示。

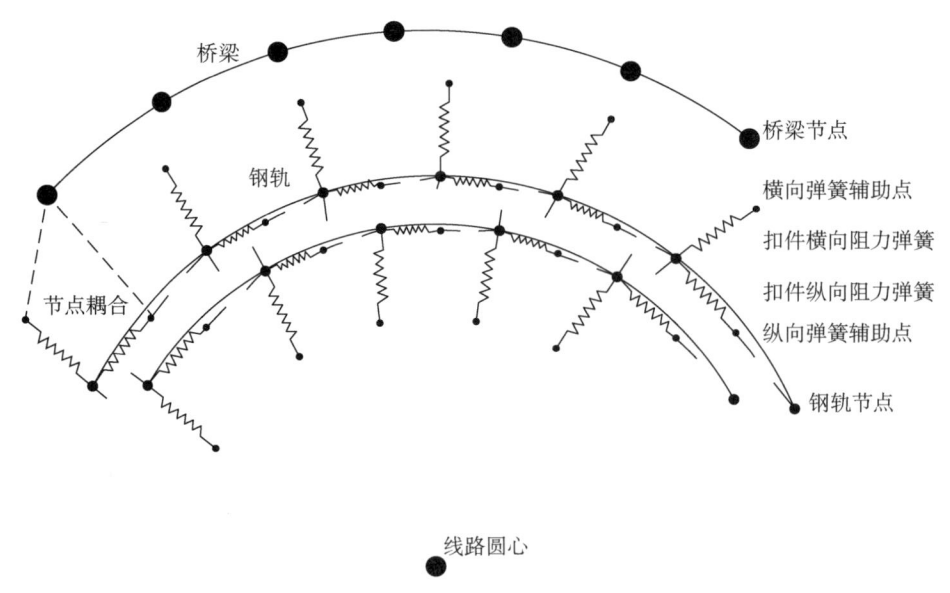

图 8-12　三通桥上梁轨相互作用计算模型

由图 8-12 可以看出,为了实现扣件系统在曲线上对钢轨沿线路方向的纵向约束,在建模过程中在两个钢轨节点之间首先建立一个纵向弹簧的辅助节点,该节点位于两个钢轨节点连线的中点处。然后,再沿着垂直于扣件纵向阻力弹簧的方向建立横向弹簧辅助节点,以此来模拟扣件对钢轨的横向阻力约束作用。桥梁墩台对桥梁梁体沿着线路方向的纵、横向约束也按此方法来模拟。待完成上述建模工作后,将桥梁节点与相同位置处所建立的纵、横向弹簧辅助节点进行耦合来实现扣件和桥梁之间的连接。菱形交叉组合道岔的尖轨和基本轨之间、辙叉部位、菱形交叉部位的连接都是采用整铸结构焊接在一起的,故而对这些关键部位传力方式的模拟也是采用上述耦合方式来实现的。

8.3 有轨电车轨道新结构

1. 嵌入式轨道

嵌入式连续支承轨道是采用弹性垫板连续支承、高分子浇筑料锁固钢轨的一种无扣件轨道结构。钢轨完全由凹槽内高分子弹性材料和轨下弹性垫板连续固定和支承,其垂向弹性由轨下弹性垫板和凹槽内高分子弹性材料共同提供。嵌入式连续支承轨道结构简单,轨旁与沥青路面结合处刚度均匀,无多余部件,沥青铺装层与轨道之间采用钢槽进行硬隔离,钢轨的横向变形在钢槽内高分子材料间缓冲消耗,钢轨与沥青面层间互不干扰。

相比于传统离散式点支承轨道结构,嵌入式连续支承道床板具有优良的减振降噪性能;能够对钢轨连续支承,提供均匀刚度,对减少波磨有利;由于高分子材料对钢轨的包裹,整个轨道结构有了高绝缘、低迷流性能;线路纵向阻力的增大对钢轨爬行有更好的抑制作用,对大坡道线路有更好的适应性。

交叉口处社会车辆经过频繁,交通量大,考虑到在交通量大的路口,轨旁沥青一旦剥离破碎,沥青碎石骨料易被带到钢轨轮缘槽中,如此便增加了路面维护量,也影响了城市景观,推荐在交通量大的繁华地段采用性能优的嵌入式轨道。成都、三亚、新津、红河等地有轨电车交叉口处采用嵌入式连续支承轨道,运营表明轨旁沥青良好,无出现开裂剥离现象;另外,后期换轨维护中,可直接从钢槽中取出钢轨更换,无须破坏沥青面层,无须像扣件式轨道那样先刨除沥青面层,取出钢轨,再恢复路面,因而嵌入式轨道有利于后期维护中快速恢复线路和道路。典型嵌入式轨道构造图如图 8-13 所示。

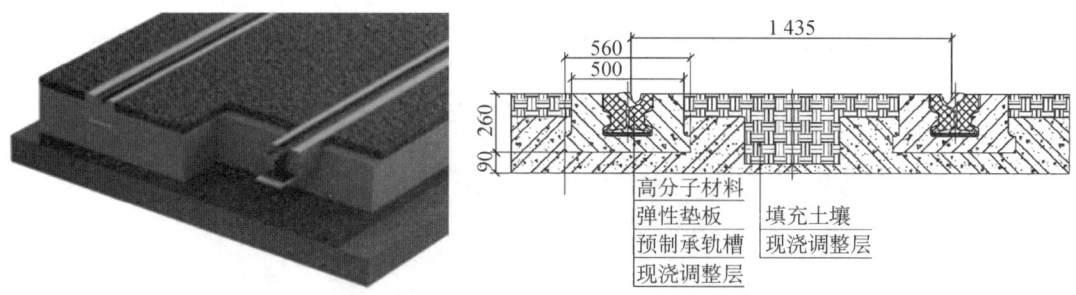

图 8-13 典型嵌入式轨道构造图(单位:mm)

嵌入式连续支承轨道主要技术参数如下：

(1) 竖向刚度：40～55 kN/(mm·m)。

(2) 横向刚度：≥30 kN/mm。

(3) 纵向刚度：≥15 kN/(mm·m)。

(4) 抗拔刚度不小于 40 kN/(mm·m)，在垂向 80 kN 加载力下可持续 3 min。

(5) 经过 300 万次疲劳试验后，轨距变化量不应大于 3 mm；横向、竖向刚度变化率不应大于 15%。

2. 轨道预制板

预制道床板结构的轨道稳定性高、刚度均匀性好、结构耐久性强、维修工作量少，表面平整且便于清扫，景观效果较好，在现代轨道交通工程中已被广泛采用。根据现代轨道交通综合要求研发的预制道床轨道系统，能够很好地满足城市景观要求，实现工厂化生产、机械化铺装，大大缩短施工工期，最大程度地减少对道路交通的干扰，以达到综合经济技术指标最优，从而克服现浇道床的诸多弊端。

1) 预制轨道方案设计

(1) 单元板或纵连板

目前，单元板和纵连板这两种形式都经过了大量的理论和实践验证，传力路线明确，施工方法成熟。相比较单元板，纵连板形式结构整体性好，能够有效提高线路的稳定性和平顺性，但是维修不便，坏一块板则影响整体纵连轨道。考虑到有轨电车的轴重、速度以及制动力等因素，对线路平顺性和稳定性的要求不是特别高，因此从方便维修的角度考虑，建议采用单元板形式。

在区间绿化段，若无减振降噪要求，可以采用普通板型，如图 8-14 所示。

图 8-14　绿化段无承轨槽

但是在振动噪声敏感区段需要灌注减振高分子材料，故就要设置承轨槽（图 8-15），同时设置承轨槽可以让包裹材料更加密实，防止与土体剥离，因此绿化段建议设置承轨槽。

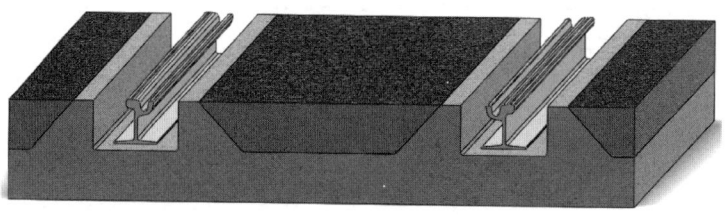

图 8-15　绿化段有承轨槽

在交叉口硬化段,考虑到与路面衔接问题必须将柔性材料与沥青隔开,而设置承轨槽可以达到此目的,如图 8-16 所示。

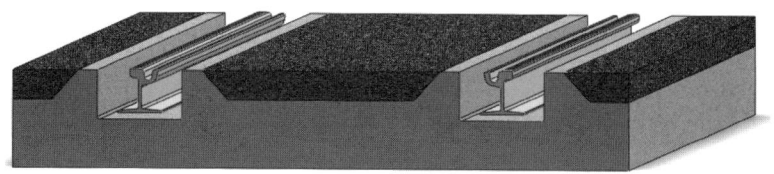

图 8-16　交叉口段设承轨槽

设置扣件的轨道形式以及扣件的具体形式可进一步确定,如图 8-17 所示。

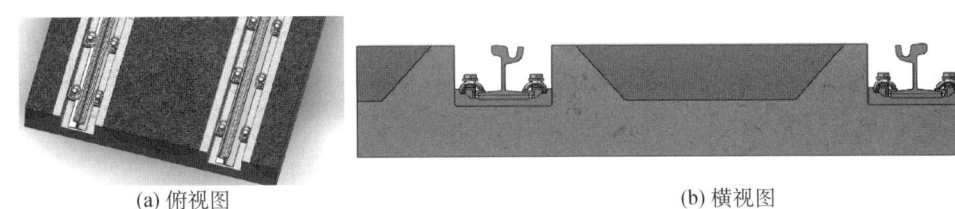

(a) 俯视图　　　　　　　　　　(b) 横视图

图 8-17　设置扣件

(2) 桥梁段方案设计

当轨道结构应用于桥梁上时,可去掉道床板中间段,形成"双块式"短轨枕,以减小桥梁二期恒载。具体尺寸及梁轨相互作用问题需进一步的力学计算来检算。图 8-18 为桥梁段方案。

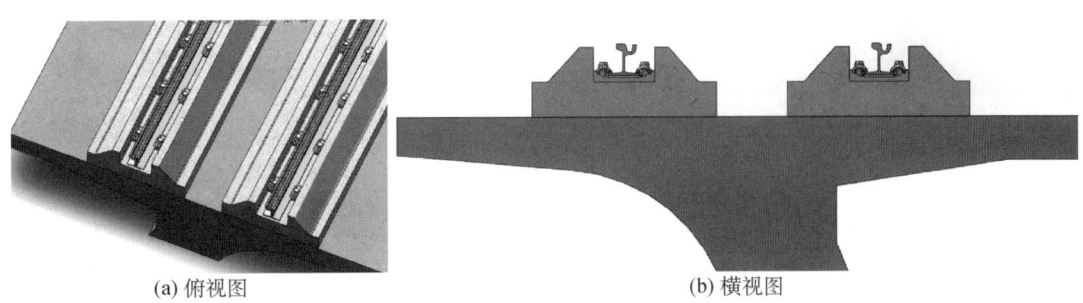

(a) 俯视图　　　　　　　　　　(b) 横视图

图 8-18　桥梁段方案

(3) 曲线段方案设计

目前,高速铁路Ⅲ型板已经能够实现道床板在圆曲线段及缓和曲线段的一次成型,因此在曲线段可以借鉴Ⅲ型板制造工艺。

(4) 特殊方案

用特制的带肋钢槽来代替道床板承轨槽(图 8-19)。钢轨被柔性材料包裹住并嵌入钢槽中,然后用特制扣件固定在普通预制板上。

这种方案的优点是:①可以实现全部轨道结构的预制拼装,钢轨、柔性材料、钢槽作为

图 8-19 特殊方案（带肋钢槽）

整体预制，现场直接通过特种扣件与预制道床板拼装固定；②钢槽底部和轨道底部均设有调高垫板，可以实现双层连续弹性支承和垂向的较大高程调整量；③可通过调整钢槽斜肋间距来调整钢槽刚度。

这种方案的缺点是生产成本及可行性有待商榷，另外，特种扣件更是需要单独设计和检算，其安全性需要大量试验来验证。

2）预制道床板系统的应用场景

（1）用于有轨电车的道床板系统

采用预制道床轨道系统预制板式无砟轨道结构，在受力状态、经济性、施工性、可维修性及耐久性等方面，兼备各种无砟轨道结构形式的优点，并尽可能地克服其缺点。预制板式无砟轨道结构在路基、桥梁等地段均采用单元板式轨道结构，由钢轨、弹性扣件、道床板、自密实混凝土层等部分组成。道床板下设门型钢筋，自密实混凝土灌注后，通过门型钢筋使道床板和自密实混凝土层连接成为一体。采用预制板轨道系统，其施工工序与国内外轨道交通预制轨道一致，但钢轨采用传统扣件固定方式，如此安全性较高；现场施工便捷、造价和现浇轨道基本持平；道床板结构与客专施工机具配套，施工技术成熟、可靠。

（2）用于交叉口地段的装配式轨道一体化结构

有轨电车涉及的交叉口多，为了减小交叉口封闭施工对社会车辆的影响，可设计预制化的轨道结构来缩短现场施工周期，简化现场施工的复杂度。

① 针对不同线路线形，进行不同预制道床板结构的设计研发，可极大地缩短施工周期，缓解有轨电车施工对道路交通的影响。

② 通过对大调高量扣件的研究来增强预制道床板的适应性，以优化预制道床板的结构设计。

8.4 有轨电车轨道健康状态监测

由于有轨电车处于城市交通繁忙路段，且具有运营时间长、客流量大、连续运营不间断等特点，因此常规的检测手段，例如轨检车以及静态检测，这类耗费时间、耗费人工的手段难以高效的开展,并且会带来很大的工作量。因此,当前情况下,对轨道结构健康状态的实时监测和评价就显得尤为重要。

1. 有轨电车轨道健康状态监测目标

对轨道结构和部件状态的健康监测和评价的目的是实现在现场无人看守的情况下,对有轨电车的轨道结构及部件进行长期的远程监测、数据积累和分析、状态分析和趋势判断,以保证行车安全和舒适情况下的轨道结构状态良好,如图 8-20 所示。具体目标如下:

(1) 获取轨道结构以及关键部件的正常工作参数指标,并且对劣化结构的参数指标进行识别和分析,对轨道结构的安全性和整体性进行评估和判断,并且对未来该结构的劣化趋势进行预测和模拟。

(2) 将评估结果和预测结论提供给养护维修部门,为养护维修的工作部署、资源调配提供依据和参考。

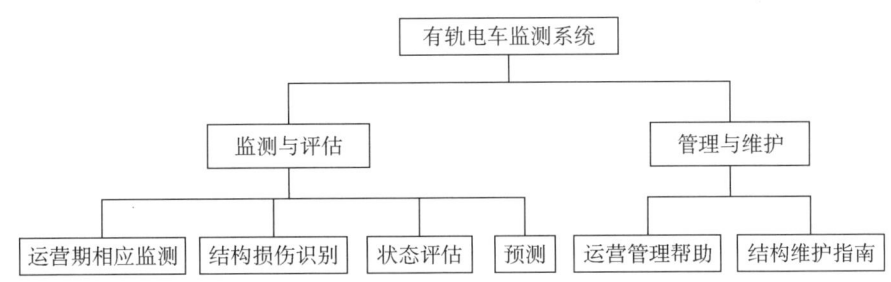

图 8-20 有轨电车轨道结构和部件状态监测和评价

2. 健康监测系统组成

健康监测系统由传感器监控模块、数据存储模块、数据处理和传输模块以及远程控制模块组成,主要完成数据采集、数据存储、数据处理、数据传输及数据分析,并做出决策。

1) 传感器监控模块

传感器及其接口设备组成传感器监控模块,将运营过程中的轨道结构和部件的重要参数如应变、温度、位移、加速度等物理量信息转换为能够直接采集和传输的电信号。传感器主要是保证数据的精准和长期有效,因此该设计的关键在于传感器布置位置的合理性、耐久性以及受环境的影响最低。

2) 数据存储模块

由于有轨电车运营时间长,因此监测系统采集数据量大,对于存储设备的要求也就相应较大。数据存储模块需要对数据采集的起始进行判断,并完整存储相应数据。

3) 数据处理和传输模块

数据处理和传输模块主要将采集后的数字信号进行有效处理,如滤波、降噪和统计分析等,将传感器采集到的原始信号进行价值提取,以减少无效信息的传输,为部分缺少先进传输方式的线路减少传输负担,为后续的评估分析提供可靠的数据来源。传输方式主要有两种:有线传输和无线传输。有线传输为光纤和电缆通信,无线传输则采用 Wi-Fi 或

4G、5G 网络通信来实现数据传输。

4）远程控制层

远程控制层主要是获取传输得到的数据和评估结果，对评估结果进行决策和判断，对相应结构的状态进行识别以及整体结构的安全评估，并将计算结果输出，以实现结果的可视化，从而对养护维修部门进行预警。

3. 监测指标确定原则

对监测指标的确定主要依据常见的无砟轨道结构容易产生的病害，以及监测各部件实现其功能的指标不发生明显变化和波动为原则。

1）钢轨

钢轨的损伤主要是由于轮轨接触产生磨耗导致的，因此在监测轨道的损伤程度时，主要对轮轨力、钢轨振动加速度进行采集。

2）道床板

对于道床板的监测需综合考虑轨道结构的安全性以及后期养护维修工作的开展，通常会对道床板的位移、振动加速度以及道床板的应力进行采集。

3）扣件

主要对扣件的压力进行监测，对扣件进行筛选和识别。

4）减振降噪

在设置减振降噪地段进行振动噪声监测，主要监测振动噪声的频率，从而将列车通行对周边环境的影响程度降到最低。

有轨电车线路长，若全程进行监测系统布置则存在成本较高等问题，因此在对轨道结构和部件状态进行监测时，主要对轨道结构的最不利位置布置监测系统。

通常，根据以下原则来确定结构监测部位：

（1）可能发生较大相对位移的部位。

（2）通过监测能计算推导出结构几何变化规律的部位。

（3）控制结构变形的主要部位。

（4）结构中应力最大、变化最大或相对集中的部位。

（5）有明显应力传递的部位。

（6）小半径曲线部位。

（7）上坡和下坡路段。

（8）附近存在减振降噪敏感点的部位。

例如，对预制板式有轨电车轨道结构和部件进行状态健康监测，测试内容包括：

（1）轮轨力，包括垂向力、横向力。测试方法为剪力法，应变片粘贴示意图如图 8-21 所示，测试断面在板中的位置，左右轨共 2 个测点。

（2）位移：板中、板端的左右两个断面，分别测试 4 处垂向位移和 4 处横向位移（曲线工况），共 8 个测点。

（3）道床板垂直振动加速度，板中、板端的中部，共 2 个测点。

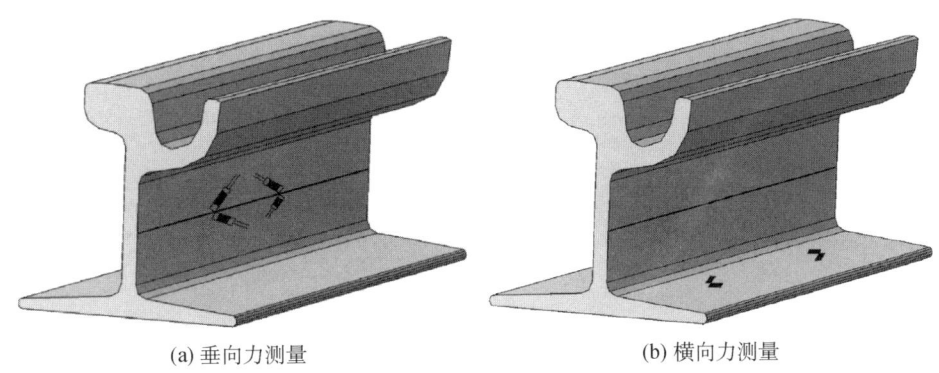

(a) 垂向力测量　　　　　(b) 横向力测量

图 8-21　钢轨动力测量示意图

（4）应变：板顶一端和中部的左、中、右侧各 1 处测量道床板顶面混凝土纵向应变；板底同上位置测量道床板底面混凝土的纵向应变；板顶一端和中部的左右侧各 1 处测量道床板顶面混凝土的横向应变（曲线工况），如图 8-22 所示。

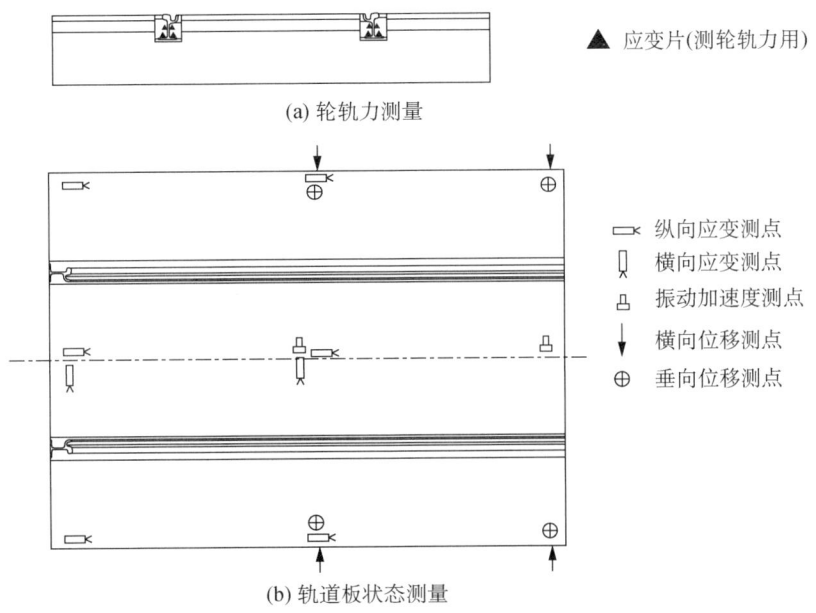

图 8-22　轨道结构和部件状态测量

通过上述对有轨电车轨道结构和部件状态的监测和评价分析，积累轨道结构和部件状态大数据，就能对同类运营、线路条件下的有轨电车轨道结构和部件进行健康度分析及寿命预测，并指导线路养护维修工作。